アスリート支援ハンドブック

ハイパフォーマンススポーツにおける**科学的サポート**

編
独立行政法人日本スポーツ振興センター
ハイパフォーマンススポーツセンター
国立スポーツ科学センター

大修館書店

は じ め に

「あなたの仕事は何ですか?」と聞かれたときに、「アスリートの支援をしています」と答えるようにしている。世の中の大抵の仕事、たとえば「医師をしています」と言えば、広く大人から子供まで仕事の内容を理解してもらうことは容易だろう。しかし、「アスリートの支援をしています」と聞いたら、多くの人の反応は、「支援って何?」というものになるだろう。私自身子供から「お父さんはどんな仕事をしているの?」と聞かれて、説明に苦労した記憶がある。大学の教員をしていたときには、「お父さんの仕事は教育と研究だよ」と言って、小学生だった子供にもなんとか理解してもらえていたが、現職である国立スポーツ科学センター(JISS)に勤務してからは、支援と研究が仕事だと話をしても、なかなか理解してもらえない。一般の人々にとっても、アスリートの支援というのはどういうものであるのかまったく想像がつかないのであろう。私自身、うまく答えられないことに長年ジレンマを感じていたが、最近になって、それは国際競技力の向上を意図した支援と研究というものの全体像というか、仕組み(システム)がしっかりと説明できてないことに起因しているということに気が付いた。

我が国におけるスポーツの国際競技力の向上を意図した支援と研究は、1964年の第18回東京オリンピック 競技大会を契機として発展してきたものである。その歴史が浅いということもあって、一般の人々にはなかなか浸透していない、認知されていないという側面があることは否めない。しかし、一方で、国際競技力の向上を意図した支援と研究を行う当事者たちが、支援と研究を広く一般の方々が理解することができるように言語化し、説明してきていないということも事実であり、今回、このハンドブックを発刊することによって、これまでやや疎かになっていた国際競技力向上のための支援と研究を一般社会において広く認知してもらうという活動を具現化し、多くの方々に国際競技力向上のための支援を理解してもらいたいと考えている。

これまで、どうして支援というものが言語化されてこなかったのかという理由を考えてみると、まずは、その歴史が比較的新しいものであり、1964年の東京オリンピック競技大会を契機に発展してきているという背景が考えられる。

また、支援というものは研究とは異なり、アートの部分が少なからずあるので、文章化することが難しかったということも考えられる。スポーツにおけるアートとサイエンスの関係は主観と客観として捉えることもでき、支援の主観的な側面は職人技として考えられ言語化がなされてこなかったという面があるのである。

さらに支援の拠り所となるスポーツ科学の研究領域は、実践研究として扱われるものが多く、そうした面でも自然科学的な手法により言語化することが困難だということも考えられる。

我が国における科学的支援のターニングポイントを考えたときに、2001年のJISS開所が大きな転換期になったことは間違いない。ただ、開所から20年以上が経過しているのに、支援のノウハウが言語化できていないということは、これまでのノウハウの蓄積が消えていってしまっている状況にあると認識している。一方で、開所から20年

以上の時を経て、我々は一つの確信を得るに至った。それは、科学的な支援が国際競技力向上に役立つ場面があるということ。その中でも重要なことは、研究者と現場とのつき合い方、強化現場への科学の取り入れ方であるということである。私たちには、これまでに我々が得た確信を言語化し、後の世代に伝えていく義務があると考えている。

我々にとって、強化現場との接点を持つことができるこうした"場"があることが何よりも大切であり、我々にとってはそうした環境があるということが本当にありがたいことであると考えている。2020東京大会を終えた今こそ、トップアスリートを支援している"現場"があり、そこで様々な活動が行われているということを広く日本中の多くの方々に認知してもらいたいと願っている。

本書は国際競技力向上のための"支援"に真正面から取り組んだ、世界初の書籍と言える。そのため、文章化が困難であることは当初から予想はしていた。実際、各執筆者もかなり苦労して文章を作成したことは事実である。支援の分野は強化現場と同じく、日進月歩の分野であり、今後、まだまだ成長していかないといけない分野でもあるので、定期的な見直しが必須であると考えている。

本書が対象とするのは、スポーツ科学系学部・大学の学生、大学院生、地域の医・科学センタースタッフ、その他アスリートの支援に関わる方すべてである。また、選手やコーチの方々にも科学的支援の概要を知っていただくという意味でも、是非手にとって読んでいただきたい。さらに、支援にまったく関係のない方々にも、広くこういう分野があるということを知っていただきたいと思っている。

本ハンドブックは、JISSがこれからも支援をずっとやっていくという決意表明でもある。支援には正解があるわけではなく、また、常に変化していくものであるので、これからも、しっかりと定期的に見直し、更新作業をしていかないといけない。

最後に、これまでJISSの支援を受けていただいた選手・コーチへの感謝を述べておきたい。国際競技力の向上という冒険の旅を我々に経験させていただいたことが、どれほど大きな財産となっているか。この本はそうしたチャレンジのもとに成り立っている。

2024年6月

国立スポーツ科学センター
副所長/スポーツ科学研究部門 主任研究員
石毛勇介

本書の利用の仕方

　本書は、国際競技力向上のための"支援"に真正面から取り組んだ、世界初の書籍である。海外における国際競技力向上のための支援に目を向けてみると、国立スポーツ科学センター（JISS）がお手本としたAustralian Institute of Sport（AIS）は1981年、フランス・パリ郊外にあるNational Institute of Sport, Expertise, and Performance（INSEP）は1975年に設立されるなど、海外の強豪国と言われる国々では、それぞれ50年近い歴史を持つ施設が稼働している。しかし、海外においても支援の内容を言語化することは極めて困難な作業のようで、国際競技力向上のための支援に真正面から取り組み、その手法を体系化した書籍は見当たらない。本書は世界初の試みであるため、まだまだ不十分な点も多々あるかと思うが、読者の方々には、まずは、国際競技力向上のための支援の全体像をぜひ掴んでいただければと思う。

　本書には、開所から20年以上が経過したJISSにおける国際競技力向上のための支援に関する"ノウハウ"が詰め込まれている。特に競技団体とのやり取りに関する部分については、具体例を提示し、読者の方がより現場感を持てるよう工夫をしたつもりである。JISSの開所以来、多くの競技団体、選手・コーチ、医・科学スタッフと積み重ねてきた支援の内容を是非知っていただければ幸いである。

　JISSは国内唯一のスポーツに関する国立の研究機関である。我々はスポーツ科学の研究を通じて、エビデンスに基づいた支援を実践していくことを標榜している。ただ、支援に正解があるわけではなく、その内容が競技の進化とともに、常に変わっていかなくてはならないという使命を背負っているため、今後もしっかりとエビデンスを積み上げるための研究を行い、エビデンスに基づく支援を実践していきたい。本書はその決意を文章化したものでもある。

　第1章では、支援の拠り所としているスポーツ科学の歴史から、JISSでは科学的支援というものをどのように捉えているのか、また、スポーツ科学において、スポーツを科学的に捉えるというのはどういうことであるのかについて説明している。章の最後には、海外のスポーツ強豪国と言われる国々やアジアにおけるJISSの類似施設の紹介をしている。海外における類似施設の動向は、今後ますます注視すべき項目であるので、ぜひ、参考にしていただきたい。

　第2章では、医・科学支援の基本的な流れに始まり、科学的支援の運用面を具体的に説明している。支援が実際にどのような仕組みによって運営されているのかを知っていただくことができる内容となっており、支援に携わる可能性がある方々には非常に参考となるものである。また、特に安全対策について、同意書の取得を含め、かなり具体的に説明している。こちらも支援を実践される方々には大いに参考となるであろう。さらに、人材育成につい

v

ても触れており、支援において必要となる人材はどういう人材なのか、どういう資質が求められるのか、どう育てていくかについて説明している。

第3章では、5つの競技における支援の具体例を示した。それぞれかなり具体的な支援の事例を報告しているので、興味深く読み進めていただくことができるであろう。また、6つの大学（日本体育大学、大阪体育大学、鹿屋体育大学、早稲田大学、筑波大学、立命館大学）における医・科学支援の紹介も行っている。それぞれ国内において様々な競技における競技レベルの高い学生を有する大学における具体的な取り組みを紹介いただいた。さらに、地域の医科学センターや大学、専門家との連携についても触れている。この点に関しては、ここ数年JISSが積極的に進めている事業であり、今後、さらに進めていきたい分野でもあるので、しっかりとご理解いただきたい部分である。章の最後には、全国5箇所の医科学センター（とちぎスポーツ医科学センター、千葉県総合スポーツセンター、横浜市スポーツ医科学センター、新潟県健康づくり・スポーツ医科学センター、京都トレーニングセンター）の実践例を紹介している。

支援に関する様々なトピック（ハイパフォーマンス・サポート事業、選手の移動軌跡のトラッキング技術、JISSハイパフォーマンスジム、女性アスリート支援、標高の高い場所への対応、パラリンピックアスリートへの対応、暑熱対策、オリンピック・パラリンピック自国開催におけるメンタルサポート、競技者向け栄養評価システム、ハイパフォーマンススポーツセンター（HPSC）が推進するトータルコンディショニング、Journal of High Performance Sport、映像・ITアカデミー（DiTS）、JISS個別サポート、日本陸上競技連盟における医・科学支援、日本スケート連盟における医・科学支援、日本スキー連盟における医・科学支援）については、コラムという形で、本文の中に入れている。それぞれ最先端の情報になるので、参考としていただきたい。

本書が対象としている読者層は、スポーツ科学系学部・大学の学生、大学院生、地域の医・科学センタースタッフ、競技団体（NF）の医・科学支援スタッフなどである。

学部生・大学院生には、まずは、第1章をしっかり読んでいただきたい。スポーツ科学の歴史を含め、スポーツを科学するということを理解していただくことがとても重要だからである。そのうえで、第2章において科学的支援の実際の部分をしっかり掴んでいただきたい。第3章については、支援の具体例が載っているので興味深く読み進めていただくことができるであろう。またコラムには、JISSの行っている様々な領域の科学的支援が掲載されているので、ぜひ見ていただければと思う。

地域やNFにおいて支援を実際に行っている方々には、第2章、第3章、コラムを中心として、JISSの行っている科学的支援の具体的な運用方法について理解を進めていただければと思う。特に、最近は科学的支援に関して地域との連携を積極的に進めているということもあり、そうした面でのJISSのスタンスをしっかりとご理解いただければ幸いである。

本書のメインとしている読者層は上記の通りであるが、支援を受ける立場の選手やコーチの方々にも、科学的支援の概要を知っていただくという意味において、ぜひ手にとって読んでいただくことを願っている。それぞれの興味のある部分だけ読んでいただくだけでも支援を提供する側と受け手の相互理解が十分に円滑に進むと考える。また、支援にまったく関係のない方々においても、広くこういう分野があるということを知っていただき、スポーツをまた別の側面から見ていただく一助となれば幸いである。

アスリート支援ハンドブック　目次

はじめに —— iii

本書の利用の仕方 —— v

第1章 スポーツの医・科学支援 —— 1

1節 医・科学支援の歴史 —— 2

1．1964年東京オリンピックを契機とした医・科学支援の隆盛（医・科学支援の黎明期）—— 2

2．1964年東京オリンピック後から2001年JISS開設まで（過渡期）—— 4

3．2001年JISS開設から2020年東京大会まで（発展期）—— 4

4．2020年東京大会以降（成熟期）—— 5

コラム01 ハイパフォーマンス・サポート事業（アスリート支援）とは —— 6

コラム02 サポートハウス（村外拠点）—— 7

2節 医・科学支援とは？（医・科学支援の定義）—— 8

1．JISSが医・科学支援を行う理由 —— 8

2．JISSプラン2034 —— 8

3．JISSにおける支援と研究 —— 9

4．JISSの定義する支援 —— 10

5．支援の具体的な手順 —— 11

コラム03 競技スポーツ向けトラッキングシステムの開発と活用事例 —— 13

3節 スポーツを科学的に捉えるとはどういうことか —— 14

1．スポーツ科学の性質 —— 14

2．科学はスポーツトレーニングにどのように役立てられるか —— 14

3．スポーツ科学の領域間連携 —— 15

4．トレーニングサイクルと科学的支援 —— 16

コラム04 ハイパフォーマンス・ジムにおける選手サポート —— 17

4節 海外における医・科学支援の状況 —— 18

1．各国のスポーツ支援機関 —— 18

2．各国の医・科学支援内容 —— 19

viii

3．各国の医・科学支援機関の連携体制 —— 19

4．各国の医・科学支援の対象 —— 20

　　コラム05　女性アスリート支援 —— 21

　　コラム06　高地への適応 —— 22

第2章　支援の実際 ——————————————————————— 23

1節　医・科学支援の基本的な流れ ——————————————— 24

1．ターゲットの選定・主担当の決定 —— 24
　　（1）ターゲットとする競技の選定　　（2）ターゲット競技の選定手順
　　（3）JISSとNFとの組織間合意　　（4）支援実施主担当の決定　　（5）支援ターゲットの見直し
　　（6）非ターゲット競技への支援

2．パフォーマンス構造モデルの作成 —— 25
　　（1）モデル作成の意義　　（2）2種類のパフォーマンス構造モデル
　　（3）科学的サポートに活用するための工夫　　（4）モデルの作成手順　　（5）モデルの例
　　（6）モデルの活用　　（7）モデルの限界

3．NFとのコミュニケーション —— 28
　　（1）NFの窓口確認　　（2）NF側受け入れ体制および実施体制の確認
　　（3）NFの強化プランの確認　　（4）支援実績の確認
　　（5）協働コンサルテーションやNFとのコミュニケーションの結果分析
　　（6）NFからの要望の確認・調整　　（7）競技現場の視察
　　（8）支援の年間実施計画書の作成、覚書の締結

4．支援内容の決定 —— 30
　　（1）支援のサイクル　　（2）現場と支援提供側との乖離
　　（3）現場が確かめたいことと支援の提供側が確かめるべきと考えることの乖離
　　（4）現場が知りたいと思う情報と科学的に測定できる情報との乖離
　　（5）先行研究の活用　　（6）研究成果の還元を基にした支援
　　（7）パフォーマンス構造モデルの改善に伴う新たな支援内容の決定
　　（8）支援の目的に応じた支援内容の決定

5．組織体制の決定 —— 32

6．KPIの設定 —— 33
　　（1）パフォーマンス構造モデルに基づいてKPIを設定する
　　（2）勝敗や順位にコミットしない（KPIに設定しない）
　　（3）具体的かつ現実的なKPIを設定する　　（4）検証

7．支援の実施 —— 35
　　（1）事前準備　　（2）支援の実施（当日）　　（3）分析と評価　　（4）フィードバック

8．成果の検証 —— 42
　　（1）KPIに対する評価　　（2）NFからのフィードバック
　　（3）支援と研究の循環　　（4）今後の支援に向けた計画の修正

ix

『コラム07　パラリンピックアスリートの支援 —— 44

『コラム08　暑熱対策 —— 45

2節　安全・安心な実施体制 ———————————————————— 46

1．リスク管理 —— 46
（1）内科的、外科的リスク　（2）侵襲性を伴う測定　（3）事故発生リスク
（4）緊急時の備え　（5）情報リスク　（6）倫理的配慮　（7）支援体制の準備

2．同意書の取得 —— 49
（1）個人情報に関する事項　（2）倫理規定に関する事項
（3）支援現場で確認するべき事項　（4）その他の事項

『コラム09　自国開催のメンタルサポート —— 51

3節　人材育成 ————————————————————————————— 52

1．スポーツ科学に関する基礎的な知識 —— 52

2．サポート活動におけるスタッフの役割 —— 52

3．選手・コーチとのコミュニケーションについて —— 53

4．サポートスタッフ育成のあり方 —— 54

『コラム10　競技者向け栄養評価システム（mellon II）—— 55

『コラム11　HPSCが推進するトータルコンディショニング —— 56

第3章　支援の具体例 ———————————————————————— 57

1節　［事例］4×100mリレーにおけるサポートの取り組み —————— 58

1．支援の概要 —— 58

2．理想とするバトンパスの検討 —— 58

3．評価方法 —— 60

4．評価の活用 —— 61

5．支援の要点 —— 61

『コラム12　Journal of High Performance Sport について —— 63

2節　［事例］パラノルディック・クロスカントリースキー競技における　　　　サポートの取り組み ————————————————————— 64

1．パラノルディック・クロスカントリースキー競技とは —— 64

2．強化プランとJISSの立ち位置 —— 64

3．基礎体力の評価 —— 65

4．トレーニングの質を高めるためのサポート：低酸素トレーニングの導入 —— 65

5．トレーニング時、レース時等のコンディションを高めるためのサポート：外傷予防 —— 66
（1）姿勢・動きの改善　（2）ビンディングプレートの製作

6．まとめ —— 67

3節　［事例］レスリングにおけるサポートの取り組み —— 68

1．医・科学支援の範囲 —— 68

2．試合中の技術的要求と体力的要求 —— 68

3．体重階級制と計量ルールによる身体的要求 —— 69

4．医・科学支援の体制 —— 69

5．フィットネスサポートの内容 —— 69
（1）フィットネスサポートの流れ　（2）フィットネスサポートの項目
（3）結果のフィードバック

6．JWF医科学委員会、JISSによる減量に関する研究 —— 72

7．蓄積されたデータの活用 —— 72

4節　［事例］バドミントンにおけるサポートの取り組み —— 74

1．身体組成の目標値 —— 74

2．競技特異的な有酸素性能力テスト —— 76

3．管理栄養士、トレーニング指導員との連携 —— 78

5節　［事例］ノルディックコンバインドにおけるサポートの取り組み —— 80

1．スキージャンプ —— 81
（1）助走局面　（2）踏み切り局面　（3）飛行局面

2．クロスカントリースキー —— 85
（1）滑走効率の計測　（2）動作分析　（3）実践的なプログラム

コラム13　ハイパフォーマンススポーツのための映像・ITアカデミー　DiTS —— 89

6節　スポーツ科学系学部・大学におけるサポートの取り組み —— 90

1．日本体育大学における支援の実際 —— 90
（1）日本体育大学ハイパフォーマンスセンターの役割
（2）日体大アスリートサポートシステム　（3）これまでの成果と今後の課題

2．大阪体育大学における支援の実際 —— 94
（1）大阪体育大学スポーツ科学センターの概要　（2）本センターの組織と人員および活動拠点
（3）学内機関との連携と学生教育との接点　（4）本学におけるスポーツ科学支援のシステム

（5）DASHプロジェクト　　（6）本センターにおけるプロジェクト　　（7）今後の活動展望

3. 鹿屋体育大学の実践するスポーツパフォーマンス研究を基にしたアスリートサポート —— 98
　　（1）スポーツパフォーマンス研究とは
　　（2）スポーツパフォーマンス研究を基にしたアスリートサポートの実例
　　（3）大学におけるアスリートサポートが目指すもの

4. 早稲田大学における支援の実際 —— 103
　　（1）早稲田大学スポーツ科学部医科学クリニックの概要
　　（2）各部門の活動内容（支援活動と教育活動）
　　（3）支援と教育活動における関連組織との連携の実際

5. 筑波大学における支援の実際 —— 107
　　（1）筑波大学のスポーツ・医科学における環境　　（2）医学系と体育系の連携
　　（3）体育総合実験棟（SPEC）でのスポーツ医・科学支援
　　（4）筑波大学スポーツアソシエーション（TSA）におけるスポーツ医・科学支援

6. 立命館大学におけるアスリート支援に関わる教育・研究・実践・実装 —— 112
　　（1）本学部・研究科のアスリート支援に関わる教育・研究・実践
　　（2）スポーツ強化センターによるアスリート支援
　　（3）スポーツ健康科学総合研究所によるアスリート支援およびスポーツ庁事業との連携

　　　コラム14　個別サポート —— 117

7節　地域の医科学センターや大学、専門家との連携 —— 118

1. JISSが行うスポーツ医・科学支援の課題 —— 118

2. ハイパフォーマンススポーツセンターネットワークの構築 —— 118

3. 地域でのHPSC機能の利活用 —— 118

4. 測定データの管理 —— 119

5. 「HPSCパッケージ」を活用した連携機関や地域の専門家との連携 —— 119

6. 地域とのネットワークの今後 —— 120

　　　コラム15　日本陸上競技連盟における医・科学支援 —— 121

7. 地域の医科学センターでの取り組み —— 122
　　（1）とちぎスポーツ医科学センターにおける医・科学支援
　　（2）千葉県総合スポーツセンターにおける医・科学支援
　　（3）横浜市スポーツ医科学センターにおける医・科学支援
　　（4）新潟県健康づくり・スポーツ医科学センターにおける医・科学支援
　　（5）京都トレーニングセンターにおける医・科学支援

　　　コラム16　日本スケート連盟（スピードスケート）における医・科学支援 —— 132

　　　コラム17　全日本スキー連盟（スノーボード　スロープスタイル・ビッグエア）における
　　　　　　　 医・科学支援 —— 133

索引 —— 134

編著者一覧 —— 138

第 1 章

スポーツの
医・科学支援

1．医・科学支援の歴史

　我が国のスポーツにおける医・科学支援の歴史を振り返ってみると、大きく4つの時期に分けることができる。それぞれ、1964年東京オリンピック競技大会前後の医・科学支援の黎明期、1964年東京オリンピック競技大会以降、2001年に国立スポーツ科学センター（JISS）が開設されるまでの過渡期、2001年にJISSが開設されてから2021年の2020東京大会までの発展期、2020東京大会以降の成熟期である（図1-1）。我が国における医・科学支援の歴史、特に、科学的支援の歴史は、ほぼほぼ我が国におけるスポーツ科学の歴史と重ねることができ、東京で開催された2回のオリンピック競技大会、ならびにJISSの開設が各期におけるターニングポイントとなっている。医・科学支援は医学的支援と科学的支援に分けることができる。本書では、主に医・科学支援のなかのスポーツ科学に基づく科学的支援について触れることとする。

1．1964年東京オリンピックを契機とした医・科学支援の隆盛（医・科学支援の黎明期）

　我が国のスポーツにおける医・科学支援の歴史が1964年の東京オリンピック競技大会を契機としてスタートしたことは間違いない。オリンピックを契機として医・科学支援が一気に加速したことは、財団法人日本体育協会（当時）が発行している「東京オリンピック選手強化対策本部報告書」や「東京オリンピックスポーツ科学研究報告」に詳しい（図1-2、図1-3）。それぞれ前者は488頁、後者は705頁にも及ぶ大作であり、医・科学支援やスポーツ科学の歴史を知る上で一読する価値がある。

　「東京オリンピック選手強化対策本部報告書」には、1959年5月ミュンヘンにおいて開催された第55回国際オリンピック委員会（IOC）総会において、第18回オリンピック競技大会開催地を東京と決定したこと、それを受けて1960年1月18日に

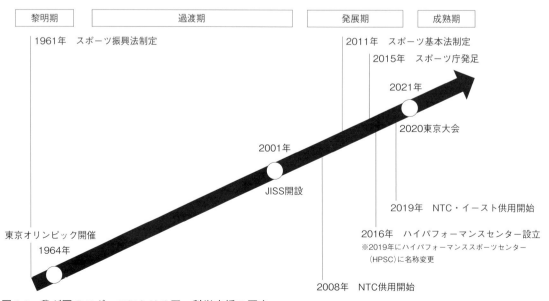

図1-1　我が国のスポーツにおける医・科学支援の歴史

東京オリンピック選手強化対策本部をJOC内に創設したことなどが記されている。なお、1961年には半世紀後に改定されるスポーツ振興法が制定されている。スポーツ振興法も東京オリンピック競技大会の開催決定と連動していたわけである。また、報告書の中では様々な組織体を整備したことが記されており、その中にはコーチの雇用に関する記載もある。選手強化に関しても、5カ年の計画を立て、当時の日本人選手と海外選手のギャップ分析により、世界との差を明らかにした上で、オリンピックをどう迎えるかということが明確に記されている。さらに、当時の世界各国の第一線の研究者を招聘して講演等を積極的に行っている。また、驚くべきことに報告書では、オリンピックにおいて15の金メダル、世界第3位という数字を割り出し予想している（実際に16個の金メダルを獲得し、金メダルランキングにおいて世界3位となっている）。この目標をどう達成していくかということが真剣に議論されており、改めて参考にする部分も大いにある。医・科学支援に関連するところでは、東俊郎を委員長とするスポーツ科学研究委員会が設置され、顧問が福田邦三、幹事が加藤橘夫・黒田善雄といった医・科学支援の黎明期を支えた方々のお名前を見つけることができる。

他方、「東京オリンピックスポーツ科学研究報告」では、東京オリンピック選手強化対策本部内に設置されたスポーツ科学研究委員会の活動が詳細に報告されている。「昭和35年7月東委員長，加藤，黒田両幹事，各部会世話人を中心として，スポーツ科学研究委員会の基本的活動方針，昭和35年度予算編成，昭和36年より40年度にいたる予算大綱の編成などが進められた。」とあり、1960（昭和35）年から活動がスタートしていることがわかる。ちなみに、設置された部は「体力管理部会」、「トレーニング部会」、「技術部会」、「心理部会」である。

1960年11月には体力管理部会の提案によりトレーニングドクターの配置を決定しており、この制度により研究者がより強化の現場において活動がしやすくなったと想像する。ただ、競技によっては、トレーニングドクターとの協力、科学的トレーニングの受け入れが十分でなかったという振り返りもあり、その解決のためにはコーチの科学的教育の徹底と専任コーチ、プロコーチ制度への発展を必要とすると記されている。

陸上競技担当トレーニングドクターを務めた猪飼道夫は本報告の中で、「コーチの側からは選手を測定して、いったい何の役に立つのか、それは選手に精神的負担をかけるにすぎないのではないか、そして時には選手に故障をさえおこさせるの

図1-2 東京オリンピック選手強化対策本部報告書
（財団法人日本体育協会，1965）

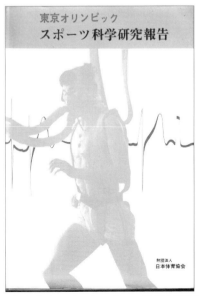

図1-3 東京オリンピックスポーツ科学研究報告
（財団法人日本体育協会，1965）

ではないかという疑問であった。 （中略） スポーツ医学、乃至スポーツ科学はまだよちよち歩きのはじめである。それが一人前にならないのは、スポーツ医学やスポーツ科学が、現場の息吹を被ることが少ないからである。」と記し、研究者と強化の現場に大きな溝があったことを指摘している。こうした先人たちの努力の上に、我が国における医・科学支援は発展してきた。我々は現在に至るまで、こうした溝を埋めるべく「Bridge the Gap」を合い言葉に医・科学支援を行ってきている。

2. 1964年東京オリンピック後から
   2001年JISS開設まで（過渡期）

　1964年の東京オリンピック競技大会を契機に一気に活動の高まりを見せた医・科学支援であるが、東京オリンピック競技大会以降、スポーツ科学研究委員会の活動は日本体育協会スポーツ診療所、スポーツ科学研究室に引き継がれることになる。日本体育協会では1947（昭和22）年に体育医事相談所を開設しスポーツ選手の健康管理や医事相談等に着手しており、その活動がスポーツ診療所の活動に繋がっている。

　1975年からはスポーツ科学研究室により「わが国におけるスポーツ推進のための医・科学研究プロジェクト」を展開し、各競技団体の医・科学委員として体育系大学の教員を中心にチームを組織し、研究を行っている。また、毎年、競技種目別競技力向上に関する研究が行われ、ここでも多くの大学教員が関わり研究を行っている。

　1988年には愛知県の知多半島にスポーツ医・科学研究所が創設された。スポーツ医・科学研究所は、名古屋市がソウルとオリンピック誘致を争って負けた機会に、オリンピック準備金をもとに松井秀治名古屋大学名誉教授が名古屋商工会議所のバックアップを得て開設したものであり、我が国初の総合型スポーツ医・科学をベースとした診療・研究機関と言える。

　その後、1998年には横浜市スポーツ医科学センターが創設された。JISSの創設が1998年の長野オリンピックの開催により遅れたということもあり、横浜市スポーツ医科学センターはJISSに先んじて、医・科学支援、研究、診療を行う場所としてスタートする形になった。もちろん、10年前からスタートしている愛知県のスポーツ医・科学研究所を参考にしたことは想像に難くない。横浜市スポーツ医科学センターは、2002年のサッカー日韓ワールドカップの決勝戦を行うスタジアム内に設定されており、2002年のワールドカップに向けて国内の多数のスタジアムにおいて同様の施設を整備する計画が持ち上がった。新潟県健康づくり・スポーツ医科学センターはその具体的事例の1つである。現在、機能の差はあるが、全国に33箇所程度の地域スポーツ医・科学センターが存在し、JISSも地域ネットワーク事業を通じて、そうした機関との連携を進めている。こうした地域のスポーツ医・科学センターにおける課題は、支援の対象が国民スポーツ大会出場選手であったり、一般の市民であったりするため、トップアスリートに対する支援を進めにくい点にある。

3. 2001年JISS開設から
   2020年東京大会まで（発展期）

　2001年JISSが開設された。それまで、大学の教員が中心となって行ってきたトップアスリートの医・科学支援に関して、初めて専属のスタッフを配置して実施することになった。我々はJISSの開設が医・科学支援スタッフのプロ化のターニングポイントになったと考えている。

　2008年の北京オリンピック・パラリンピック競技大会直前にはナショナルトレーニングセンター（現在はNTC・ウエスト）が開設され、マルチサポート事業*も始まった。

　その後、2011年、半世紀ぶりにスポーツ振興法を見直すかたちで、スポーツ基本法が制定された。スポーツ基本法の中では、「我が国のスポーツ選手（プロスポーツの選手を含む。）が国際競技大会等において優秀な成績を収めることができるよう、スポーツに関する競技水準の向上に資する諸施策相互の有機的な連携を図りつつ、効果的に推進」という文言があり、JISSが医・科学支援

を推進していく裏付けとなっている。

2015年にはスポーツ庁が発足し、競技スポーツ課を中心に医・科学支援を推進している。

これまでのJISSの医・科学支援を年報をもとに振り返ると、様々な問題点が浮かび上がってくる。2020東京オリンピック・パラリンピック競技大会における医・科学支援に限っても、多くの問題点が浮き彫りになり、今後、そうした問題点をいかに解決していくかが大きな課題である。本書は、こうした過去の問題点に立ち返り、未来に向けて問題点を解決していくための道標となることを目指している。

4．2020年東京大会以降（成熟期）

JISSの開設により、医・科学支援スタッフのプロ化が達成されたが、2020東京オリンピック・パラリンピック競技大会を経て、この先も医・科学支援を継続するためには、とにかく支援のアウトプット、アウトカムを示していくことが大切だと考えている。そのため、まずは医・科学支援を見える化し、職人技に頼ることなく、仕組みとして整理する必要がある。我々は本書を医・科学支援の見える化の一貫として位置づけ、執筆している。

また、今後は、日本オリンピック委員会（JOC）、日本パラリンピック委員会（JPC）、中央競技団体（NF）、日本スポーツ協会（JSPO）、スポーツ庁といったステークホルダーとの良好な関係を保ち、医・科学支援スタッフがさらに、現場の息吹を被ることができる環境を整えていく必要がある。医・科学支援は強化と密接に関係しているため、この部分は非常に重要なポイントとなる。

今後、2032年のブリスベンオリンピック・パラリンピック競技大会、2034年のリヤドアジア大会まで大規模大会が予定されている。1964年の東京オリンピック競技大会、2020東京オリンピック・パラリンピック競技大会での活動を振り返るまでもなく、各大会における医・科学支援のマイルストーンを設定し、それを着実にクリアしていく必要がある。

さらに、政府の「骨太の方針2022」（令和4年6月7日閣議決定）にもあるように、スポーツの成長産業化、スポーツDXの一層の活用といった、新たなテクノロジーについてもしっかりと情報をキャッチし、医・科学支援への応用を検討していく必要がある。その意味では、esportsへの対応なども、今後検討していく必要があるだろう。

（石毛勇介）

＊マルチサポート事業とは、2008年度よりスタートした文部科学省（当時）からの委託事業。アスリート支援、マルチサポートハウス、研究開発の3つの柱からなり、トップアスリートの医・科学支援に多大な貢献をした。現在は、スポーツ庁からの委託事業として、日本スポーツ振興センターが受託し、引き続き事業を展開している。

［文献］
1）財団法人日本体育協会．東京オリンピック選手強化対策本部報告書，1965.
2）財団法人日本体育協会．東京オリンピックスポーツ科学研究報告，1965.

コラム01

ハイパフォーマンス・サポート事業(アスリート支援)とは

ハイパフォーマンス・サポート事業（HPS事業）は、スポーツ庁の委託事業である。事業の趣旨は、「直近のオリンピック・パラリンピック大会において、我が国のアスリートがメダルを獲得できるよう、スポーツ医・科学、情報分野等による多面的で専門的かつ高度なサポートを提供する体制を構築し、メダル獲得が期待される競技のアスリートやスタッフに対して支援を実施する」というものである。HPS事業は、その前身であるマルチサポート事業が2008年に始まって以降、2024年現在まで継続して日本スポーツ振興センター（JSC）が受託して管理・運営してきた。マルチサポート事業時代を含む過去のHPS事業では、①アスリート支援、②村外サポート拠点の設置と運営、③研究開発、④女性アスリート支援などが具体的な実施内容として設けられてきたが、2024年の時点では、①アスリート支援と②村外サポート拠点（コラム02 ハイパフォーマンス・サポートハウス）の設置と運営が実施されている。

〈アスリート支援の進め方〉

HPS事業の実施内容のひとつであるアスリート支援では、ターゲットスポーツ（メダル獲得が期待できるとしてスポーツ庁が選定する競技）が実施する強化活動（競技会、合宿、日常的なトレーニングなど）において、各専門分野に特化したサポートスタッフがサポート活動を実施する。サポートスタッフは、事業実施主体であるJSCが契約した高度な専門的知識と技能を持つ人材であり、JSCと各競技団体との合意による「年間計画書」に基づいたサポートを実施する。HPS事業が提供するサポート分野は、以下の通りである。

①コンディショニング：コンディショニング、リハビリテーションを目的としたエクササイズ、ケアの提供
②トレーニング：障害予防、パフォーマンス向上を目的としたエクササイズの提供
③映像：トレーニング、競技会における映像の撮影とフィードバック、映像データベースの構築
④生理・生化学：疲労、運動強度などに関連する生理学的指標のモニタリング
⑤バイオメカニクス：パフォーマンス分析、動作分析
⑥栄養：栄養に関する相談や啓蒙活動、栄養調査・分析
⑦心理：メンタルマネジメント技法の提供、心理カウンセリング

〈科学的サポートにおけるプラクティショナーの役割〉

本書で扱う科学的サポートは、主としてスポーツ科学を専門とする研究者が、研究活動と並行・連携して実施することを想定しており、競技力向上のための課題の発見、課題達成法の提案、提案したトレーニングやコンディショニングの効果検証を科学的測定・分析に基づいて行うものである。しかしながら、詳細な測定・分析には、専門の測定機器や設備が必要であり、競技スポーツの強化現場でそれらを高頻度で行うことは困難である。特に長期的な合宿時や競技会への遠征時においては現実的ではない。詳細な測定・分析は研究機関で四半期に一回程度行い、強化現場においては、簡便な手法でパフォーマンスとその基礎となる体調や体力をモニタリングしながら、それらを維持・向上させるためのコンディショニング法やトレーニング法を提供することが求められる。そのような強化現場で日常的にサポートを提供する専門家は、近年では「プラクティショナー」と呼ばれ、各種サポート活動に必要な専門資格はもちろんのこと、研究機関で測定・分析に従事する研究者と連携をとって知見を蓄積し、サポートに活用できる科学的リテラシーも持ち合わせている必要がある。

ここで紹介するHPS事業は、まさにこのようなプラクティショナーによるサポートを強化現場に提供する事業である。HPS事業を安定的に運営するためには、優秀なプラクティショナーの育成が必須であり、各種サポート分野の若手有資格者が科学的知見に触れる機会やオン・ザ・ジョブトレーニング（OJT）に参加できる機会を創出していくことが重要である。

（窪　康之）

コラム02
サポートハウス（村外拠点）

〈サポートハウス（村外拠点）の概要〉

オリンピック、パラリンピック等の大規模な国際競技会では、各国が最終調整ための設備を選手村近隣に構える動きが目立っている。我が国でも、ハイパフォーマンス・サポート事業の一環としてサポートハウスを設置している。なお、オリンピックについては2012年ロンドンオリンピック競技大会、パラリンピックについては2016年リオデジャネイロパラリンピック競技大会から正式に運用している。

サポートハウスは、普段アスリートが活動拠点としている国立スポーツ科学センター（JISS）やナショナルトレーニングセンター（NTC；味の素ナショナルトレーニングセンターおよび競技別強化拠点）に類似した環境を大会開催地に再現し、アスリートやスタッフが競技に向けて普段利用しているサポート機能の中から必要なものを選択することができるようにするというコンセプトで設置されている[1]。

〈サポートハウスの機能〉

サポートハウスの主な機能としては、栄養、メディカル・セラピー、トレーニング、心理、映像分析が挙げられる（表）。これらの機能を中心に、競技団体からの要望や借用施設の環境等を総合的に考慮して大会ごとに調整している。また、パラリンピックについては、手すりやスロープの設置、アクセシブルトイレの増設、障がい者へのサポートに関する事前研修といったアクセシビリティを重視した対策を講じている。なお、2020東京オリンピック・パラリンピック競技大会については新型コロナウィルス感染症対策に関するガイドラインを作成し、PCR検査、定量抗原検査、体調確認の実施や、利用者と運営スタッフの利用エリアのゾーニング等により、選手およびスタッフの感染リスクを最小にしつつ快適な村外拠点にすることに注力した[2]。

（横澤俊治）

■文献

1）横澤俊治, 清水和弘, 袴田智子, 三浦智和. ハイパフォーマンス・サポートセンターの概要と拠点設置のポイント. Sports Science in Elite Athlete Support, 3：93-99, 2018.

2）山下大地, 尾崎宏樹, 袴田智子, 窪康之. 村外サポート拠点の運営―設置の概要. Journal of High Performance Sport, 9：18-23, 2022.

表　ハイパフォーマンス・サポートハウスの主な機能（横澤ら，2018を改変）

機能	説明
栄養	選手のコンディションを整えるための食環境を提供するコンディショニングミール、炭水化物の補給に重点を置いた持ち出し用のリカバリーミールボックスなど
メディカル・セラピー	ベッドや物理療法機器を備えたセラピー、温水と冷水の交代浴を中心としたリカバリープール、医師による医療相談、感染症対策など。選手村内と連携して活動することが多い。
トレーニング	ストレッチ、ウエイトトレーニングを中心に。競技に特化したトレーニング環境を整備したこともある
心理	専門スタッフによる面談、コンセントレーションスペースなど
映像分析	競技団体スタッフ等による分析環境の提供。公式映像などから翌日以降の対戦相手の分析などを行う

2．医・科学支援とは？（医・科学支援の定義）

1．JISSが医・科学支援を行う理由

　1964年の東京オリンピック競技大会を契機として、我が国の医・科学支援は歴史を積み重ねてきた。一方で、近年、スポーツを取り巻く環境は目まぐるしく変化をしており、医・科学支援においてもそうした環境の変化に適切に対応する必要が生じてきている。開設から20年以上が経過したJISSは、まさにそうした環境の変化の波にさらされている状態であり、今後も長きにわたって医・科学支援を実施していくためには、環境の変化を冷静に見極め、将来的にどういったところを目指すのかをはっきりさせていく必要がある。

　医・科学支援は、JISSが行うべき業務の１つであるが、それはJISSが所属する独立行政法人日本スポーツ振興センターが中期計画管理法人であり、独立行政法人日本スポーツ振興センター法、独立行政法人日本スポーツ振興センター業務方法書、独立行政法人日本スポーツ振興センターが達成すべき業務運営に関する目標（中期目標）・独立行政法人日本スポーツ振興センターが中期目標を達成するための計画（中期計画）、年度計画により行うべき業務が定められており、その中に、医・科学支援を行うこととなっていることによる。独立行政法人日本スポーツ振興センター業務方法書の第２章「スポーツ施設の運営及びスポーツの振興のため必要な業務（スポーツの振興のため必要な業務）」には、

第５条
2　センターは、ハイパフォーマンススポーツセンターを利用して、次に掲げるスポーツの振興のため必要な業務を行う。
（１）スポーツ科学・医学・情報に関する研究
（２）前号の研究の成果を活用した競技水準の向
上のための支援
（３）前２号に掲げる業務に係る成果の普及
（４）スポーツの選手の診断及び治療
（５）スポーツに関する競技水準の向上のための合宿及び研修の開催支援
（６）将来性の高いアスリートの発掘・育成システムの開発
（７）その他スポーツの振興のため必要な業務

とあり、（２）に競技水準の向上のための"支援"と明確に記されている。

　また、スポーツ基本法により定められているスポーツ基本計画の中にも、「JISSについては、その機能をさらに高めるため、スポーツ医・科学、情報に関する研究の高度化及びその活用・応用を促進するとともに、アスリート支援のさらなる充実に努める。また、国内外の情報収集・活用の能力を高めるため、関係団体への情報提供に関する支援体制を充実させるとともに、国内外の研究機関との交流・連携を強化する。」とあり、JISSがアスリートの支援を行うべき理由が明確に示されている。このようにJISSは国家的使命のもとにスポーツの医・科学支援を行う必要がある。

2．JISSプラン2034

　前述のように、スポーツを取り巻く環境は目まぐるしく変化しており、今後、医・科学支援を永く続けていくためには、目指す方向性を明らかにする必要がある。そのためJISSでは、若手スタッフを中心として「JISSプラン2034」を作成し、国家的使命であるスポーツの医・科学支援の成果を確実に残せるように努力している（図1-4）。

　プランの中で戦略の柱として「エビデンスに基づくスポーツ科学・医学・情報での支援の推進」

第１章　スポーツの医・科学支援

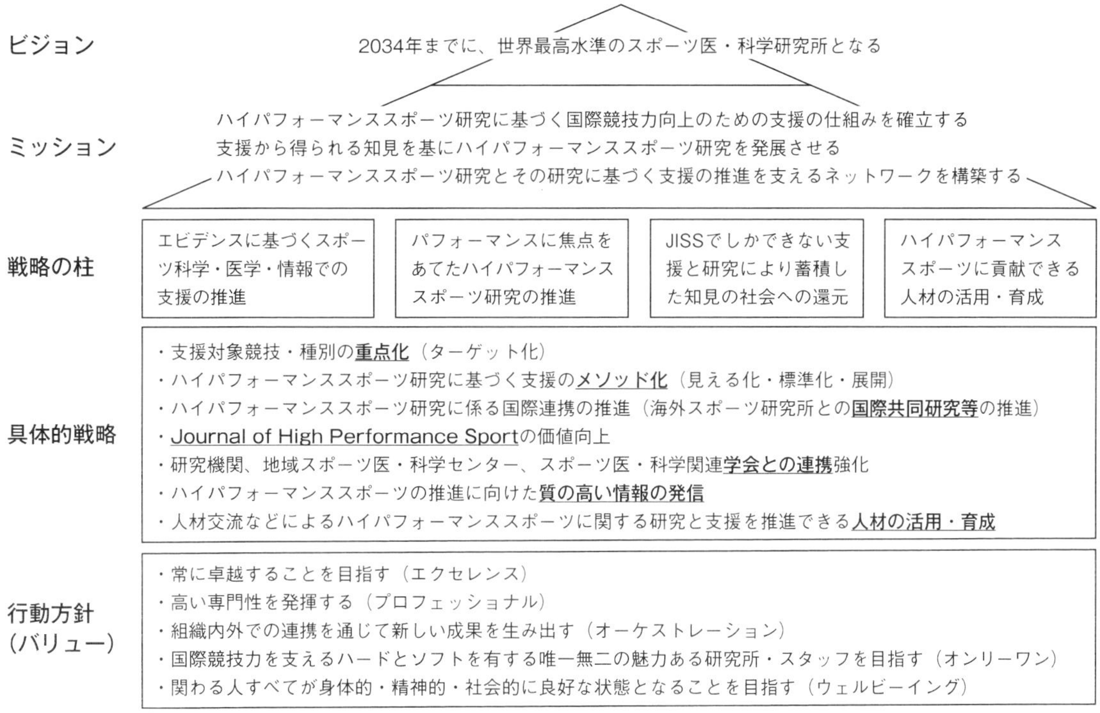

ビジョン	2034年までに、世界最高水準のスポーツ医・科学研究所となる
ミッション	ハイパフォーマンススポーツ研究に基づく国際競技力向上のための支援の仕組みを確立する 支援から得られる知見を基にハイパフォーマンススポーツ研究を発展させる ハイパフォーマンススポーツ研究とその研究に基づく支援の推進を支えるネットワークを構築する

戦略の柱	エビデンスに基づくスポーツ科学・医学・情報での支援の推進	パフォーマンスに焦点をあてたハイパフォーマンススポーツ研究の推進	JISSでしかできない支援と研究により蓄積した知見の社会への還元	ハイパフォーマンススポーツに貢献できる人材の活用・育成

具体的戦略
- 支援対象競技・種別の**重点化**（ターゲット化）
- ハイパフォーマンススポーツ研究に基づく支援の**メソッド化**（見える化・標準化・展開）
- ハイパフォーマンススポーツ研究に係る国際連携の推進（海外スポーツ研究所との**国際共同研究等**の推進）
- Journal of High Performance Sportの価値向上
- 研究機関、地域スポーツ医・科学センター、スポーツ医・科学関連**学会との連携強化**
- ハイパフォーマンススポーツの推進に向けた**質の高い情報の発信**
- 人材交流などによるハイパフォーマンススポーツに関する研究と支援を推進できる**人材の活用・育成**

行動方針（バリュー）
- 常に卓越することを目指す（エクセレンス）
- 高い専門性を発揮する（プロフェッショナル）
- 組織内外での連携を通じて新しい成果を生み出す（オーケストレーション）
- 国際競技力を支えるハードとソフトを有する唯一無二の魅力ある研究所・スタッフを目指す（オンリーワン）
- 関わる人すべてが身体的・精神的・社会的に良好な状態となることを目指す（ウェルビーイング）

©JAPAN SPORT COUNCIL

図1-4　JISSプラン2034（久木留，2022）

を掲げており、エビデンスに基づく支援の仕組みづくりを特に意識している。

3．JISSにおける支援と研究

エビデンスに基づく支援のための仕組み（システム）として、我々は支援と研究を一体的なものと捉え、両者を両輪とした好循環を生むことを考えている（図1-5）。いかにこの好循環を回していくかということがこの仕組みにとって非常に大切であるが、支援を実践する上で生じた研究の"たね"を確実に拾い上げて研究（ハイパフォーマンススポーツ研究）に繋げ、また、研究の成果を支援において活かす（エビデンスに基づく支援）というサイクルを1つ1つ積み上げていく努力が必要である。

支援と研究を一体的なものと捉えて事業を回していくというものは日本独特のものであり、諸外国の方法とは異なっている。海外、特に英国を中心に、支援を実践する人をプラクティショナー（Practitioner）と呼び、研究者（Researcher）と

の対比により整理がなされている[1]。JISSにおける医・科学支援においては、エビデンスをもとに支援を実践することとしており、なおかつ、支援において生じた研究の"たね"を実際に、ハイパフォーマンススポーツ研究として行うところまで含むという点でオリジナリティーの高い我が国独自の取り組みと言える。

JISSでは、2008年よりスポーツ庁の受託事業であるハイパフォーマンス・サポート事業（HPS事業）を行ってきた。このHPS事業スタッフが上記のプラクティショナーに当たるものである（図1-6）。

JISSは西が丘のハイパフォーマンススポーツセンター（HPSC）を中心に支援と研究を行い、より強化の現場に近いところでHPS事業スタッフがプラクティショナーとして活動している。

支援と研究の循環という性質を考えると、我々が行うべき研究は、支援から生じた課題を研究する実践研究であると言えるが、我々はこれをハイパフォーマンススポーツ研究と名付けて、学術誌（Journal of High Performance Sport）も発行して積極的に研究を推進している。

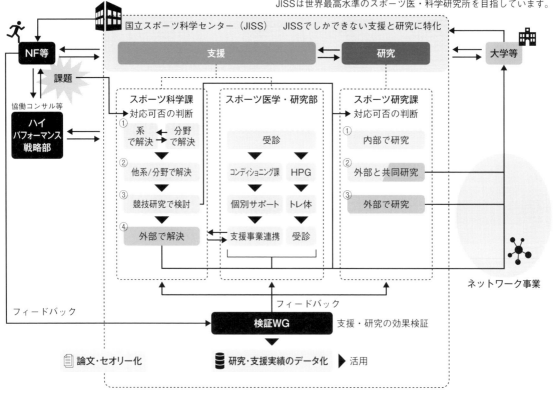

図1-5 JISSにおける支援と研究の枠組み（久木留，2021）

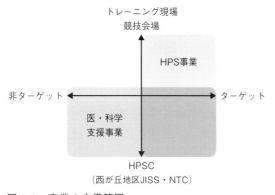

図1-6 事業の守備範囲

4．JISSの定義する支援

　我々は、支援を「現場の抱える問題点を明らかにした上で、その解決策を提示するもの。競技力の向上を成果とし、介入の効果を検証できるものでなくてはいけない。」と定義している。これは、つまり強化の現場に対してコンサルティングをしていくということを意味し、強化現場に対してシンクタンクの役割を果たしていくことだと考えることができる。支援に際して我々は競技力の向上という共通の目的に向かって強化現場とともに支援の形を作り上げていくというスタンスで臨んでいる。そこでまずは、現場の抱える問題点を明らかにすることが重要となるが、この点については、パフォーマンス構造モデル（後述）をもとに、問題点を探り、支援の対象者と支援を行う側が双方に問題点を認識した上で、支援を実施するというやり方を実践している。その上で、我々は、医・科学支援の目指すべきものとして、以下の3つを掲げている。

①エビデンスに基づいたトレーニングやコンディショニング手法の提案（提案型支援）
②問題発見・課題解決型の支援
③支援の内容を競技研究に繋げる（学術的な成果）

エビデンスに基づいたトレーニングやコンディショニング手法を提案するということは、まさしくハイパフォーマンススポーツ研究の成果を応用するということであり、この観点から考えるに、まだまだエビデンスは十分ではない（まだまだ多くのハイパフォーマンススポーツ研究が必要だということである）。我々が支援において用いるスポーツ科学の手法としては、基礎体力に関するもの（フィットネスチェック、ウエイトトレーニングなどのトレーニングを含む）、コンディショニング（心理、栄養を含む）、動作分析（スポーツバイオメカニクス）が一般的である。なかでもフィットネスチェックは支援を開始する際に、真っ先に行うことが多い。体力に関する部分については、他の項目に比較して世界を争うレベルの選手であっても、十分でないレベルであることが多く、体力を入り口にして様々な支援を展開していくことで、支援がスムーズに進む場合が多いからである。また、JISSの強みは、バイオメカニクス、生理学、心理学、栄養学など、様々な学問的バックグラウンドを持った研究者が在籍しており、分野を横断して支援ができることである。この強みを活かすためには、相互理解（お互いをリスペクトすること）が必須であると考えている。

問題発見・課題解決型の支援を行う場合、パフォーマンス構造モデルを用いて問題を発見し、課題を可決するための方策を提示する必要があるが、ここでも、まだまだ多くのエビデンスが必要な状況である。

一方、支援において留意すべき点は、以下のようになる。
①競技力の向上に繋がったかどうかの確認（成果の確認）
②支援とサービスの切り分け

成果の確認（検証型支援）については、後の章にて詳しく説明するが、パフォーマンス構造モデルをもとにKPI*を設定し、その達成度をもとに評価していく方法を検討している。また、成果に関しては、支援がベストソリューションであったかどうかという視点を持って振り返ることが大切であると考えている。支援においては、科学はあくまでも問題や課題を解決するためのツールであり、その意味において支援にはどうしても芸術（Arts：アート）の要素が含まれる。すべての事柄に対してエビデンスが存在するわけではない現状においては、どうしても教科書以上、ハッタリ未満の部分が必要であり、特に、世界一を競うようなトップアスリートの場合は、まだエビデンスはないけれども、トライしてみる価値があるという部分が存在することも事実である。

支援とサービスの切り分けについては、JISSでは上記の通り、支援を定義しており、支援は提案型という部分を見てもわかる通り、能動的なものである。一方、サービスは受動的であり、ルーティン化されたもの（例えば、強化現場の動画撮影など）と捉えている。支援とサービスを区別することにより、受動的ではなく、能動的に支援を提案していきたいという思いがそこにはある。

5．支援の具体的な手順

JISSでは業務基準書を作成し、種目担当者が実施する支援の手順に関する標準化を図っている（図1-7）。それぞれの局面ごとに各種目担当者が実施する支援の手順を簡潔に示している（図1-8、図1-9）。担当者が変更となっても、スムーズに次の担当者に移行できるようにするためにこうした手順書（業務基準書）を作成しており、新たに入ってきたスタッフに対してこの手順書をもとに指導をしている。

（石毛勇介）

*KPI（重要業績評価指標：Key Performance Indicator）とは、目標を達成するための重要な業績評価の指標。例えば、フィットネスチェックにおいて持久力に問題があるとなった場合には、持久力の指標をこれくらいにしようという目標値を設定してトレーニングを行い、一定期間トレーニングした後に再度フィットネスチェックを実施し、KPIが達成されたかを確認する。

図 1-7　業務基準書[7]

図 1-8　支援の基本的な手順[7]

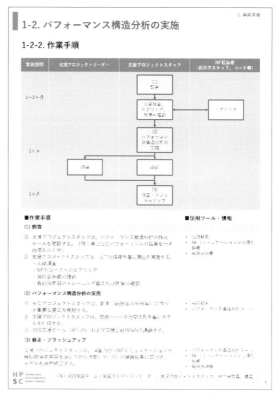

図 1-9　パフォーマンス構造分析の実施[7]

［文献］

1) Jones B. Accessing off-field brains in sport ; an applied research model to develop practice. Br J Sports Med, 53 (13) : 791-793, 2019.
2) スポーツ基本法.
https://elaws.e-gov.go.jp/document?lawid=423AC1000000078
（参照日　2023年11月7日）
3) 独立行政法人通則法.
https://elaws.e-gov.go.jp/document?lawid=411AC0000000103
（参照日　2023年11月7日）
4) 独立行政法人日本スポーツ振興センター法.
https://elaws.e-gov.go.jp/document?lawid=411AC0000000162
（参照日　2023年11月7日）
5) 久木留毅. ハイパフォーマンススポーツセンターの支援と研究に関する戦略的な取り組み―国立スポーツ科学センターの課題とその解決に向けて―. 体育の科学, 71 (7) : 517-522, 2021.
6) 久木留毅. 10年後を見据えたハイパフォーマンススポーツセンターの取組み―国立スポーツ科学センターの新たな取組み「JISSプラン2034」を中心として. 体育の科学, 72 (11) : 791-796, 2022.
7) 国立スポーツ科学センター支援事業 業務基準書. (2022年9月1日初版)

コラム03
競技スポーツ向けトラッキングシステムの開発と活用事例

〈競技スポーツ向けトラッキングシステムの概要〉

近年、センシング技術やコンピュータ技術の進歩により、スポーツ分野において選手やボールの軌跡を追跡・記録・分析するためのシステムとしてトラッキングシステムが導入されつつある。追跡結果が競技データとして収集されるため、トレーニング支援や戦術分析の高度化が期待されている。

JISSでは、人流解析や自律走行車の開発等で活用されつつあるリモートセンシング技術（レーザーレーダー）と、人工知能の活用により急速な進歩を遂げているカメラ画像解析技術とを融合させた、トレーニングシーンで活用可能なトラッキングシステムを開発し、トレーニング拠点への導入を進めている（図1）。ここでは、主にバレーボールを対象としたシステムを紹介する。

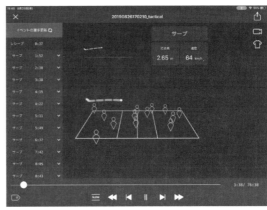

図2　バレーボール向けシステムでのトラッキング事例

図3　スクリーン投影によりフィードバックの様子

図1　トラッキングシステムシステム開発の概要

〈バレーボールを対象としたトラッキングシステムの事例〉

トラッキングシステムは、味の素ナショナルトレーニングセンター・ウエスト内のバレーボール体育館に設置されている。マーカーやデバイスを付ける必要がなく、マーカーレスにコート上の各選手／ボールの位置を追跡、記録することができる（図2）。また、サーブやアタック、トス等のプレーを検出し、打点高や速度といったプレーに関する情報を自動取得することができる。そのため、オンコートでの運動量や運動負荷、パフォーマンスを簡易的に収集し、定量評価することが可能となった。

さらに、追尾結果をカメラ映像に付与・重畳し（重ね合わせ）、体育館に常設されたスクリーンに、即時投影する機能を搭載している（図3）。プレー直後に、その場で当該プレーの球速、打点高などがスクリーンに表示されることで、これまでは選手やコーチが意識していなかった情報を身近に触れることができるため、意識やモチベーションの向上、練習効率の向上が期待できる。

〈他競技への展開事例〉

同様のトラッキングシステムを車いすラグビーやフィギュアスケート、バドミントン、スポーツクライミング、カーリング等の競技を対象として開発し、競技現場への実装、当該システムを用いた支援を推進している。これらテクノロジーの活用は、パフォーマンス向上、戦術分析の高度化、モチベーションの向上、そして科学的なアプローチの促進など、多くの効果をもたらすことが期待できる。

（相原伸平）

3. スポーツを科学的に捉えるとは どういうことか

研究論文が机上に積み上げられているだけではスポーツの競技力は向上しない。研究成果を競技力向上に役立てるには、そのための特別な手続きとそれを実行する人間が必要であることは、多くのスポーツ関係者が実感していることであろう。本節では、スポーツ科学の研究成果が提供する情報とはどのような性質のものかを概観し、スポーツの競技力を向上させるための諸活動、すなわちトレーニングの各局面において科学的知見が果たす役割について述べ、研究成果を競技力向上に役立てるための手続きに関する基本的な考え方を示す。

1. スポーツ科学の性質

スポーツ科学が扱う情報とは、主として自然科学の手法によって得られる情報である。中谷（1958, p.4, 46, 82）によれば、自然科学の手法とは、ひとまとまりに見える複雑な現象を時間的、空間的に分割し、分割した1つ1つの要素の振る舞いを記述したり、要素間の関係を調べたりすることである。この一連の作業は分析と呼ばれ、現象を構成する諸要素の構造や因果関係を明らかにすることを目的として行われる。現象の記述には、一般的に測定が行われる。測定により現象を数値に置き換えることで分析を行いやすくしていることも自然科学的手法の特徴である。

スポーツ科学では、上記の自然科学的手法に則り、①パフォーマンスの構造、②パフォーマンスと動作の関係、③動作を発生させる力学的・生理学的メカニズム、④動作の力学的・生理学的メカニズムを活性化させる医学的・栄養学的・心理学的介入に関する分析が進められている。①と②については主にスポーツバイオメカニクスが、③については主にスポーツバイオメカニクスと運動生

理学が、④については主に運動生理学、スポーツ医学、スポーツ栄養学、スポーツ心理学が担っている。

これらの分析から得られる情報の特徴として、ひとつには、パフォーマンスを構成する諸要素が定量化されていることが挙げられる。定量化により情報の客観性が高められ、情報の比較や分析を容易にしている。また、もうひとつの特徴として、現象のメカニズムが、それぞれの研究領域の基礎理論、いわゆる親学問の理論体系に基づいて分析されていることが挙げられる。諸研究領域の親学問、例えば、スポーツバイオメカニクスにとっての力学、運動生理学にとっての生理・生化学では、スポーツ以外の身体運動において、あるいは身体運動以外の生命現象や自然現象において、メカニズムの分析・検証が重ねられてきており、信頼できる理論体系が確立している。したがって、その理論体系に基づく限り、スポーツの身体運動という複雑な現象においても、パフォーマンスとそれを構成する動作、エナジェティクス、コンディションに関するメカニズムの分析・検証が行いやすく、知見を積み重ねていくことができる。

2. 科学はスポーツトレーニングに どのように役立てられるか

上記のような特徴を持つスポーツ科学の知見は、スポーツトレーニングのどのような局面を支援することができるだろうか。図子ほか（2005, pp.104-106）によれば、スポーツのトレーニングは、①パフォーマンスの構造分析、②トレーニング目標の設定、③トレーニング内容の決定、④トレーニング実践、⑤競技会における行動、⑥トレーニングおよび競技会の成果の評価、からなるサ

イクルであるとされている。先に述べたように、スポーツ科学の研究手法の利点は、客観的に現象を把握しメカニズムを究明できることである。この利点を活用できるのは、選手の運動が「どうなっているか」、そして「なぜそうなっているか」という現状とその原因を分析する局面である。したがって、トレーニングのサイクルのうち、①パフォーマンスの構造分析と⑥トレーニングおよび競技会の成果の評価において、科学的研究手法は活用できると言えよう。また、選手を同一の手法で縦断的に分析したり、あるいは比較対象となりうる他の選手を分析したりできれば、「どうなればよいか」という目標とすべき次の運動のあり方を提示することもできよう。したがって、②トレーニング目標の設定においても科学は有用である。

　一方で、選手やコーチの経験の積み重ねに大きく頼らなければならない局面もある。トレーニング中および試合中の行動（④と⑤）においては、選手が「どんなつもりで」運動するのかという主観的な情報が重要である。先に述べたような「どうなっているか」や「どうなればよいか」という客観的な目標自体は科学によって示すことができるが、それを達成するための運動中の意識やそれを引き出す言葉がけなどの介入方法は、科学の扱いにくい範疇にあり、選手とコーチの試行錯誤に頼らざるを得ない。

　残された③トレーニング内容の決定については、前述した諸々の親学問の理論体系のみから有用な知見を提供することは難しい。技術や体力のメカニズムが明らかになったとしても、それらを向上させるための「何を」、「どうするのか」という具体的なトレーニングやコンディショニングの方法は、アスリートの日々の実践に介入して新たに開発しなければならない、スポーツ科学の独自の課題である。スポーツ科学の存在価値は、新たなトレーニング・コンディショニングを開発・提案することにあると言ってよい。したがって、③トレーニング内容の決定の局面では、スポーツ科学の独自の研究成果に基づいた提案がなされるべきであろう。

　以上のように見てくると、①から⑥まで列挙したトレーニングのサイクルのうち、入り口である①パフォーマンスの構造分析と②トレーニング目標の設定、そして出口である⑥結果の評価については、科学が十分に活用できる局面であると言える。③トレーニング内容の決定については、科学全般の中でも特にスポーツ科学の独自の知見が活用されるべき局面、④トレーニング実践、⑤競技会における行動については、選手とコーチの経験の積み重ねが重要となる局面と言えそうである。

3．スポーツ科学の領域間連携

　科学的知見に基づいてトレーニングを支援しようとした時に懸念されることのひとつに、個別の研究領域が扱う要素の特異性が挙げられる。スポーツバイオメカニクスがパフォーマンスと動作の力学的関係を、運動生理学が動作の生理学的原因を扱うように、いずれの研究領域も対象としているのはスポーツの運動に違いはないが、焦点を当てる要素が異なる。そのため、個々の研究領域からだけでは、運動の全体像を捉えることはできない。これを解決するためには、クヌッソンとモリソン（2007, p.7）が述べるように、諸研究領域が並列の立場から、横断的・重複的に運動を分析することが望ましいとする考えが一般的である。しかし、スポーツにおける最重要課題はパフォーマンスという物理現象の最大化、または最適化である。そして、パフォーマンスに直接的に影響を及ぼすのは動作である。したがって、スポーツ科学による支援における第一の分析対象はパフォーマンスと動作の関係であり、これはスポーツバイオメカニクスが担うべきである。そして、動作の生理学的メカニズムを運動生理学が、動作の力学的・生理学的メカニズムを活性化させる要素を医学、栄養学、心理学が担うといったように、分析はパフォーマンスを直接的に説明する上位要素からその原因を説明する下位要素へと、細分化しながら深化することで、それぞれの研究領域の理論体系が活用できる。こうした上位要素から下位要素へ向かう分析の方向性は、特にトレーニングの課題を明らかにする局面では重要である。一方で、トレーニングが効果的であったかを検証する

ためには、課題とみられた下位要素がトレーニングによって改善したのか、その下位要素の改善によってより上位の要素は改善したのかという、下位要素から上位要素へ向かう分析が重要となる。このように、スポーツ科学の領域間の連携は、それぞれの領域の知見を相互に分析・検証するようにして行われるべきである。

4．トレーニングサイクルと科学的支援

　トレーニングは、「最重要試合での最高成績」（村木，1994，p.84）を目標として行われる。オリンピック・パラリンピック出場レベルの選手であれば、オリンピック・パラリンピック以外の国内外の競技会に向けた準備期や移行期だけでなく、それらの試合期での諸活動もトレーニングの一環として捉えることになり、4年間をひとサイクルとした超長期トレーニングサイクルと見ることができる。このような超長期トレーニングサイクルの中で、科学的知見に基づいた支援とはどのように行われるべきであろうか。

　先述のトレーニングサイクル①～⑥のうち、科学がトレーニングに貢献できるのは、主として①パフォーマンスの構造分析、②トレーニング目標の設定、③トレーニング内容の決定、⑥トレーニングおよび競技会の成果の評価であった。ここで、①、②、③は、現状を把握して次に達成すべき課題とその達成方法を提案する提案型支援、⑥は課題の達成度を検証する検証型支援と分類できる。この提案型支援と検証型支援は、超長期トレーニングサイクルの中で、次のように位置づけられるべきであろう。

　提案型支援は、最重要競技会で最高の成績を収める上で達成しなければならない課題とその達成方法を、優先順位も含めて提示する支援である。提案型支援においては、複数研究領域にまたがる分析と検証を通じてパフォーマンスとそれを構成する諸要素の関係を丁寧に関連づけて検討しなけ

ればならない。難易度の高い課題を達成しようとしたときには、達成に時間のかかる場合もあるし、途中で達成が見込めなくなる場合もある。それらの場合に備え、トレーニングを見直したり別の課題に取り組み直したりする猶予を見込んでおかなければならない。そのため、提案型支援は、超長期トレーニングサイクルの前半で活発に行われる必要がある。

　一方の検証型支援は、トレーニングにより課題達成に近づいているか否かを検証する支援である。達成すべき課題が明らかとなってトレーニングに集中する、超長期トレーニングサイクルの後半で行われる。課題は限定されているので、関連する研究領域のみからの測定・評価が行えればよい。ただし、課題達成のための試行錯誤が効果的に行えるよう、測定・評価および結果の提示は迅速になされる必要がある。これは、関連領域の測定法だけの問題ではなく、視覚に訴えやすい分析結果の出力方法を工夫するなど映像・情報技術面での支援も充実させることが求められる。

＊

　スポーツ科学の有用性は、パフォーマンスとそれを構成する要素の関係を明らかにできること、課題達成のためのトレーニングを提案できること、提案したトレーニングの効果を検証できることにある。これらの役割を十分に果たすためには、各研究領域のスタッフが自身の領域における科学的手法を用いて事実の把握と分析に努めた上で、多領域と連携してそれぞれの知見を相互に分析・検証しあう体制を構築することが重要である。

（窪　康之）

[文献]
・クヌッソン・モリソン：阿江通良 監訳．体育・スポーツのための動きの質的分析入門．ナップ．2007．
・村木征人．スポーツトレーニング理論．ブックハウスエイチディ．1994．
・中谷宇吉郎．科学の方法．岩波書店．1958．
・図子浩二，長谷川裕，伊藤静夫，森丘保典，青野博，工藤和俊．公認スポーツ指導者養成テキストⅢ．公益財団法人日本体育協会．2005．

コラム04
ハイパフォーマンス・ジムにおける選手サポート

国立スポーツ科学センター（以下、JISS）内にあるハイパフォーマンス・ジム（以下、HPG）は、支援と研究のさらなる高度化を目指して2013年度より運用が開始された（石毛ら，2014）。隣接しているトレーニングジムを、主に医・科学の面から補完する機能を担っている。多くのカメラやモニター、フォースプレートが設置されており、アスリートの状態を可視化するテクノロジーが多くある。

〈HPGスタッフの役割〉

HPGスタッフの主な業務は、ジムの運営と個別サポートである。ジム内には様々なトレーニングマシンや測定機器、低酸素トレーニング室がある。選手やコーチだけで扱える機器やカメラシステムもあるため、それらの運用と管理を行っている。個別サポートは、JISS内にあるトレーニングジムのトレーニング指導員、アスリートリハビリテーション室のスタッフ（理学療法士、アスレティックトレーナー）などの専門職員から依頼を受け、連携しながら行っている。

現在、HPGスタッフは研究員とトレーニング指導員（常勤・非常勤）で構成されている。研究員はバイオメカニクスや生理学を専門としており、エビデンスベースでサポートプログラムを改善している。トレーニング指導員は日本スポーツ協会公認アスレティックトレーナー、理学療法士等の医療系資格、CSCS（認定ストレングス＆コンディショニングスペシャリスト）等のトレーニング系資格を有しており、幅広い専門的知見を合わせてパフォーマンス向上およびスポーツ外傷・障害予防、競技復帰のためのサポートをしている。

〈HPGの個別サポート〉

HPGが行う個別サポートは、HPGの機能を最大限に活かし、トレーニングやリハビリテーションのための測定と評価が中心となっている。HPGが提供しているのは、主に下記の3つの評価である（山下ら，2022）。
① 姿勢・動作評価：Functional Assessment for Athletic Body（FAAB）という独自のプログラムを実施している。前（後）、横、上方向にカメラが設置されたプラットフォームで規定の動作（片脚スクワット、前屈、体幹回旋等）を行ってもらい、

図　ハイパフォーマンス・ジムの内観

それぞれの動作の静止画または動画を撮影する。
② 筋力・パワー評価：3軸フォースプレートや可搬式一軸フォースプレートを用い、反動ジャンプ等の力、パワーを評価する。
③ エネルギー代謝評価：主にサイクルエルゴメーターを用い、瞬発的なパワー発揮および持久的なパワー発揮能力を評価する。

上記の評価を、トレーニングや競技復帰の計画に沿う形で定期的に実施している。測定結果は依頼元（JISS専門職員）、アスリートと共有し、進捗や今後のプランについての議論を行い、それぞれの専門職員のトレーニングおよびアスリートリハビリテーションに役立ててもらう。姿勢・動作評価を基にしたコレクティブエクササイズやエネルギー代謝評価を基にしたインターバルトレーニング等は、HPGスタッフが介入を実施することも多い。

長期的な計画に沿って定期的に評価と介入を繰り返すことを念頭に置いているため、測定のために失われるトレーニング時間を最小限にした簡潔な測定を中心とし、即時的かつ定期的に評価ができる測定を重要視している。こうした評価と実践のサイクルを回すことにより、スポーツ外傷・障害からの早期復帰およびパフォーマンス向上を目指している。

（山下大地）

〈文献〉
・石毛勇介，松林武生，高橋佐江子，荒川裕志．JISSハイパフォーマンス・ジムにおける取り組み．バイオメカニクス研究，18：148-156，2014．
・山下大地，山岸卓樹，岡元翔吾，石田優子，中本真也．東京2020を振り返る（パート4）東京2020オリンピック・パラリンピック競技大会に向けたハイパフォーマンス・ジムの科学的サポート．日本ストレングス＆コンディショニング協会機関誌，29：4-9, 2022．

4．海外における医・科学支援の状況

1．各国のスポーツ支援機関

　世界各国には、自国の国際競技力向上を目的として、政府からの支援を受けたスポーツ振興・支援機関が設立されている。その中に、ハイパフォーマンススポーツに特化した部門もしくは機関がある（表1-1）。そうした機関の多くは国内オリンピック委員会（NOC）・パラリンピック委員会（NPC）に協力する形で機能しているが、国によってはNOC・NPCがその機能を有した機関を統括している。日本のHPSCと同様に、各国の機関では、競技練習場やトレーニング場などのハード面、専門スタッフによるサポートや選手への助成金、教育プログラムなどのソフト面においても、様々な支援を行っている。HPSCやNational Institute of Sport, Expertise, and Performance（INSEP）、AISなど多くの機関は合宿所機能も備えており、さらにHPSCやINSEP、Aspire Academyなどは将来有望なアスリートが施設内に住み、国代表選手と同じ環境でトレーニングをすることができる制度を有している。そうしたシステムがある中で、どの機関においても医・科学支援が行われている。

　各国の医・科学支援機関の多くは、あるサイクル（10年先、次のオリンピックサイクル／パラリンピックサイクル、スポーツに関する国の法律に基づく計画の期間）に基づき、戦略プランを掲げている（久木留，2022）。日本の場合、JSCの運営は国の法律（スポーツ基本法など）に基づき行われており、医・科学支援機関であるJISSはJISSプラン2034を掲げている。同様に、UK sportはUK Sport Strategic Plan 2021-2031を掲げ、医・科学支援機関であるUK Sports Institute（UKSI）はMission 2025を掲げ、そのプランに沿って医・科学支援を行っている。オーストラリアでは、ブリスベン2032オリンピック・パラリンピック競技大会に向け、Australia's High Performance 2032 + Sport Strategyを掲げている。

　自国の国際競技力向上を支援している機関の多くは、Association of Sport Performance Centres（ASPC）に属している。ASPCは2001年に組織され、現在は100以上の機関が加盟しており、当初は2年に一度、近年では毎年フォーラムが開催され、各国の情報交換が進んでいる。アジア圏では、連携を図る目的で、HPSC（日本）、Aspire Academy（カタール）、Singapore Sport Institute（SSI、シンガポール）、Hong Kong Sports Institute（HKSI、香港）の4つの機関によって、2015年にAssociation of Sports Institutes in Asia（ASIA）が組織された。現在は20以上の機関が所属しており、毎年会議が開かれている。地域別のネットワークは、各機関が欧米の諸外国の機関よりも物理的に近い上に、大陸別の総合国際大会（アジアの場合、アジ

表 1-1　諸外国のハイパフォーマンススポーツに特化した医・科学支援機関

国	都市	主な医・科学機関	設立年	ASPC加盟	ASIA加盟
日本	東京	ハイパフォーマンススポーツセンター（HPSC）	2001	○	○
ノルウェー	オスロ	Olympiatoppen	1985	○	－
イギリス	マンチェスター	UK Sports Institute（UKSI）	2002	○	－
フランス	パリ	National Institute of Sport, Expertise, and Performance（INSEP）	1975	○	－
オーストラリア	キャンベラ	Australian Institute of Sport（AIS）	1981	○	－
ニュージーランド	オークランド	High Performance Sports New Zealand（HPSNZ）	2011	○	－
カタール	ドーハ	Aspire Academy	2004	－	○
シンガポール	シンガポール	Sport Singapore	1973	○	○※
香港	沙田	Hong Kong Sports Institute（HKSI）	1982	○	○

※Sport Singapore内のSingapore Sport Instituteが加盟している。

ア競技大会や東アジア競技大会、東南アジア競技大会など）があるため、情報交換を行う機会が多い。

JSCも、日本のスポーツ振興およびスポーツ医・科学等の発展に貢献することを目的とし、10以上の海外の機関と連携協定を締結し、相互に情報交換、人材交流を行っている（表1-2、日本スポーツ振興センターHP）。

2．各国の医・科学支援内容

支援内容はどの機関もHPSCと同様であり、トレーニング、栄養、心理、生理学、情報分析、映像（動作）分析が主である。施設内にクリニック機能を有して診療やリハビリテーションなどのサービスを提供しているところも多い。支援内容も、支援としての性質が強いものもあれば、研究としての性質が強いものもある。ある分野の支援（例えば動作分析支援）について、HPSCやSSIでは研究員として雇用されたスタッフが行うが、UKSIではサービス事業のプラクティショナーとして雇用されたスタッフが行う。

3．各国の医・科学支援機関の連携体制

医・科学支援機関は大きく分けて集中型と分散型がある。日本ではJISSが2001年に設立され、2008年のナショナルトレーニングセンターウエスト、2019年のナショナルトレーニングセンターイーストの設立からもわかるように集中型である。シンガポールも集中型であり、国土が比較的小さく、中央に選手やコーチを集めることが比較的容易な国には集中型が適しているようである。

他方、ノルウェーは分散型である。国土面積は日本と同程度であるが、南北に長く、地域によって盛んな競技が異なる。人口は500万人と日本の1/25ほどであるが、冬季オリンピックにおいて近年最も多くの金メダルを獲得している国である。ノルウェーのOlympiatoppenは、オスロにヘッドクォーターがあり、隣接施設にNorwegian School of Sport Sciences（さらに学内にOslo Sports Trauma Research Center）があるため、外傷・障害予防やパフォーマンスに関する研究が盛んに行われている。その他にノルウェー国内には7か所の地域拠点があり、それぞれの地域で異なるトレーニング施設が建てられ、異なる競技を支援している。南部のオスロではアルペンスキーやパラアスリートの研究と支援が盛んに行われているが、中部のトロンヘイムあるOlympiatoppen Midt-Norgeにはスキージャンプとクロスカントリーの練習場がある。大学との研究開発などの連携も実施しており、Norwegian University of Science and Technology（NTNU）のエリートスポーツ研究センターはOlympiatoppen Midt-Norgeの建物内にあり、大学院生や教員がアスリートのデータ収集などの支援を通して研究開発を進めている。ま

表1-2 連携・協定書を締結した関係団体（2023年4月1日現在）（日本スポーツ振興センターHP）

締結機関	締結日
Institut für Angewandte Trainingswissenschaft（IAT）	2007年1月15日
Sports Authority of Thailand（SAT）	2007年7月30日
Hong Kong Sports Institute（HKSI）	2011年3月29日（2016年8月9日更新）
Sport Singapore（Singapore Sport Institute; SSI）	2013年4月3日（2016年5月2日、2022年8月1日更新）
UK Sport	2013年6月18日（2016年8月8日更新）
Australian Sports Commission	2013年8月9日
Brazil Olympic Committee	2013年8月26日（2016年8月6日更新）
National Institute of Sport, Expertise, and Performance（INSEP）	2014年3月20日（2019年1月31日更新）
Association of Sports Institutes in Asia（ASIA）	2015年2月25日
Netherlands Olympic Committee and Netherlands Federation for Sports（NOC*NSF）	2016年9月9日
International Working Group on Women and Sport（IWG）	2017年4月10日
Own the Podium	2022年7月7日
Canadian Olympic Committee	2022年7月7日
Canadian Paralympic Committee	2022年7月7日
Canadian Olympic and Paralympic Sport Institute Network	2022年7月7日
Coaching Association of Canada	2022年7月7日

た、イギリスには、UKSI以外にハイパフォーマンスセンターが7か所あり、いくつかは大学内にもある。そのうちの一つ、Loughborough Universityとは主にパラリンピックに関する研究と支援に関する協力体制を築いている。

なお、集中型から分散型に変更した例もある。オーストラリアは1981年、キャンベラにAustralian Institute of Sport（AIS）を設立し、機能を一極集中させ、シドニー2000オリンピック・パラリンピック競技大会の招致以降の国際競技力向上から、その体制は成功を収めていた。日本もJISSの設立に際して、AISをモデルとしていた（久木留，2019）。しかしながら、その後の国際競技力低迷により、現在は、ネットワークを活用した各州を拠点とする分散型へと大きく方針を転換した（久木留，2022）。INSEPも、Grand INSEP Networkを推進し、練習施設の地域分散だけでなく、医・科学支援や研究においても、適切な人材の配置や情報共有を行っている。

そのほか、他国との連携で、他国に強化拠点を設置している国もある。AISはイタリアにAIS European Training Centreを設置している。医・科学支援機能を備えており、ヨーロッパ諸国を転戦する場合などの拠点として機能している。

４．各国の医・科学支援の対象

支援対象となる競技は、各国政府の意向による。国際競技力向上の最終目的は、オリンピック・パラリンピックにおける金メダル獲得である。したがって、日本は競技によって医・科学支援を提供する予算やエフォートの差はあるが、オリンピッ

ク・パラリンピック競技全般を支援の対象としている。一方で、他国では様々であり、一般的に国際競技力の高い競技、人気のある競技が優遇される傾向がある。Aspire Academyはサッカーのほか、いくつかのオリンピック競技に注力している。また、競技を実施する環境のない地域には練習場を設置できないため、東南アジア諸国の機関のほとんどは雪上系競技を支援していない。

さらに、国によってはオリンピック・パラリンピック競技に限らず、他の総合国際大会のための支援もしている。例えばUKSIは、英連邦諸国では4年に一度開催されるコモンウェルスゲームズ競技である、ネットボール等もサポートしている。Sport Singaporeも、アジア大会競技や東南アジア競技大会（SEA Games）の競技種目であるPencak Silat（プンチャック・シラット：東南アジアで行われる伝統的武術）の強化拠点が設置されており、Pencak Silatの研究と支援が行われている。

このように、各国のスポーツ医・科学支援機関は、国の規模や置かれている状況、国際競技力向上への戦略に基づき、それぞれ独自の医・科学支援体制を構築している。

（山下大地）

［文献］
・久木留毅. ハイパフォーマンススポーツにおける国立スポーツ科学センターの新たな取り組み: アジア No. 1 のハイパフォーマンススポーツ研究所を目指して. 体育の科学 69 (8)：615-621, 2019.
・久木留毅. 10年先を見据えたハイパフォーマンススポーツセンターの取組み−国立スポーツ科学センターの新たな取組み「JISSプラン2034」を中心として−. 体育の科学 72 (11)：791-796, 2022.
・日本スポーツ振興センター. 連携・協定書を締結した関係団体 https://www.jpnsport.go.jp/corp/gyoumu/tabid/513/Default. aspx（令和6年11月1日現在）

コラム05
女性アスリート支援

　国際オリンピック委員会は「オリンピック・アジェンダ2020」においてオリンピック競技大会への女性参加率50%の実現を目指すことを表明している。東京2020オリンピック競技大会日本代表選手団の女性アスリートの比率は47.5%と約半数、金メダルおよびメダル獲得数のうち女性種目の割合は54.5%（混合種目を除く）と半数を超えた。女性アスリートが日本代表選手団活躍のカギと言える。文部科学省が策定した「スポーツ基本計画」には女性アスリートが健康に競技を継続できる環境の整備をすることが記されているなど、女性アスリート支援はハイパフォーマンススポーツにおいて継続して取り組むべき課題として位置づけられている。国立スポーツ科学センター（以下、JISS）では「女性アスリート研究・支援事業」として、医・科学支援を中心に、様々な分野の専門家が連携し、女性アスリートを支援している。

〈女性アスリートトータルサポート〉

　利用可能エネルギー不足、視床下部性無月経、骨粗しょう症からなる女性アスリートの三主徴や大会時等の月経周期調節など、女性アスリートは、競技パフォーマンスに影響を与える特有の課題を有する。JISSでは「女性アスリート相談窓口」を設置し、アスリートからの問い合わせに随時対応するとともに、各競技団体が実施するメディカルチェック時に健康課題を有する女性アスリートを抽出し、それぞれの課題に応じて医師、栄養、心理、S&C、アスレティックリハビリテーションなどの専門スタッフが連携し、包括的に支援している。

〈妊娠期・産後アスリートトータルサポート〉

　アスリートとしてのキャリアの中で、妊娠、出産後に競技復帰を希望する女性アスリートは増加傾向にある。出産後のアスリートはディトレーニングからの回復や、出産後のマイナートラブルなど様々な課題を抱えている。このような女性アスリートに対し、コンディションや体力の評価、トレーニング、栄養指導、メンタル面等の支援を実施している。

〈子育て支援〉

　子育て期にあるアスリートやコーチ等のスタッフは長期にわたる遠征合宿、国際大会などにおいて育児の支援を受けないと、強化活動の継続が難しい。ハイパフォーマンススポーツセンター（以下、HPSC）では託児室の整備によりHPSCにおけるトレーニング時に、アスリート、コーチ等が競技に専念できる環境を整備している。国内外遠征、試合参加時の託児等については、合宿所や大会会場等に設備が整っているケースが少ないため、事業として様々な形での支援を実施している。

〈女性アスリートの健康課題に関するアスリートや指導者等の理解促進〉

　女性アスリートの健康課題とその対策について、アスリート、指導者、保護者等に対して講習会を実施するなどして理解の促進を目指している。講習会の実施に際し、講師を婦人科医が務めるなどし、アスリートと専門医との接点を創出するなどの工夫をすることにより、知識提供だけでなく課題解決に繋げている。

〈女性アスリート支援ネットワーク〉

　これまで紹介してきた女性アスリート支援をHPSCのみで実施しても支援を受けることができるアスリートは限定される。例えば成長期の有望選手や、妊娠・出産を機に里帰りする選手が、それぞれの居住地において必要な支援を受けることができる体制の整備が望まれる。全国をカバーする女性アスリート支援のネットワークを構築することにより、アスリートの居住地やトレーニング拠点がどこであっても必要な時に必要な支援が受けられる環境整備を目指す。近年では各都道府県に女性アスリートの支援を推進する事業が整備されつつあるため、これらと連携しながら、支援の全国展開を推進する。

（白井克佳）

コラム06
高地への適応

〈高地が身体に及ぼす影響〉

標高が高くなるにつれ、大気の酸素分圧および気温は低下する。大気の酸素分圧の低下は動脈血酸素分圧を低下させるため、特定の酸素摂取量を確保するための心拍数、心拍出量、換気量は平地よりも大きくなる。また、特定の運動強度での血中乳酸濃度が平地よりも高くなることに加え、最大酸素摂取量は低下することが知られている。これらは、スポーツパフォーマンスの低下や、「平地よりもきつく感じる」ことに繋がる。

頭痛、食欲減退、吐き気、睡眠障害、めまいなどの急性高山病の症状は、大会や高地トレーニングが行われる程度の標高では重度で起こることは少ないとされるが、症状が現れるとトレーニングやスケジュール変更の原因となりかねないため、不調に至らないための取り組みを行うことが望ましい。

〈高地馴化・高地順化〉

高地馴化・高地順化は、どちらも高地という環境に適応するよう変わることを意味するが、馴化（Acclimatization）は自然環境で、順化（Acclimation）は人工的に作られた環境での適応と使い分けられることもある。人工的に作られる疑似高地環境には低圧環境と低酸素環境があり、低圧環境は実際の高地とほぼ同様の環境が作れる一方、常圧低酸素環境（低酸素室、低酸素テントなど）は自由に出入りできたり、可搬型のテントと低酸素発生装置を用いることで希望の場所に環境を作れる等の利点がある。

・高地馴化

自然高地での馴化は、高地で行われる大会でよいパフォーマンスを発揮するため、高地トレーニングを成功させるためなどの目的で行われることが多い。前者では、「大会の何日前に高地へ行くのがよいか」に焦点をあて論じられることが多く、「2週間が望ましい」とする研究者が多いようである。後者の高地トレーニングの場合、最初の1週間程度は、トレーニングの強度・量を低く設定されることが多い。長期滞在による適応には、赤血球や総ヘモグロビン量、筋の周りの毛細血管密度の増加、筋緩衝能の向上、ミトコンドリアやミオグロビンの増加などがあり、これらは高地トレーニングの効果として期待されるところである。

・高地順化

間欠的に数日続けて低圧や低酸素環境下で有酸素性運動を行ったり安静で過ごしたりした場合に換気の化学感受性と動脈血酸素飽和度の上昇が得られたという報告は多い。血中乳酸濃度や主観的運動強度の低下、運動の持続時間の延長等も数多く報告されている。低圧・低酸素トレーニングでは高めたいエネルギー供給系の能力に焦点をあててプログラムがたてられるが、高地遠征前の順化では、トレーニングの内容をあまり変えずに済む等の視点から、平地で行っているトレーニングの一部を低酸素環境下で行うことを推奨する研究者もいる。

睡眠に関しては、持久的に鍛錬されたアスリートにおいて、高地性睡眠時無呼吸／低呼吸が、2,650m相当の低酸素環境で1/4、2,000m相当の低酸素環境下で1/8の割合で観察されることが報告されている。これらは数日間低酸素環境下で眠ると緩和される。睡眠時の呼吸調節は覚醒時と様相が異なることが知られており、高地へ行く前の準備では、疑似高地環境での運動と、低酸素環境での睡眠を組み合わせることが望ましい。

（星川雅子）

■引用文献

1) Wehrlin & Hallen, Linear decrease in .VO2max and performance with increasing altitude in endurance athletes. Eur J Appl Physiol, 96(4)：404-412, 2006.

2) Gore et al. Preparation for football competition at moderate to high altitude. Scand J Med Sci Sports, 18 (Suppl. 1)：85-95, 2008.

3) Wilber RL. Altitude training and athletic performance. Human Kinetics, 2004.

4) Kinsman et al. Respiratory events and periodic breathing in cyclist sleeping at 2,650-m simulated altitude. J Appl Physiol, 92：2114-2118, 2002.

5) Hoshikawa et al. Changes in sleep quality of athletes under normobaric hypoxia equivalent to 2,000-m altitude: a polysomnographic study. J Appl Physiol. 103：2005-2011, 2007.

第 **2** 章

支援の実際

1. 医・科学支援の基本的な流れ

1. ターゲットの選定・主担当の決定

（1）ターゲットとする競技の選定

支援を実施する前に、支援の対象となるNFの競技力を向上させる上でどの程度のインパクトを与えうるかを検討することが重要である。JISSでは、これまでに様々なNFに対して支援を実施してきたが、選手の強化に必ずしも貢献できなかった場合もあった。その要因は様々であったが、例えば強化現場が遠く、必要な支援が適時的に提供できなかったケースや、競技自体が複雑でスポーツ科学の知見を応用しにくかったケース、NFの強化責任者がスポーツ科学の知見を基にした助言を必要としていなかったケースなどがあった。また、JISSのこれまでの支援では、支援の担当となった研究員の専門性に偏った活動が散見された。このような、ターゲットの競技に対して十分なインパクトを与えられなかった支援の在り方を見直し、2022年からJISSのスポーツ医・科学支援事業では、スポーツ生理学やスポーツ心理学、スポーツバイオメカニクス、スポーツ栄養学、S&C、体力測定の各分野から専門家を配置し、競技を複合的、総合的に支援する総合型サポートというプロジェクトを開始した。競技を総合的に支援するには、人的資源や物品、予算を集中させる必要があり、すべての競技に対して同じエフォートで支援を提供することはできない。そこでJISSでは、総合型サポートを開始するに先立ち、総合型サポートのターゲットとなる競技を選定することとした。

（2）ターゲット競技の選定手順

JISSが効果的に支援を提供できるかどうかを判断するため、JISSでは、他国の例も参考に、競技を取り巻く、支援の成否に関連する要素の中から、

①競技力、②既存の支援・研究の業績があるか、③新規の支援・研究の業績が生まれるか、④JISSの強みが生かせるか、⑤NFの受け入れ態勢、といったターゲット競技の選定のための柱となる5つの評価項目を定めた（表2-1）。そして、JISSスポーツ医・科学支援事業において、これらの評価項目を基にすべての競技を評価し、評価が高かった競技をターゲット競技として選定した。ターゲットの選定に先立って外部有識者の意見も参考にした。

（3）JISSとNFとの組織間合意

評価基準の策定、評価項目を基にしたターゲット競技の選定、外部有識者からの意見聴取を経て、総合型サポートのターゲット競技を組織決定した。総合型サポートの場合、課題解決のために必要であれば研究として様々な測定や調査を行うこともある。その場合、NF側の協力（例えば測定機会の提供、実験デザインへの助言、測定対象者の推薦など）が不可欠である。つまり、総合型サポートのターゲット競技は支援を受けるカスタマーというよりはむしろ、コラボレーターとして協働していくことが求められる。そこで、それぞれの競技が属するNFに対し、総合型サポートのターゲット競技となることを提案するとともに、コラボレーターとしての参画を求めた覚書を定め、HPSCとの間で組織間合意している。

（4）支援実施主担当の決定

ターゲットとなる競技の選手の競技力向上を目的に支援を実施するためには、様々な分野の専門家が支援の目的やゴール、支援の実施内容、進捗状況を共有し、合目的的な活動が行えているかを確認しながら支援を進める必要がある。そこで、まず支援のプロジェクトリーダーとなる主担当を配置する。主担当には、同節で述べられているパ

表 2-1　総合型サポートのターゲット選定のための評価項目

①競技力	次のオリ・パラ大会で予想される成績	1
②既存の支援・研究の業績がある	研究成果が活用できる	2
	支援の成果が転用できる	3
③新規の支援・研究の業績が生まれる	新規の研究データが生まれる	4
	他競技の支援に転用できる	5
	論文化できる	6
④JISSの強みが生かせる	測定・分析←→提案のサイクル	7
	複数領域による関わり	8
	HPSC施設の活用	9
⑤NFの受け入れ態勢	医・科学に対する興味関心	10
	介入の受け入れ	11
	成果公表への同意	12
	医科学スタッフの充実	13

フォーマンス構造分析、NFとのコミュニケーション、支援内容の決定、組織体制の決定、KPIの設定、支援の実施、成果の検証において主導的な役割を果たすことが求められる。そのため、主担当となる者には、複数の競技・種別での支援の経験、プロジェクトマネジメントに関する基本的な知識、NFと良好な関係を築くことができるコミュニケーションスキルなどの能力を有することが求められる。また、強化の現場から競技力向上の妨げとなっている課題を適切に発見し、解決のための道筋を検討する必要があることから、主担当となる者は研究者としてのバックグラウンドを持つことが望ましい。一方、ターゲットとなった競技のNF側にも、主担当のカウンターパートとなる医・科学サポート担当のコーチやスタッフが配置されることが望ましい。それぞれの担当は、支援の方針等について所属先で議論を取りまとめ、JISSとNFとの議論を適時的に進めるために重要な役割となる。

（5）支援ターゲットの見直し

　総合型サポートはプロジェクトであるため、実施期間に期限を設けている。一方で、研究をベースとした支援では、単年で目的を達成することは難しい。そこでJISSで実施している総合型サポートでは支援期間を直近のオリンピック・パラリンピックまでとしている。支援の実施期間内は、定期的に支援の成果をモニタリングし、当初の計画通りに支援が進められているかを確認する必要がある。支援は、その提供側とNFの状況の変化に応じて実施内容や実施方法を柔軟に修正していくことが必要であるが、効果的な支援を行うことが

できなくなるような状況の変化（例えばヘッドコーチの交代に伴う強化方針の変更など）があった場合は、支援の実施計画や支援ターゲットを見直すことができる仕組みを持つことが重要である。ターゲットの見直しを想定し、現時点で総合型サポートのターゲットとなっていないNFに対してもコミュニケーションの窓口を持ち、強化方針や進捗をモニタリングすることが望ましい。そのようなかかわりの中から得られる情報やデータは、支援ターゲットの見直し時に、次に選定する競技や種別を決定する上で参考となる。

（6）非ターゲット競技への支援

　総合型サポートのターゲットとなった競技には後述する手順に沿って順次支援を実施することになるが、JISSでは、総合型サポートの支援ターゲットとならなかった競技や種別に対しても、体力測定の実施や個別のサポート、講習会など、基本的な支援は引き続き提供している。このように、ターゲット競技以外の競技とのかかわりを維持することで、支援ターゲット見直し時において新たなターゲット選定を適切に行うことが可能となる。

（尾崎宏樹）

2．パフォーマンス構造モデルの作成

（1）モデル作成の意義

　科学的サポートを効果的に実施するためには、現場の要望にそのまま応えるだけでは不十分であり、目的や得られる成果を明確にしておく必要が

ある。そこで、対象競技の成績や記録がどのように構成されているかを可視化し、そのモデルにおいてどの要素に課題があるのか、ある要素を改善すると、どのどこに影響すると考えられるのかを示すことが有効となる。そのような可視化されたモデルのことをパフォーマンス構造モデル（以下、本項では単にモデル）と呼ぶ。モデルを作成することには以下の4つの意義があると考えられる。

①指導者、選手とのコミュニケーションの円滑化
　課題がどこにあるか、何を改善しようとしているのかといったことの認識合わせのため。要望に対してその意義を確認することに役立つ（詳細は2-1-4「支援内容の決定」を参照）。

②専門分野間で連携する際の拠り所
　同様に専門分野間の認識合わせのため。例えば、分野によって専門用語等が異なることによる論点の食い違いを防ぐことが期待できる。

③サポートの目的の明示
　その取り組みが何を改善して、どのような経路をたどってパフォーマンス向上に寄与しようとしているのかを明示するため。

④科学的サポート自体の評価
　重要な要素や改善すべき要素が特定できたか、改善すべき要素が改善されたか、その要素が改善された場合にその上位の要素も改善されたかといったことを評価するため（詳細は2-1-8「成果の検証」を参照）。

（2）2種類のパフォーマンス構造モデル

　パフォーマンス構造モデルを構築する手法には、決定論的モデル（Deterministic model）と大統一理論モデル（Grand unified theory）の大きく2つに大別される（衣笠ら，2023）。決定論的モデルは、動作結果（Result）とその結果に影響する力学的要因との関係を規定するモデルのことである（Hay and Reid, 1982；図2-1）。決定論的モデルにおける基本原則は、要素は力学的な量として表せられる変数であることと、下位要素のみで上位要

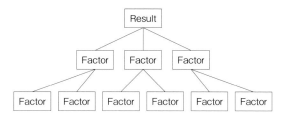

図2-1　決定論的モデルの基本図

素が完全に説明できることの2つである。一方、大統一理論モデルは「生物学的、環境的、課題の相互作用が、個人内および個人間のレベルでの協調化と自己組織化を介して、パフォーマンスに直接影響する身体運動の協調と制御を構成するという階層的かつ連続的な枠組み」と定義されている（Glazier, 2017）。

　上述した支援のためのモデル作成の4つの意義に基づくと、いずれも作成されたモデル要素間の関係性が具体的であることが重要と考えられる。そのような視点から、科学的サポートには決定論的モデルのほうがより適していると考えられている（衣笠ら，2023）。

（3）科学的サポートに活用するための工夫

　科学的サポートに活きるモデルにするためには、決定論的モデルのルールを原則としながらもいくつかの工夫が求められる。まず、決定論的モデルにおけるResultは必ずしも各競技の勝利そのものを表すとは限らず、例えばサッカーのパスというスキルに対しては"Advantage"がResultであるとしている（Hay and Reid, 1982）。一方、科学的サポートでは、その競技に関するあらゆる支援、研究、トレーニングに際して、どの要素がどのように変化するとパフォーマンスが向上するかを予測するためにモデルを作成しようとしている。したがって、Resultには対象競技の勝利に相当する尺度を置くことが望ましいと考えられる（衣笠ら，2023）。

　ただし、記録を競う競技以外では勝利に相当する内容をResultに置いた場合に、力学量のみでその要素を洗い出すことは容易ではない。そこで、要素を力学量に固執しないという工夫も一つの案と考えられる。例えば、競技規則や論理（幾何学

など）により自動的に導かれる要素も存在すると考えられる。さらに、長距離走のような持久的な種目であれば、エネルギー論的に考えると構造を捉えやすい可能性がある。実際に、長距離走のパフォーマンスは、最大酸素摂取量などで評価される「生理学的エネルギーを生み出す能力」とランニングエコノミーと呼ばれる「生理学的エネルギーを走速度に効率的に活かす能力」に分解することが一般的である（Saunders et al., 2004）。

　これらの工夫をしても、あらゆる競技のモデルを完成させることは容易ではない。球技であれば得点が入る状況が無数に存在する中で、どのような過程で得点されたかを要素に分解していくことには困難を要する。また、対人競技では対戦相手の動きに対する対応をどのように定量化するかが難しい課題である。さらに、採点競技では採点規則で述べられているものを単純に力学量に置き換えるだけではなく、審判員が実際にどのように採点しているかまで考慮して作成することが望ましい。これらの競技については、勝利に相当する内容をResultに置いたモデルがほとんどないのが現状であり、まずはその競技における個々のスキルについて作成することが現実的であるかもしれない。ただし、この場合にはそのスキルが勝利に対してどのように影響するかを別途検討しておく必要はあるだろう。今後の研究によってこのような競技を対象とした科学的サポートに活かせるモデルの例が示されることが待たれる。

（4）モデルの作成手順

　一般的なモデルの作成手順を図2-2に示した。まず、勝利に相当する「動作結果（Result）」について特定する。次に、競技規則、論理に加え、文献や映像等も参考にモデルを作成する。そして、指導者へのヒアリングや競技会における分析に基づきモデルを修正する。支援の活動時に現状のモデルでは支援が機能しないと気づいた場合には、モデルを修正する（必要に応じて競技規則等に立ち返って作成段階に戻る）ことでアップデートする。また、支援終了後にその活動自体を検証する際には、モデルが支援に活かされるものとなっていたかも併せて検証することが望ましい。

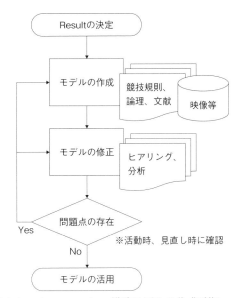

図2-2　パフォーマンス構造モデルの作成手順
（衣笠ら，2023を改変）

（5）モデルの例

　スピードスケートについて作成したモデルの例を図2-3に示した（衣笠ら，2023）。スピードスケートはスピードではなくタイムを競う競技であるため、Resultにはゴールまでの時間を置くこととなる。工夫されている点としては、まず上位の階層において実滑走距離と平均水平滑走速度に分けられていることが挙げられる。これは、カーブのコースロスが無視できないという先行研究に基づいている。次に、ストレートとカーブそれぞれの平均速度や区間タイムではなく、それぞれの推進力を要素としている点も特徴的である。これは、各区間の平均速度は、その直前区間の終了時点の影響を強く受けるために、ストレートの巧拙やカーブの巧拙を評価した項目とは言えないという先行研究を踏まえた工夫である。

（6）モデルの活用

　作成されたモデルを支援に向けて活用するためには、重要な要素を特定することが望ましい。重要な要素を特定する最も一般的な方法は相関分析である。要素間の関係の強さを要素間の線の太さや相関係数によって示すことによって、どの要素が最終的にResultに影響するのかを判断することができる。ただし、この方法はハイパフォーマン

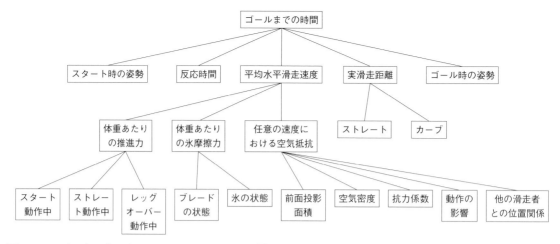

図2-3　スピードスケートにおけるパフォーマンス構造モデルの例
（衣笠ら，2023を改変）

ススポーツにおいては必ずしも有効とは言い切れない。それは、ハイパフォーマンススポーツには同一集団と見なせる選手が少なく、個別性が高いという特性があるためである。したがって、相関分析に頼り過ぎるとサンプル数を増やそうとパフォーマンスが劣る選手も同一の標本として扱うこととなり、トップアスリートがさらにパフォーマンスを向上させる要素が抽出されない恐れがある。

ハイパフォーマンススポーツにおいてモデルを有効に活用するためには、まず個別性を考慮して一人一人がどの要素についてどのような特徴を示しているかを明示するという方法が考えられる。例えば、ある選手の各要素の値や要素間の関係性をある世界のトップ選手と比較するという方法である。また、個人の縦断的評価により、Resultが優れていた時の要素を特定するという方法も極めて有効と考えられる。

（7）モデルの限界

モデルの限界の一つとして、要素間で相互作用やトレードオフの関係が存在する場合が多いことが挙げられる。できるだけ独立した要素でモデルを構成することによって、相互作用をある程度回避できるが、独立した要素のみで構成することは容易ではない。このような場合は相互作用が存在することを確かめたり念頭に置いたりするなどした上でモデルを活用することとなる。

また、コンディショニングに関するサポート（コンディション指標を用いた体調管理、暑熱対策、リハビリテーションなど）では、競技会での高いパフォーマンス発揮を直接的な目的としていることが少ないため、モデルをサポートに活用するのが容易ではない。このような場合には、モデルを無理に活用しようとするよりも目的に合ったサポート内容を実践するよう心掛けるといった対応が望ましいだろう。ただし、競技会において高いパフォーマンスを発揮するためのコンディショニングサポートであれば、他のサポートと同様に、コンディションの低下がどの要素に影響し、それがどのような経緯をたどってパフォーマンスの低下に繋がるかを考えることが可能だろう。

（横澤俊治）

〔文献〕
- Hay JG, Reid G. Qualitative analysis. The anatomical mechanical bases of human motion. 1st Edition, Prentice Hall, pp.261-302, 1982.
- 衣笠泰介，横澤俊治，中西智也，袴田智子，窪康之．競技パフォーマンス構造モデルに関する文献レビュー及び科学的サポートに効果的な競技パフォーマンス構造モデル構築の在り方の検討．Journal of High Performance Sport, 11：106-116, 2023.
- Glazier PS. Towards a Grand Unified Theory of sports performance. Hum Move Sci, 56：139-156, 2017.
- Saunders PU, Pyne DB, Telford RD, Hawley JA. Factors affecting running economy in trained distance runners. Sports Medicine, 34：465-485, 2004.

3．NFとのコミュニケーション

スポーツ医・科学支援事業では、NFとの調整

を円滑に実施するため、主に支援実施前に以下の手順で手続きを進めている。

（1）NFの窓口確認

種目担当者は、NFの強化および医・科学支援の窓口担当者の連絡先を確認する。

（2）NF側受け入れ体制および実施体制の確認

種目担当者は、NFの組織図で医・科学委員会、強化委員会等の体制ならびに医・科学支援を実施するための実務担当者を確認する。また、支援対象の種目、カテゴリー、強化ランク、性別、場合によっては、個人名をNFに確認する。

なお、JISSでは、支援によって発見された課題を解決するプロセスなどの成果を学会発表や論文によって公表している。そのため、種目担当者は、成果の公表への合意についても以下の手順に沿ってNFとの確認を行っている。

・支援過程の論文化への同意
・アスリートからの事前の同意
・公表しない内容
・公表内容の許諾方法
・公表時期
・著者と公表に向けた役割

（3）NFの強化プランの確認

支援内容の決定および計画立案の際、NFの強化プランに沿うことが必要となる。そのため、種目担当者は事前にその内容を確認する必要がある。JISSでは下記の理由によりNFが作成する強化戦略プラン[※1]を確認している。

・各NFが高度で安定した競技力強化を実施するため
・NFの取り組みを強力で持続可能な支援体制として構築・継承するため
・少なくとも2大会先のオリンピック・パラリンピックでの成果を見通した中長期の計画を把握するため
・JISS医・科学支援事業で分野横断的・包括的な支援を介入する可否の判断や実施計画立案のため

（4）支援実績の確認

競技現場の抱える問題点の抽出、解決策の提示、介入の実践、ならびに成果が得られたか等の総合的な効果検証を実施することを目的とし、種目担当者は、資料（活動申請書・報告書、フィットネスチェック帳票、HPSC年報、論文など）を基に過去の支援実績を確認する。

（5）協働コンサルテーションやNFとの コミュニケーションの結果分析

種目担当者およびJISS支援チームメンバーは、協働コンサルテーション[※2]や各NFとのコミュニケーションを通して得た情報について、JISS支援チーム内で議論し、医・科学支援として取り組むべき内容を検討する。具体的には、パフォーマンス構造モデル、競技現場の視察を通して得た情報、およびJISSの現状のリソース（人員、支援の手法、研究手法）と照らし合わせて、課題の特定と課題に対する支援の可能性を議論する。

（6）NFからの要望の確認・調整

種目担当者は、協働コンサルテーションやNFとのコミュニケーションにおけるNFからの要望を確認した上で、NFの窓口に具体的な要望を改めて確認し、支援内容を調整する。また、必要に応じてNFの要望を持ち帰り、JISS支援チームメンバー間で再度議論する。実際の支援を進める中で、適宜変更点の調整を続ける。

（7）競技現場の視察

実際の試合におけるパフォーマンスや現状行われているトレーニングを確認し、パフォーマンス構造モデル、協働コンサルテーションならびにNFとのコミュニケーションで挙げられた課題と照合して、課題の特定と解決方法の提案を適切に実施する。

（8）支援の年間実施計画書の作成、覚書の締結

種目担当者は、課題の特定と支援計画の立案を行い、実施計画書を作成する。実施計画書の内容をNF担当者と確認し、覚書[※3]を締結する準備を

進める。

　覚書を締結し支援が開始された後は、NF窓口担当者と定期的に連絡をとり、支援の進捗などについて適宜共有する。

（中村真理子・尾崎宏樹）

［注釈］
※1：各NFが策定する4年先・8年先（直近および2大会先のオリンピック・パラリンピック）を見据えた選手強化の中長期計画。
※2：各NFの強化責任者とJOC・JPC・JSCで構成される「協働チーム」で行われる会議。強化戦略プランの目標達成に向けた進捗状況の確認、意見交換、情報交換会等を実施。
※3：NFの強化活動に対し、JISSがスポーツ医・科学の各分野から総合的、組織的、継続的に関わって実施する支援を適正・円滑に行うために、NFとJISS間で交わす書面。

4．支援内容の決定

（1）支援のサイクル

　JISSが実施する支援では、まず、競技パフォーマンスを評価した上で各選手の競技力向上を制限している要因をNFと議論し、仮に特定する。そして、その要因を改善するための支援の実施内容を決定する。支援内容を決定する際は、NFの合意を得る必要がある。そのうえで、コーチや選手、NFスタッフに支援内容を共有し、協力を仰ぐ環境を整えることにより、支援を円滑に実施しやすくなる。また、実施する支援によって見込まれる成果やリスク、リミテーション（限界）も併せて共有しておくことで、支援が予定通りに進められなくなった場合でも、現場で対処しやすくなる。

　支援を行うにあたっては、支援の実施前後で選手の状態を測っておく。そのことで、支援の効果を検証することができるようになる。検証結果によって仮に特定した制限要因に改善が見られたら、次に競技パフォーマンスが向上しているかを確認する。

　このような支援のサイクルを経て、引き続き同様の支援を実施するか、新たな支援を試すか、制限要因の議論をし直すかを判断する。

（2）現場と支援提供側との乖離

　支援のサイクルの中では、まず、どのような要因がパフォーマンスを制限していると仮定するかが最初の重要なステップとなる。それぞれの強化現場には、独自の方針や強化の進め方、現場が課題感を抱えるに至った背景がある。一方で、支援を提供するJISSスタッフは、パフォーマンス構造モデルや実際のパフォーマンスなど、客観的事実に基づいて制限要因を検討する。そのため、選手やコーチが考える制限要因と、JISSスタッフが考える制限要因が必ずしも一致しないことがある。また、現場の要望として測りたいことが実際には測ることが困難なこともあり、現場と支援の提供側に乖離がある場合がある。

（3）現場が確かめたいことと支援の提供側が確かめるべきと考えることの乖離

　強化の経験則や経緯から得た現場の要望と、パフォーマンス構造モデルや実際のパフォーマンスを客観的に観察して得た支援の提供側が支援すべきと考える内容が異なることがある。長期的には、論理的、客観的視点から検討した制限要因に対するアプローチを支援に取り入れていることが不可欠であるが、このようなアプローチは、現場のコーチや選手がその意義を理解することなしには進められない。また、初期の段階で完全なパフォーマンス構造モデルを構築することは難しいため（2-1-2　事前準備　パフォーマンス構造分析参照）、パフォーマンス構造モデルからは推し量れない、細かいが重要な要素を見落としている可能性がある。そのため、現場が知りたいことと支援の提供側が確かめたいことに乖離がある場合、まずは現場の課題感に寄り添い、それに応えるための支援を実施することが望ましい。その結果、現場の仮説を支持するような結果が得られれば、コーチは自信をもって選手の指導に当たることができるし、現場の考えを支持しない結果となった場合においても、パフォーマンス構造モデルを基に次に支援すべき内容を議論する機会を得ることができる。

（4）現場が知りたいと思う情報と科学的に測定できる情報との乖離

選手やコーチ、時には支援を提供する側にとっても知りたいと思うことが、測定や計測では定量化しにくいことがある。例えば現場が知りたいことが、「レース後半に走速度が低下してしまう」、「飛び込んでから最初の15mまでのタイムがライバルと比較して遅い」といったことであれば、物理量を用いていつから低下するか、どの程度遅いか、原因は何かが観察可能である。一方で、「予選ではうまくできるのに決勝で失敗することが多いのはなぜか」とか、「勢いよく踊れない」といった、感覚としては確かに存在するが、漠然としていて直ちに測定が困難な事柄を課題感として抱えるケースもある。このような場合は、まず現場がそのような課題感を抱くに至った背景についてよく考察するとともに、選手やコーチの主観的な語りを聞くことが、支援の糸口をつかむことに繋がる。また、例えば、予選と決勝の映像を比較したり、「勢いよく」踊れている場合とそうでない場合を比較したりして、選手やコーチにとって、主観的にどのようなところに違いがあるかをヒアリングすることで、現場の課題感を理解することができるかもしれない。定性的な観察の中からどのようなパフォーマンス要素が変化しているかを検討するだけでなく、パフォーマンス構造モデルから考えられる論理的考察や、客観的な観察によって制限要因となりうる要素をすべて洗い出すことも有効な手段である。その中から、支援へのインパクトが大きそうな要因に対して具体的な支援内容を決定する。このように、現場に寄り添いながら、現場の要望と支援の提供側がアプローチすべきと考える内容とのギャップ、知りたい情報と測れる情報のギャップを最小にするような支援の内容を採用することが、効果的な支援を実施する上で重要である。

（5）先行研究の活用

支援の内容を決定する上で、対象競技を扱った学術論文は優れた情報源となる。学術雑誌に掲載されている論文であれば、同分野の複数の研究者によるレビューを経ているため、科学的に確かなデータを得ることができる。支援開始の初期段階においては、先行研究を参考に支援内容を決定することも有効な方法である。ただし、その際は、先行研究で扱っている対象や競技レベル、測定環境や測定プロトコルなどが、これから実施する支援に対して乖離がないかをよく確認する必要がある。また、先行研究と同様のプロセスで支援を実施することで、その結果を比較することができるようになり、支援の対象となる選手の相対的な位置づけを明らかにすることができるかもしれない。

（6）研究成果の還元を基にした支援

総合型サポートでは、支援を実施する上で、支援の枠組みでは進めにくい課題を発見することがある。このような場合、支援の提供者が研究の枠組みで課題解決を目指すことが望ましい。支援の提供者自身が研究を行うことが困難であれば、他機関の研究者の協力を仰ぐこともある。研究では、アカデミックな手順によって課題にアプローチするため、科学的に確かめられた知見は、支援を実施するための根拠として活用できるし、コーチにとっても指導上の大きな根拠となるため、これまでになかった支援のアプローチを検討する契機となる場合がある。

（7）パフォーマンス構造モデルの改善に伴う新たな支援内容の決定

様々な支援や研究を実施する中で、初期の段階で策定したパフォーマンス構造モデルを改善したり、別の観点から新たに策定したりすることがある。その際、新たな論理性の発見や、競技力向上の上で重要な、新たな要素を追加することもある。このようにして、競技への理解が進むと、これまで検討してこなかった新たな視点でパフォーマンスを評価することができるようになる。そうすることによって、支援の実施内容も、新たな視点に対応したものへと変わっていく。

（8）支援の目的に応じた支援内容の決定

支援の目的が、競技全体にかかわることか、個

1. 医・科学支援の基本的な流れ　31

別の課題に対応することか、ジュニア世代選手の育成のためか、などによって、支援すべき内容は異なる。例えば、体力測定の目的が後世の選手の目標値を定めることであれば、必然的に、競技特性に応じた体力要素全般を網羅的に測定することになろう。一方で、ある選手の個別の課題に対するアプローチの効果を検証するための体力測定であれば、その測定項目は限定される。このように、支援の内容を決定する際、その支援の目的に応じたものとなっているかを確認する必要がある。

（尾崎宏樹）

5．組織体制の決定

JISSのスポーツ医・科学支援事業では、オリンピック・パラリンピック全競技種目に対し、種目担当者を配置している。また、競技種目数は非常に多いため、各競技をその環境や特性から、競技種目系（記録系、格闘技系、ラケット系、採点系、標的系、球技系、水辺系、雪上系、氷上系、パラスポーツ系、エリートアカデミー系）という枠組みで大別し、それぞれに系リーダーを配置している。それらを統括する組織として、スポーツ医・科学支援事業部会を設置している（図2-4）。支援事業部会では、各競技種目の支援の進捗の把握、予算管理、今後の事業方針の決定を行う。責任者（支援事業部会長）の統括で、系内種目のサポートの進捗を管理する責任者（系リーダー）を各系に配置している。また、支援分野（トレーニング指導、ハイパフォーマンス・ジム、心理、栄養、映像・情報）ごとに責任者（分野リーダー）を配置している。ここでは、契約文書や予算を管理する部会員、その他関連部署の責任者も参加している。支援事業部会は毎月開催され、各系リーダーおよび分野リーダーは各競技種目の支援に関する情報を共有する。新規案件の場合は計画について審議を行う。2021年度からは、医・科学支援内容の議論に特化した支援企画ワーキンググループが組織された。系リーダーおよび分野リーダーが主体となり、各競技種目の支援内容や、支援体制（系リーダーや種目担当者の配置）について議論している。

各系でも、定期的に系ミーティングを実施する。系ミーティングでは、各競技種目担当者がサポート内容の共有をする。この目的は、系単位で適度な規模の情報共有を行い、支援事業部会で諮ることと、系内の競技種目は比較的特性や環境が似て

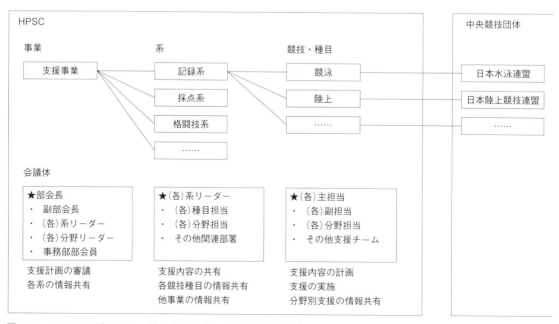

図2-4　JISSのスポーツ医・科学支援事業における組織体制

いるため、支援内容の確認や1つのNFに対して実施している支援の横展開（例：ラケット系における、卓球で用いている映像分析のバドミントンへの展開や、記録系における、陸上で用いている測定方法の競泳への展開）の可能性を見出すことなどである。また、系内の各競技種目に関わっている分野スタッフも参加し、必要に応じて分野別サポート選手の情報共有を行う。JSCでは支援事業のみならず、ハイパフォーマンス・サポート事業やアスリート育成パスウェイ構築支援事業など、多岐にわたる支援事業を展開しており、これらの情報共有や支援内容の棲み分け、新たな支援内容の可能性についての議論なども行う。

支援の実施に当たり、種目担当者は、適宜NFの窓口（多くは強化担当および医科学担当）とミーティングを開催し、支援内容について議論する。主担当者は、決定された支援内容に基づき、各分野から必要な人員を配置して専門職のチームを組織する。例えば、動作分析と体力測定（生理学的項目）をサポートする場合、動作分析専門の研究員と生理学の研究員が協力する体制を整える。支援活動には、必要に応じて外部協力者を配置している。

（山下大地）

6．KPIの設定

組織の大小にかかわらず、Key Goal Indicator（KGI、重要目標達成指標）とKPIの設定は一般的となっている。前者は組織の最終目標を指し、後者はKGIを達成する過程における達成度を測るための定量的な指標を指すことが多い。したがって、スポーツ科学者が行うアスリートの科学的支援におけるKGIは、パフォーマンス向上となる。パフォーマンス構造モデルで言えば、最上位に位置することが多い（2-1-2「パフォーマンス構造モデルの作成」を参照）。一方、KPIの設定には以下に記載する3つの点に注意を払いながら行う必要がある。また、KPIを設定して支援を実施した後には、支援の成否およびその理由を検証する必要がある。本節では、スポーツ科学者が行うアス

リートの科学的支援におけるKPIの設定と検証について概説する。

（1）パフォーマンス構造モデルに基づいてKPIを設定する

近年のJISSでは、アスリートの科学的支援の事前準備としてパフォーマンス構造分析を実施しており、この構造モデルに基づいて科学的支援を遂行することを共通認識として持っている。その構造モデルは、基本的に定量的な力学量や生理学的指標で構築される。スポーツ科学者がアスリートの科学的支援において求められる仕事は、これらの要素に関連する評価値の正確性の担保と介入による改善の提案である。したがって、これらの要素の評価方法の確立や改善に関連することをKPIとして設定することは、スポーツ科学者による支援のKPIとして合理的である。例えば、下肢パワーや有酸素性能力の評価方法の確立や改善というような定量的かつ客観的判断が可能なKPIである。また、KPIの設定は、実験室ベースの測定による要素に留まる必要はない。例えば、サッカーの選手・チームを支援する際、試合におけるスプリント回数の少なさが課題であったとする。試合におけるスプリント回数改善のため、低酸素環境下でスプリントインターバル系のトレーニング介入を実施した場合、実験室ベースの測定では、自転車エルゴメータを用いた反復スプリント能力（RSA: repeated sprint ability）がKPIになりうる。しかしながら、GPSや加速度計を用いたサッカーの試合中のスプリント回数の評価は、定量的かつ客観的判断が可能である。このような場合、KPIを試合中のスプリント回数に設定することは可能であり、むしろパフォーマンス構造モデルにおいて、RSAより上位に位置する要素であるため、理論上はKGIに貢献する可能性が高い。実際の試合中に測定できる要素をKPIに設定することは、方法論が許容する限り、望ましいかもしれない。ただし、サッカーのような対人かつチーム競技では、他者の影響も受けるため、試合中の評価は複雑性が増すことを念頭に置かなければならない。

一方、アスリートやコーチとのコミュニケーションの中でパフォーマンス構造モデルに紐づかな

いような課題が挙げられることがある。このような課題に向き合うか否かはともかく、KPIとして設定することは避けなければならない。ハイパフォーマンススポーツの構造は複雑であり、パフォーマンス構造モデルに含まれる1つの要素に改善が見られたとしても、パフォーマンスの向上が保証されるわけではない。このような複雑性がある前提において、パフォーマンス構造モデルに含まれない要素をKPIに設定すると、支援の事後検証の際に混乱を招くことになる。

（2）勝敗や順位にコミットしない（KPIに設定しない）

　先述の通り、スポーツ科学者は、KGIがパフォーマンス向上、KPIがパフォーマンスを構成する要素の評価方法の確立や改善と捉えることが望ましい。無論、スポーツ科学者はパフォーマンス向上、そしてその先にある勝利のために支援を提供しているが、それにコミットすることは避けなければならない。なぜなら、試合結果は対戦相手のパフォーマンスによる影響も大きいからである。もし、パフォーマンス構造モデルに基づいた支援を実施して、パフォーマンスが向上しても、相手のパフォーマンスがそれを上回ることは多々ある。例えば、陸上競技の400m走には有酸素性エネルギー供給機構も関与しているため、それを改善するために関連する支援を実施したとする。結果的に対象選手の有酸素性能力は改善し、競技会でのパフォーマンスも向上（自己ベスト記録の更新）したが、ライバル選手に敗れるということは十分にありうる。この場合、もしKPIを勝利や順位に設定していた場合、一連の科学的支援は失敗であったという判断になってしまう可能性がある。ライバル選手のパフォーマンスは予測不可能であることから、勝利や順位をKPIに設定することは避けるべきである。アスリートの科学的支援において、勝利はKGI（パフォーマンス向上）より上位に位置していることを念頭に置く必要がある。

（3）具体的かつ現実的なKPIを設定する

　アスリートの科学的支援におけるKPIとは、研究における仮説に相当する。自然科学の研究者の多くは、研究における仮説検証を統計的手法に頼ることが多いが、国際競技力向上を目指すアスリートの支援では対象が1人〜数人であり、統計的手法を用いることができない場合がある。したがって、国際競技力向上を目指すアスリートの支援において何かしらの介入をする際には、事前に見込まれる改善の理論値を計算して、これをKPIとし、KPIの達成の可否を仮説検証として捉えることが望ましい。先述の400m走者における有酸素性能力の介入を例にすると、対象選手の介入前のパフォーマンスレベルや最大酸素摂取量、トレーニング歴およびトレーナビリティ、期間中に介入できるトレーニングの量や頻度、先行研究で示された改善率などを参照して、どれほどの最大酸素摂取量の改善が見込まれるかということを理論的に算出し、これをKPIとする。研究論文では、結果の仮説の支持・不支持に応じて、考察において「なぜ仮説が支持されたのか／支持されなかったのか」について議論する。アスリートの科学的支援においても、事前に可能な限り理論的に定めたKPIに基づいて、「なぜKPIを達成できたのか／達成できなかったのか」という事後検証・議論をする必要がある。事前に理論値に基づいたKPIを設定していなければ、論理的な事後検証を妨げることになる。

　また、このような理論に基づいたKPIの設定は「現実的なKPI」を設定することにも繋がる。JISSが支援の対象とする選手においても、必ずしも全員が主要な国際大会において優勝する可能性を持っているわけではない。選手によっては、8位以内入賞やオリンピックへの出場を目標にしている場合もある。したがって、パフォーマンス構造モデルにおいて求められる物理量や生理学的指標は、選手によって異なり、一律に主要な国際大会において優勝するためのそれらをKPIに設定すべきではない。現実的なKPIの設定は、オーバーユースによる障害発生を未然に防ぐことに繋がり、結果的に選手のパフォーマンスの維持・向上に貢献できる。

（4）検証

先述の通り、アスリートの科学的支援を実施した後には、KPIの検証が必要である。KPIを達成できた理由/達成できなかった理由について議論することが大事であるのは言うまでもないが、最も大事なのはKPIを達成したにもかかわらずパフォーマンス向上を達成できなかった場合、あるいはKPIを達成できなかったにもかかわらずパフォーマンス向上が達成された場合に、その理由を検証することである。

このような一見KGIとKPIのミスマッチが生じている理由には、複数の可能性が考えられることに注意を払って議論するべきである。1つ目にパフォーマンス構造モデルに問題がある可能性である。パフォーマンス構造モデルは、主に力学的法則に照らし合わせて要素を構築していくが、実際にモデルの下位にある要素が上位の要素、最終的にパフォーマンス向上に繋がるか否かをすべて検証してから支援を開始するのは困難である。先述の通り、支援におけるKPIは研究における仮説であるため、スポーツ科学者にとって支援をするということは研究をするということである。したがって、支援を通したKPIの検証は、パフォーマンス構造モデルの成熟の過程であると位置づけられる。支援開始前に机上で考えたパフォーマンス構造モデルは、必ずしも正しいとは限らないことを念頭に置いてKPIの事後検証をする必要がある。2つ目にパフォーマンス構造モデル上でKPIに位置づけた要素の重みがパフォーマンス向上を達成する上で小さかった可能性である。すなわち、KPIとして設定した要素が実はパフォーマンス向上に対する影響力が小さいということである。このような場合、KPIを達成したにもかかわらず、KGIが達成されないということは十分に考えられる。また、この点の困難なところは、KGIに対するKPIの重みは選手個別性があると考えられることである。したがって、支援開始前には選手個別の課題を定量的に捉え、パフォーマンス向上に効果的と考えられるKPIを設定するべきである。3つ目にパフォーマンス構造モデル上でKPIに位置づけた要素の重みは大きいが、複合的な要因によりパフォーマンス向上が達成される（他の要素についても維持・改善しないと、KPIに設定した要

素の改善がパフォーマンス向上に繋がらない）可能性である。陸上競技100m走のフィニッシュタイムは、最高疾走速度と密接な関係にあり、疾走速度はピッチとストライドの積により決定される。仮に、支援の対象とする選手のストライドに課題があり（ストライドが短い）、それをKPIと設定して改善したとする。しかしながら、ストライドが改善された代償として、ピッチが改悪される可能性がある。このように、パフォーマンス構造モデル上の要素は、それぞれが完全に独立しておらず、それぞれの足し算によってパフォーマンス向上が達成されるわけではない。むしろ、何か1つの要素を改善すると別の要素が改悪されるという関係性を持っており、スポーツ科学者はそれを念頭においてKPIの設定・事後検証を行う必要がある。何か1つの要素の改悪というリスクを冒しても、もう一方の要素の改善をKPIに設定してパフォーマンス向上を目指す際には、事前にそのようなリスクがあることを選手・コーチに伝えるべきである。

（安藤良介・山下大地）

7．支援の実施

（1）事前準備

支援は強化現場において実施されるため、想定外の出来事によって支援が円滑に進まなかったとしても、再実施は容易ではない。そのため、入念な事前準備を行うことによって様々な状況に対応できるようにする必要がある。また、支援の目的と得られる成果について選手およびコーチを含めたチームスタッフと事前に共有し、合意した上で当日を迎えることも、重要な事前準備のひとつである。本項では、支援の実施において必要となる事前準備について述べる。

●支援実施の目的と内容の事前共有

2-1-2「パフォーマンス構造モデルの作成」、2-1-4「支援内容の決定」で述べられている通り、パフォーマンス構造モデルとNF（支援対象によって地方の競技団体や大学、プロチーム等に置き

換えることもできる）が考える課題を照らし合わせ、パフォーマンス向上のために支援が効果的であると考えられる内容を選定して支援を実施する。つまり、支援実施までにNFと綿密にコミュニケーションをとり、目的に合った支援内容を選定し、合意する必要がある。その際には、支援実施によって期待される成果と、得られる成果の限界も明確にして共有する。

●詳細な支援内容の確認

支援の目的、内容、期待される成果について合意が得られたら、個別の活動単位ごとに具体的な実施内容、スケジュール、実施場所、人員、機材、予算を検討する（図2-5）。支援の内容は多様であるため、すべての支援の内容で該当するとは限らないが、一般的に必要な項目をリストアップしている。例えば、スケジュールの作成や実施場所、人員に関してはどのような支援の内容であっても共通する部分があるだろう。

〈具体的な実施内容〉

体力測定やトレーニング指導のように支援の一環として選手が運動する場合には、本人およびコーチを含めたNFスタッフがその運動の内容を十分に理解している必要がある。また、試合の前後や休憩中にコンディショニング支援（暑熱対策等）を実施する場合にも、事前にどのタイミングで何が実施されるか関係者全員が把握しておく必要がある。さらに、対象選手がシーズンの中でどのような状況に置かれており、どのような内容の運動であれば実施してよいかも含めて確認する必要がある。

〈スケジュール〉

支援の前後で練習が組まれている場合や、競技会中の限られた時間において支援を実施する場合もあるため、スケジュールを明確にすることが重要である。選手に対しては個人のスケジュールを、コーチやNFスタッフ、支援実施メンバーに対しては支援全体（全対象選手）のスケジュールを共有する（図2-6）。特に選手には、準備時間も含むトータルの拘束時間がわかるようにすることに留意する。支援のスケジュールを組む際には、練習や競技会のスケジュールを事前に入手しておくと計画が立てやすい。

詳細な支援内容の確認

<具体的な実施内容>
- ☑ 支援の対象者
- ☑ 対象選手が受ける支援の具体的内容（実施する運動の内容や回数、負荷等）

<スケジュール>
- ☑ 支援全体のスケジュール
- ☑ 各選手の所要時間
- ☑ 対象選手の試合や練習の日程

<実施場所>
- ☑ 支援の実施場所の確保
- ☑ 支援の実施許可、競技会場等への入場許可の取得

<人員>
- ☑ 支援実施スタッフの役割の明確化と配属
- ☑ NFスタッフへの協力依頼（必要時は、事前に相談）

<機材>
- ☑ 支援に用いる機材のリストアップ
- ☑ 運搬方法
- ☑ 保管場所

<予算>
- ☑ 支援にかかる費用のリストアップ

図 2-5　支援の計画を立てる際に必要な項目例

<table>
<tr><th>4月1日</th><th>1 A 選手</th><th>2 B 選手</th><th>3 C 選手</th><th>4 D 選手</th></tr>
<tr><td>09:00</td><td colspan="2" rowspan="5">会場Cに集合
実施内容の説明と
当日の体調確認</td><td colspan="2" rowspan="8"></td></tr>
<tr><td>09:05</td></tr>
<tr><td>09:10</td></tr>
<tr><td>09:15</td></tr>
<tr><td>09:20</td></tr>
<tr><td>09:25</td><td colspan="2" rowspan="6">会場C
ウォームアップ
（チームトレーナー担当）</td></tr>
<tr><td>09:30</td></tr>
<tr><td>09:35</td></tr>
<tr><td>09:40</td><td colspan="2" rowspan="5">会場Cに集合
実施内容の説明と
当日の体調確認</td></tr>
<tr><td>09:45</td></tr>
<tr><td>09:50</td></tr>
<tr><td>09:55</td><td rowspan="4">会場A
着替えと
測定準備</td><td rowspan="4">会場B
着替えと
測定準備</td></tr>
<tr><td>10:00</td></tr>
<tr><td>10:05</td><td colspan="2" rowspan="6">会場C
ウォームアップ
（チームトレーナー担当）</td></tr>
<tr><td>10:10</td></tr>
<tr><td>10:15</td><td rowspan="9">測定</td><td rowspan="9">測定</td></tr>
<tr><td>10:20</td></tr>
<tr><td>10:25</td></tr>
<tr><td>10:30</td></tr>
<tr><td>10:35</td><td rowspan="4">会場A
着替えと
測定準備</td><td rowspan="4">会場B
着替えと
測定準備</td></tr>
<tr><td>10:40</td></tr>
<tr><td>10:45</td></tr>
<tr><td>10:50</td></tr>
<tr><td>10:55</td><td rowspan="9">測定</td><td rowspan="9">測定</td></tr>
<tr><td>11:00</td><td rowspan="2">ダウン</td><td rowspan="2">ダウン</td></tr>
<tr><td>11:05</td></tr>
<tr><td>11:10</td><td rowspan="2">終了</td><td rowspan="2">終了</td></tr>
<tr><td>11:15</td></tr>
<tr><td>11:20</td><td colspan="2" rowspan="8"></td></tr>
<tr><td>11:25</td></tr>
<tr><td>11:30</td></tr>
<tr><td>11:35</td></tr>
<tr><td>11:40</td><td rowspan="2">ダウン</td><td rowspan="2">ダウン</td></tr>
<tr><td>11:45</td></tr>
<tr><td>11:50</td><td rowspan="2">終了</td><td rowspan="2">終了</td></tr>
<tr><td>11:55</td></tr>
</table>

図 2-6　支援全体スケジュールの例

〈実施場所〉

　支援の実施場所として満たすべき条件を下記に挙げる（図2-7）。

　大会会場は厳重な入場管理がなされていることが多いので、事前にNFに確認をして必要な許可を得る。競技会場の図面や、コースマップ等を入手しておくことが望ましい。試合や練習中の選手のプレーを阻害することがなく、かつ選手および支援を実施するスタッフの安全が確保された実施場所を選定する。

〈人員〉

　支援を円滑に進めるためには、支援を実施する際に必要な人員を事前に想定して、各スタッフの役割を明確にして共有する必要がある。できる限り短時間で実施して選手や関係者の拘束時間を短縮できる人員配置ができるとよいが、人員が限られる場合には、それも考慮したスケジュールと内容にする。

〈機材〉

　支援の目的を達成するために必要な機材を選定し、準備する（図2-8）。大規模な測定や大型の機材が必要であり、実施場所が遠方である場合には、機材の運搬方法も確認する必要がある。なお、過剰な機材は、運搬のしづらさや航空機の規定重量超過等の点でデメリットになりうるので避ける。また、郵送する場合には、事前に送付先と受け取りのタイミングを先方に確認する。

〈予算〉

　支援の実施において費用がかかる場面を事前に想定し、必要な予算を確保する。当日の行動を詳細に想定して、資金不足がないように注意する。

```
☑ 必要な支援が実施できる
☑ 管理者から許可を得ている
☑ 選手のプレーを阻害しない
☑ 周囲の観客の観戦を阻害しない
☑ 電源やネットワークへのアクセスが可能（必要時）
☑ 選手および支援を実施するスタッフの安全が確保されている
```

図2-7　実施場所に関する確認事項

●支援のシミュレーションと分析準備

　支援を円滑に進めるためには、いつ、どこで、誰を対象に、どのような設定で実施するのかとい

図2-8　支援において必要な物品の準備

1．医・科学支援の基本的な流れ

った支援のシミュレーションを事前に実施しておくことが望ましい。すべてを支援当日と同様の状況でシミュレーションすることは難しいが、機器の動作確認や各担当の役割の確認は可能である。

また、事後のデータ分析が必要な際には、速やかに分析できるよう、分析シートやプログラムを準備しておくことも重要である。この作業を事前に行っておくことによって、分析時間が短縮できるだけでなく、データ取得時の注意点に気づくことも可能となる。

●必要な物品の準備

まず機材をリスト化しておく。支援に直接用いる機材だけでなく、試技内容、出来事、選手やコーチのコメント等を記録するための記録媒体（紙媒体や電子媒体）や、環境対策（例：スタッフの服装や雨・雪・日光からの機材の保護）も重要である。

（2）支援の実施（当日）

支援当日は選手の体調不良や怪我、大会の進行遅延、練習内容の変更、天候の悪化等が起こり得る。そこで、当日支援を実施する際には、改めて選手の体調確認を行い、当日の環境や状況を確認し、安全を確保した上で支援を実施する。ここでは支援当日に留意すべき事項について述べる。

●選手への説明

第2節「安全・安心な実施体制」において詳細な記述があるが、支援の対象となる選手に対して、当日の具体的な実施内容について事前に改めて説明する。支援の目的・内容、安全管理体制、データの管理について説明をして、選手の同意が得られた場合にのみ支援を実施する。また、選手に対しては、同意はいかなるタイミングでも撤回できることを合わせて伝え、申し出があった際には対応する。未成年者を対象とする場合には、保護者の同意が必要となるため、事前に必要書類を保護者に送付し、当日は選手が保護者の署名入りの同意書に署名できるよう調整する。

●当日の体調確認と体調への配慮

支援当日の選手の体調確認は、特に運動を伴う測定を実施する際には重要となる（図2-9）。JISSで支援の一環として実施しているフィットネスチェックでは、実施前1年以内に受けたメディカルチェックにおいて医師から運動制限の指示がなかったか、定常的に服用している薬がないかについて事前に確認している。また、実施当日も体温の測定と体調に関する確認を行い、必要な場合にはJISSに併設するスポーツクリニックの医師に相談の上、当日の実施可否の判断をすることとなっている。

測定に影響しうる怪我等がないかについても確認をする。当日の測定結果への影響だけでなく、無理をして測定に参加した結果、その後の競技パフォーマンスに影響が及ぶことは避ける必要がある。必要な場合には医師やコーチ、NFスタッフに相談し、実施中も怪我の状態を確認しながら測定を実施する。測定における運動によって、体調が変化することも考えられる。そのような場合は、緊急時のフローに従って、医師等に相談して判断を仰ぐ。避難経路も事前に確認しておき、災害時には選手および関係者がスムーズに避難できるよう誘導する。

●支援当日の準備

支援当日は、事前に準備して支援実施場所に運搬しておいた機材等を実際の使用場所に配置して、最終準備を行う。なお、試合会場で支援を実施する場合には、試合会場に到着した後にNF担当者および試合会場の責任者と連携して、機材の

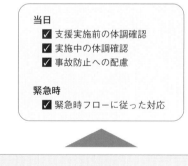

図2-9　選手の体調への配慮

設置場所や設置のタイミングについて最終確認する必要がある。また、機材を配置する際には、選手、関係者および支援を実施するスタッフ自身の安全確保に留意して機材を配置する。特にケーブル類は動線に注意して配線する必要がある。

●計測の実施

支援の目的で選手に運動を実施させる際には、選手とコミュニケーションをとり、体調の確認を随時行い、適宜休憩をとらせながら進める。事前に用意しておいた記録媒体に、支援実施時の選手や関係者のコメント、当日起きた出来事等を書き留めておく。支援が終了したら速やかに片付けをして会場の担当者にも終了を伝えて、撤収する。

（3）分析と評価

医・科学支援においては収集したデータについて分析と評価を行うこととなる。これはレース分析、ゲーム分析などのパフォーマンス評価に関する支援だけでなく、コンディショニング支援やトレーニング支援、栄養指導等においても同様である。分析と評価によって、フィードバック内容は大きく変わりうるため、このステップは極めて重要である。ここでは、分析と評価に関する基本的な実施プロセスと留意すべき事項について述べる。

●支援の目的と照らし合わせた分析の実施

支援は必ず目的を明確にした上で実施することをこれまでも述べてきたが、データ分析の実施においても、目的を達成するために必要な内容となっていることが重要である。すなわち、常にパフォーマンス構造モデルに立ち返り、どの分析が何を評価するために実施されているのかを認識しておかなければならない。

●分析結果の評価

選手やコーチが分析結果を活用するためには、

そのデータに基づく評価が求められる。つまり、ある選手が他の選手や本人の過去と比べてどのような状況であったかを示し、効果的なフィードバックに繋げることが重要である。

複数選手のデータが得られた場合には、その群におけるデータの分布と、評価対象となる選手の分布内での位置を把握できるようにする。例えば、群の平均値や中央値、最大値／最小値、標準偏差等を算出して個人の値と比較する（図2-10）。

取得したデータが正規分布であれば、平均値±1標準偏差内に68.2%のデータが、平均値±2標準偏差内には95.4%のデータが含まれていることになるため、平均値と標準偏差と合わせて個人のデータを提示することで、個人が分布の中でどの辺りに位置しているかを理解することができる。また、Zスコア等を利用して相対的にスコア化する方法もある。一方、データが正規分布でない場合には、群における中央値が平均値から外れることになるため、中央値を使用することが有効となる。統計的な分析に関する詳細については、『フィットネスチェックハンドブック』（日本スポーツ振興センターほか，2020）にも記載があるので参照いただきたい。

〈横断的評価と縦断的評価〉

上記の例のように、他者との比較によって個人や特定のチームの特徴を評価することを横断的評価と言う。横断的評価は、個人や特定のチームの課題を抽出する上で有用な評価方法であるが、比較対象によって評価結果が大きく変わる点には注意が必要である。海外選手のデータを文献や書籍から得られることもあるが、計測方法に相違がないか確認しなければならない。また、同競技種目の選手ではなく、他競技種目の選手と比較をしてみることにより改善余地のある要素を抽出できる

名称	概要
平均値	データの合計値をデータ数で割った値
中央値	データを大小の順に並べた際に真ん中に位置する値
最大値／最小値	データの中で最も大きな値／最も小さな値
標準偏差	・データの平均値からのばらつきの程度を表す値 ・分散（各データと平均値との差の二乗平均）の平方根
Zスコア	・データから平均値を引いて標準偏差で割った値 ・平均値が0、標準偏差が1となる

図2-10　評価に用いられる統計量の例

こともある。

一方、個人や特定のチームの経時的変化に基づく評価を縦断的評価と言う。ハイパフォーマンススポーツのように対象者の個別性が高い場合では、縦断的評価がより重要となる。例えば、継続してトレーニングを実施している選手のトレーニング効果やコンディション変化を確認するためには、定期的に同様の測定を繰り返し行い、その変化を追跡することが有効である。

〈評価における目標値〉

評価対象となっているデータの目標値が設定されると、フィードバックを受けた選手やコーチにとってより有益な情報となる。目標値については、縦断的評価や横断的評価を通して検討することと合わせて、理論的な背景も踏まえて設定する必要がある。例えば、目標とする選手のある体力値が高いことが優れたパフォーマンスの要因になっていると考えられる場合には、その選手の値を目標値とすることは理にかなっている。また、ある水準までは特定の体力値の向上がパフォーマンス向上に寄与するが、その水準を超えるとそれ以上向上させてもパフォーマンスへの貢献が頭打ちになる場合も考えられる。したがって、パフォーマンス構造モデルや理論的背景、データを基に総合的に目標値を設定することが重要である。

● 測定の限界

支援の分析および評価結果を適切に解釈するためには、測定の限界を理解する必要がある。測定の限界の一つは、測定値には必ず誤差が含まれているということである。支援をする際には、データに含まれる誤差の種類や範囲を踏まえた評価をする必要がある。測定値に含まれる誤差に関しては、『フィットネスチェックハンドブック』（日本スポーツ振興センターほか，2020）や『コーチングのためのバイオメカニクス関連機器の活用ガイドライン－位置とスピードの計測器を中心に－』（日本スポーツ振興センターほか，2022）にも詳細な記載があるため、参照いただきたい。

また、データを取得した群の特性が評価に影響しうることも理解する必要がある。例えば、二変量間の関係性を相関関係によって検討したとする。一般人を含めた広い対象においては一方の項目の増大がもう一方の項目の増大に関係することが先行研究等によってわかっているとする。全体としては図2-11のように相関関係が認められることになるが、一部の選手に対象を限定した場合にはその関係性が異なるということが起こり得る。特に競技力の高いトップ選手で、日々トレーニングを続けている場合には、体力値が変化しづらいことも考えられ、測定結果を評価する際にはそのような限界も踏まえて解釈する必要がある。

（4）フィードバック

分析・評価の結果を、選手やコーチにフィードバックする際には、その内容や仕方がトレーニング等に及ぼす影響を十分に想定して実施する必要がある。フィードバックの実施方法に関してはいくつかの選択肢があり、それぞれに留意すべき点があるため、それらの点を以下で確認していく。

● フィードバックの内容と実施方法

フィードバックの方法にはそれぞれの実施方法に利点と欠点があるため、事前にNFと相談して選択する（図2-12）。

● フィードバック資料の作成

フィードバックにあたって、各選手の結果がわかる資料と説明資料を準備する。選手個別で実施するフィードバック用の資料を作成する場合には、他の選手の情報が識別できないように配慮する。NFスタッフに対してフィードバックする際には、全選手のデータを確認できるような内容に工夫する。一方、コーチに対してフィードバック

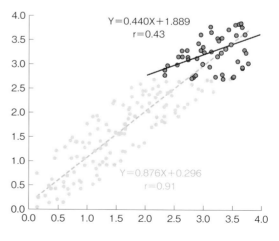

図2-11　トップ選手における傾向の違い（概念図）

確認事項	選択肢
タイミング	即時 or 後日
対象	選手 or コーチ
形式	個別ミーティング or 講習会
内容	測定データ、参照データ、or 課題設定

図2-12 フィードバック方法の事前確認

図2-13 フィードバックの内容と質の天秤

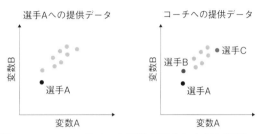

図2-14 フィードバック資料の工夫と内容の調整

する場合には、事前に選手の了承を得る必要があり、さらに各コーチが担当する選手が限定されている場合には情報の共有範囲を確認しておく。

フィードバック資料においては、選手やコーチがデータを理解しやすいような工夫をする必要がある。数値自体を示すことも重要であるが、変化がわかるような図を追加することも有効である。

●フィードバックまでの時間

支援の実施直後にフィードバックできると、選手の感覚やコーチの所感が鮮明な状態でデータと感覚との照合が可能となる。実施直後は選手やコーチが最も結果に興味を持っているタイミングでもある。ただし、即時的にデータを提供する場合には、データに対して十分な考察ができなかったり、データにミスが生じてしまったりするリスクは高まる。一方、後日にフィードバックをする場合には、より正確で考察を深めたフィードバックができる可能性が高まるが、当日の感覚は薄れてしまう。したがって、可能な限り早くデータを返すことを考慮しつつ、データにミスがないか、返却されたデータを選手が活用できるレベルまで分析・評価できているかを総合的に検討し、フィードバックのタイミングと内容を決定する必要がある（図2-13）。また、当日は簡易版、後日に詳細版、といったように2段階に分けてフィードバックするという方法もある。

●フィードバックの対象

前述の通り、フィードバックは個別で実施する場合もあれば全体に対して実施する場合もある（図2-14）。いずれの場合も、個人のデータは個人にのみ返されるべきものであるため、個人のデータや課題に関して他の選手が同席する場で互いの同意なく公開しないよう注意する必要がある。したがって、個人のデータについて深く議論するためには、原則として個別でのフィードバックの場が必要となる。各選手が抱える課題は個々に異なるため、個別にフィードバックの時間を設けて話をすることが最も効果的なフィードバック方法であると言える。一方で、全体での講習会形式での実施を希望される場合もある。選手個別のデータに関してコメントすることはできないが、各選手に個別の結果を返却した上で、データの見方や活用の仕方に関して講習を実施するという方法が考えられる。

●フィードバックの影響の想定

フィードバックする者は、フィードバックの結果、選手やコーチがどう感じ、どう行動を起こす可能性があるかを想定しておく必要がある。パフォーマンス構造モデルと照らし合わせ、ある部分のパフォーマンス変化が全体に対してどのような影響を及ぼす可能性があるかまで想定しておくことが望ましい。

一方、行き過ぎたフィードバックには注意が必要である。例えば、ある選手の課題が測定データから特定できた場合に、その課題について解決するための方法について質問されたとする。有効と考えられるトレーニング方法等を選択肢として提示することは可能だが、その課題について解決する方法を最終的に選択するのはコーチおよび選手であるべきである。場合によっては、コーチはその課題を他の優先事項や選手の状態を考慮してあえて問題視しない可能性もある。したがって、コーチングの領域に踏み込まないよう注意が必要である。

また、課題解決のためにトレーニングを実施した場合、その効果を確認するために再測定を実施することも有効である。トレーニング期間を踏まえて、どれくらいの期間を空けて測定をするか、事前に検討して提案することが望ましい。

（稲葉優希・横澤俊治）

[参考文献]
・独立行政法人日本スポーツ振興センター　ハイパフォーマンススポーツセンター　国立スポーツ科学センター 監修．松林武生 編．フィットネスチェックハンドブック－体力測定に基づいたアスリートへの科学的支援－．大修館書店．2020
・独立行政法人日本スポーツ振興センター　ハイパフォーマンススポーツセンター　国立スポーツ科学センター．コーチングのためのバイオメカニクス関連機器の活用ガイドライン－位置とスピードの計測器を中心に－．2022

8．成果の検証

支援を効果的に継続するためには、支援の成果を検証する必要がある。支援の実施プロセスはPlan-Do-Check-Act（計画・実施・検証・修正：PDCA）サイクルに当てはめて考えることができる（図2-15）。前項までは、支援の計画と実施（Plan-Do）について確認してきた。本項では支援の成果の検証と計画の修正（Check-Act）について述べる。

（1）KPIに対する評価

支援の成果について検証するためには、計画の段階で設定したKPIに立ち返り、達成度を確認することが有効である。定量化可能な指標でKPIの達成度を評価し、振り返ることによって、実施した支援の成果が明確になると同時に、当該支援の課題も明確になる。

なお、支援の評価に関して、選手やチームの競技成績が向上したり、競技の目標が達成されたら支援が成功、そうならかったら失敗とは限らない。2-1-2「パフォーマンス構造モデルの作成」で述べたように、支援はパフォーマンス構造モデルに基づき改善すべき要素を明確にし、そこが改善されると上位のどの要素に影響してパフォーマンスが向上するのかを念頭に置いて実施すべきものである。これらのことから、①予定していた支援が適切に実

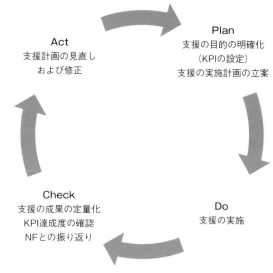

図2-15　支援におけるPDCAサイクル

施できたか、②その競技において重要な要素や個人にとって改善すべき要素が特定できたか、③改善すべき要素は改善されたか、④改善された場合にその上位の要素も改善されたか、⑤上位の要素が改善された場合に最終的なパフォーマンスは改善されたか、といった段階的な評価が必要となる。

（2）NFからのフィードバック

成果の検証において、支援を受けたNFからのフィードバックは重要な評価指標の一つである。自由なコメントを得ることも有効であるが、客観性を保持するためには、例えば5段階評価のように定量化可能な質問を含めることが望ましい。NFから定量的な評価を得ることができれば、継続的に支援を実施した際に比較可能な指標として活用することができる。また、定量化できれば、その指標をKPIに組み込むことも可能となる。そのため、NFに対しての質問事項はあらかじめ定量的な指標で回答可能な内容に整理をしておくことが望ましい。

（3）支援と研究の循環

支援と研究の循環を継続することが支援の質を高めていく上で重要である（図2-16）。医・科学支援は、研究成果に基づいて（evidence-based）実施されるべきである。強化現場における課題の解決方法が現状の理論だけでは解決できない場合

には、課題解決のための研究（project-based）を行い、新たな知見を得る必要がある。また、支援の過程そのものを事例研究としてまとめることも重要である。個々の事例の条件を開示することによって、競技レベルや競技そのものが異なる他の対象においても部分的に適用可能な範囲を類推する、すなわちアナロジーに基づいて一般化することが可能となる（西條，2009）。

論文化は研究と支援の循環において重要なプロセスとなる。支援の課題を解決するために実施された研究内容が論文等で公開されていれば、その内容は先行研究の知見として次の支援に活かすことができる。自身だけでなく、同様の支援を実施しようとする他者も、研究のステップを踏むことなく支援を実施することが可能となる。その結果、支援を受けたアスリートやコーチ、支援を実施した者はさらに次のステップに進展した課題を発見でき、その競技や支援分野の発展に繋がる。

また、論文として公開され、その論文についての意見を広くもらえることは、次の支援に向けた重要な示唆ともなる。特に、Peer Review Journalに論文が掲載されるためには、当該論文について、複数の査読者から適切な分析を行い、新たな知見を創出していると認められる必要がある。査読のプロセスを通して第三者の目に触れることにより、支援や研究のプロセスにおいて不足していた点に気がつくことができる。論文化された内容はガイドブックや書籍、ホームページ、SNS等で積極的に引用しNFや一般向けにも公開することにより、さらなる循環が期待できる。ただし、論文等で公開してよい内容と時期については、NFと事前に話し合う必要がある。

（4）今後の支援に向けた計画の修正

支援の成果の検証結果に基づいて、次の支援の計画に向けて修正すべき点を列挙する。達成できなかったKPIがあった場合やNFから改善の要望があった場合には、その原因を特定し、改善の方法を検証して、次の課題や計画を見直す。パフォーマンス構造モデルにおいて、①改善すべき要素が改善されなかった場合には、その改善のために実施したアプローチを疑い、②その要素は改善されたもののその上位の要素が改善されなかった場合や、③上位の要素も改善されたが最終的なパフォーマンスは改善されなかった場合は、パフォーマンス構造モデルにおける要素間の関係やトレードオフ（他の要素の悪化）を疑うこととなる。

②や③の場合には、パフォーマンス構造モデルをアップデートしていく必要がある。また、支援や研究の結果、パフォーマンスに貢献する新たな要素や貢献の大きい要素が明らかになった場合にも、その点を反映することが望ましい。パフォーマンス構造モデルのアップデートを通して、次の支援で取り組むべき内容を明確にし、計画の修正もしくは新規立案に繋げる。

（稲葉優希・横澤俊治）

［参考文献］
・西條剛央. アナロジー（類推）に基づく一般化. 看護研究で迷わないための超入門講座. 医学書院, pp.78-83, 2009

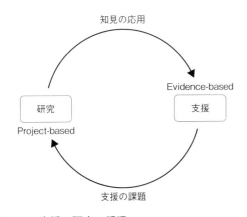

図 2-16　支援と研究の循環

コラム07
パラリンピックアスリートの支援

　国立スポーツ科学センター（以下、JISS）では、2015年より、パラリンピックアスリート（以下、パラアスリート）の受け入れを開始し、スポーツ医・科学支援および研究を行っている。パラアスリートを受け入れる以前は、オリンピックアスリートのみを対象とした支援と研究を行ってきたため、オリンピックアスリートを対象とした支援と研究に関する知見は相当数蓄積を有していたが、それらをそのままパラアスリートに当てはめようとした場合、それまでのノウハウ、経験、リソースだけでは、パラアスリートに対して十分な対応ができないことが考えられた。そのため、パラリンピック競技においては、JISSの持つ知見を活用しやすいと考えられる競技からトライアルとして支援・研究を実施し、現在の運用の基礎を形成した。現在では、トライアルで得た知見を基に、多くのパラリンピック競技団体、アスリートに対して、支援を行っている。

〈障がい種別に応じた支援〉

　現在、JISSを活用しているパラアスリートは、肢体不自由（欠損、四肢麻痺、脊髄損傷）、視覚障がい、知的障がい等のある者が大多数である。基本的には、オリンピックアスリートと同様の対応を行い、支援を実施しているが、実施するサポート分野や対象アスリートの障がいによっては、その対応方法について工夫をしていることもある。肢体不自由であれば、実施可能となる動作や運動様式が実施する支援においても検討課題となるだろう。また、視覚障がい、知的障がいのあるアスリートに対応する場合、アスリートとのコミュニケーションの方法等についても配慮が必要な場合が生じてくる。これらの個別の事案で生じた課題や対応方法については、スタッフ間で共有し、他分野で対応した場合において、応用できるよう工夫している。

〈各分野との情報共有〉

　JISSにおけるパラリンピック競技を対象とした支援と研究を円滑に進めるために、月に1回の頻度で会議体を組織し年度を通して運営している。参加者は、スポーツ医学研究部門医師、アスリートリハビリテーションスタッフ、トレーニング指導員、各分野（運動生理学・バイオメカニクス・栄養・心理・映像情報技術・フィットネス評価・社会学等）の研究員、測定コーディネーター、ハイパフォーマンス戦略部スタッフ等であり、総勢20名程度のスタッフが会議に出席している。ハイパフォーマンススポーツセンター（以下、HPSC）において、パラリンピック競技の医・科学支援・研究に関わるほぼすべてのスタッフが参加していることになる。

　会議では、各分野が取り組んでいるパラリンピック競技選手への対応について、分野間での情報共有を主な目的として、スポーツ診療事業、スポーツ医・科学支援事業、スポーツ医・科学研究事業等、パラリンピック競技に携わる上で生じる事業上の課題等を挙げ、体制整備のためのディスカッションをする等、運用面の検討も併せて行っている。また、会議では情報共有のほか、研究発表や、パラリンピック競技に関する最新の知見の共有等、その時々の話題に合わせて、活発な議論を行っている。医・科学的な支援と研究においては、各分野スタッフ間の協力体制が必須であるが、パラアスリートを対象とした医・科学支援、研究の場合、分野間での連携は特に重要である。様々な専門分野のスタッフが連携し、HPSCの持つ機能を最大限に生かすことで、競技団体、選手に対して、より良い医・科学支援、研究を実施できる。本会議は2015年から定期的に継続して行ってきているが、いまだに運営面等課題が多く議論が絶えない。引き続き、検討を重ね、パラリンピック競技選手の国際競技力向上に貢献できるよう、さらなる体制強化に努めたい。

（袴田智子）

コラム08
暑熱対策

東京2020オリンピック・パラリンピック競技大会（以下、東京2020大会）は、夏季に開催された過去の大会（アトランタ1996年、アテネ2004年、北京2008年）に比べ、最も過酷な暑熱環境下で開催された。東京2020大会開催に向けては、国際オリンピック委員会（IOC）をはじめ、各国際競技団体、各国アスリート支援拠点ならびに研究者がガイドブックや論文等を通して積極的に暑熱対策を呼びかけた。

〈JISS暑熱対策研究プロジェクト〉

JISSでは、科学的根拠に基づく身体冷却戦略を策定し、東京2020大会において日本のアスリートを支援することを目的として2015年に暑熱対策プロジェクトを立ち上げた。

本プロジェクトの取り組みとしては、まず、競技現場における暑熱対策の実態調査から「課題の抽出」を行い、課題解決のための実験室研究を行った。そして、暑熱順化、身体冷却や水分補給の効果などについて国内外の最新知見を基に暑熱対策ガイドブックを作成し、コーチやアスリートに向け「情報提供」を行った。また、コーチやアスリートを対象とした暑熱対策セミナーを開催し、研究者と相互に意見交換する機会を設けた。さらに、2018年以降は得られた知見をコーチやアスリートが実践しやすいようアレンジし、いくつかの競技団体と協働して実践研究という形で「エビデンスの応用」に取り組んだ。この「課題の抽出」「情報提供」「エビデンスの応用」のサイクルを複数回繰り返し、都度生じる課題を改善しながら東京2020大会に向け身体冷却支援について検討した（図）[1]。

〈東京2002大会における暑熱対策サポート〉

アスリートが暑熱環境下で安全にかつ高いパフォーマンスを発揮するためには、暑熱順化、身体冷却、水分補給に代表される暑熱対策が重要となる。

暑熱順化トレーニングは、暑熱環境下での運動パフォーマンスを最適化できるトレーニング方法として広く知られている。筆者らは、東京2020大会より正式種目に選ばれた3×3競技選手を対象に短期（7日間以下）の暑熱順化トレーニングを実施し[1,2]、順化効果を得ることができた。

身体冷却にはアイススラリー摂取による身体内部冷却や、アイスベスト、アイスパック、ファン、手掌前腕冷却等による身体外部冷却がある。2018年以降取り組んできた実践研究の成果を基に、各競技に合わせて実施可能な冷却方法の選択と組み合わせを検討し、実施のタイミングを考慮しながら、計画的水分補給と組み合わせた冷却戦略を立てた。本大会中においては、ブラインドマラソン、テニス、サッカー競技を対象に身体冷却支援を遂行した[1,2]。

（中村真理子）

■文献
1) Nakamura M, et al. Case Report: Countermeasures Against Heat and Coronavirus for Japanese Athletes at the Tokyo 2020 Olympics and Paralympic Games. Front Sports Act Living, 4：878022, 2022.
2) 特集. 東京2020 オリンピック・パラリンピック競技大会に向けた暑熱対策〜暑熱対策プロジェクト. Journal of High Performance Sport, 9：129-195, 2022.

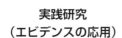

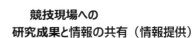

実践研究
（エビデンスの応用）

競技現場からの
課題の抽出と研究知見の創出

競技現場への
研究成果と情報の共有（情報提供）

競技団体との協働　　　　　　　セミナー開催　　　　ガイドブック発刊

図　暑熱対策プロジェクトの取り組み

2．安全・安心な実施体制

支援の実施に際しては、これを安全に行うこと、またアスリートが安心してこれを活用できることが重要な要件となる。支援には様々なリスクも付随する。支援の活用が実現されるためには、これらのリスクを適切に管理し、安全と安心のもとで活動を実施できるよう実施体制を整えるべきである。本節では、支援に際して考慮すべきリスクについて概観し、これらをどのように管理すべきかを議論する。

1．リスク管理

リスクは様々な側面に存在しうる。以下ではその主要なものを列挙し、考慮すべき点について整理する。リスクを完全に無にすることはできないため、リスクを最小化すること、発生させないよう努力することが求められる。

（1）内科的、外科的リスク

高いパフォーマンスを発揮するアスリートでは、競技やトレーニングにおいて身体にかかる負荷も大きなものとなる。フィットネス評価等の支援に際しては、アスリートの身体に運動負荷を課したり、競技やトレーニングにおいては行われない運動等を課したりする場合もある。これらはアスリートの身体へ不意の傷害等を生じさせるリスクとなる。

支援において運動負荷を課す際には、アスリートの身体がその負荷に十分に耐えうるかを事前に確認し、実施の可否を適切に判断すべきである。まず、アスリートは定期的にメディカルチェックを受診し、運動実施への内科および外科的な懸念がないか確認されていることが望ましい。アスリートが何らかの疾患を有する場合には、その疾患が適切に治療もしくはコントロールされており、

主治医等から運動可否の判断を受けることが推奨される。

また、支援当日においてもアスリートの体調が良好であることを確認し、運動前には十分なウォーミングアップを行わせる。アスリートの体調は日々変化するものであり、当日朝に体調良好と感じていた場合でも、運動を始めると不調や違和感に気がつくことがある。支援者はアスリートをよく観察し、また十分にコミュニケーションをとりながら、運動前もしくは運動の途中であってもリスクが大きい場合は運動を中止する判断を行うべきである。

（2）侵襲性を伴う測定

支援において行われる測定には、侵襲性を伴うものもある。具体的には、二重エネルギーX線吸収測定法（DEXA）を用いた身体組成の評価、コンピュータ断層撮影法（CT）や磁気共鳴画像法（MRI）を用いた筋形態および脂肪量の評価、血液サンプルを用いた生理学的・生化学的検査などである。これらが身体へ及ぼす影響とリスクについては医師の監修のもとで医学的に評価し、アスリートが享受する利益のほうが大きいかを慎重に検討した上で実施の判断をすべきである。

DEXAやCTにおいては、放射線の一種であるX線に身体を曝露させる点に侵襲性がある。放射線は自然界にも存在し、日常でも自然曝露をしているが、その曝露量が自然曝露を甚だしく超えると身体に悪影響が生じる危険性がある。これらの実施を検討する場合には、一連の検査における身体の放射線総曝露量がどの程度になるかを考慮すべきである。

MRIは、強い磁場内で身体へ電磁波を照射して各組織に含まれる水素原子に核磁気共鳴現象を生じさせ、これによって生じる信号を画像化するものである。放射線曝露を伴わないことから侵襲性

は低いものの、磁場の影響によって身体内外の金属に強力な力が加わったり、熱を帯びて火傷を生じさせたりする可能性がある。眼鏡やアクセサリー類はもとより、カラーコンタクトレンズやタトゥーなど、金属が含まれている可能性があるものには注意が必要である。また、傷害治療等のために身体に金属や機器が埋め込まれている場合もあり、そのようなアスリートも対象となる可能性があることを十分に認識して検査実施を検討する必要がある。さらには、MRI撮像では磁場酔いと呼ばれる症状が生じたり、装置内の狭い空間、大きな音の中に長時間滞在することによって気分が悪くなったりする場合もある。撮像中は常にアスリートを観察し、緊急事態に備えておく。

血液検査は、一般的にはメディカルチェックでの基本検査項目のひとつとして行われるが、筋へ酸素を運ぶヘモグロビンの濃度、造血に必要となる貯蔵鉄の量を反映するフェリチン値、脱水状態を反映するヘマトクリット値などは、身体コンディション把握のためにもしばしば活用される。また、注射針を用いた肘正中皮静脈等からの採血ではなく、指尖や耳朶等に小さな針を刺して微量な血液を採取する方法もあり、血中乳酸濃度や血中グルコース濃度（血糖値）などの検査に用いられる。どちらの採血方法においても皮下血腫（あざ）、迷走神経反応、神経損傷、穿刺部位からの感染、消毒用アルコールやラテックス手袋に対するアレルギー、などのリスクを伴う。採血は医行為にあたり、医師による判断に基づいて、医師もしくは医師の指示を受けた有資格者（看護師、准看護師、臨床検査技師）によって実施されなければならない。

（3）事故発生リスク

アスリートの体調やウォームアップが万全であり、安全に留意しながら支援活動を行ったとしても、不意の事故が生じる可能性はやはり少なからず存在する。支援で行われる科学的計測では、アスリートが日常では使い慣れていない運動機器、例えば自転車エルゴメータや計測用トレッドミルが用いられる場合が多く、これらを用いて全力運動、疲労困憊に至る運動を課す場合には特に注意

が必要である。支援者はどのような状況にて事故が起きえるかをあらかじめ検討し、事故が発生する可能性をできるだけ小さくできるよう努力すべきである。

測定機器は、アスリートの大きな力発揮を受けても安全に機能する荷重許容量の大きなものを準備し、定期的にメンテナンスを実施して安全性を確認しておく。機器に角張りや突起がある場合には、クッションで覆うなどして安全性を高めておくことが望ましい。また、電源コードを床に這わす場合には、アスリートがこれに足を掛けて転倒することがないよう、機器間を移動する動線を避けたり、配線したコードをテープ等で覆って床面にしっかりと固定したりするとよい。

トレッドミルなどでは、アスリートが万が一転倒した場合に備えて、安全装置（ハーネス、図2-17）をアスリートに着用させる。天井から吊り下げられたロープをハーネスに取り付けておき、転倒の際にも身体が完全に倒れ込むことを防ぐ。特に疲労困憊に至る運動を課す場合には、ハーネスの装着は必須である。運動機器には、ロープの張力を検知すると緊急停止するよう設計された機器もある。ただし、支援者はこのような機能に頼りきることなく、万が一の際には自らの判断で機器を停止することができるよう、常に緊急停止ボタンを押せるよう準備しておくべきである。また、アスリートが自身で身体を支えることができるよう、走路横に手摺を備えておくこと、支援者もアスリートの身体を支えることができるよう側

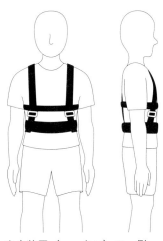

図2-17　安全装置（ハーネス）の一例

に待機しておくことなども重要である。

運動が行われる測定室やグラウンドの環境にもリスク要因は存在する。床面の段差、壁面の角張りや突起などはアスリートに不測の傷害をもたらす可能性があるため、事前によく確認し、必要に応じてクッションで覆うなどの対策を行うとよい。施設の老朽化などのために床や壁にささくれ等がある場合には、事前に補修を施すべきである。床面の材質、硬さ、滑りやすさなどに関しても、運動に適していることを事前に確認しておく。また、アスリートの汗などは適宜拭きとるようにする。気温や湿度に関しても、運動に適した範囲に調整をするか、もしくは適した環境になる時間帯を選んで活動を実施する。高温多湿な環境下では熱中症等のリスクが高まる。一方で、低温な環境下では肉離れなどの筋傷害が発生するリスクが高まる。このような環境下での実施を避けられない場合には、暑熱・寒冷対策を十分に準備しておく必要がある。

（4）緊急時の備え

万が一に事故が発生した場合を想定し、緊急対応への備えをしておくことも重要である。緊急時に相談や搬送を行える近隣の医療機関は、必ず事前に確認しておく。休日、祝祭日などの対応可否については、特に慎重に確認しておく必要がある。支援の実施場所においては、AEDや担架などが設置されている位置を事前に確認しておく。これらの機器が定期的にメンテナンスされていることも重要である。支援者は、救命救急法やAED使用方法について定期的に研修を受け、これを熟知しておくべきであろう。また、緊急時の行動についてフローを作成して支援実施場所に掲示しておくことも、迅速な対応を確実に行うための備えのひとつである。救命措置や諸所への連絡などの行動手順のほか、医療機関の連絡先、搬送手段（タクシー依頼の連絡先など）、支援地の住所、アスリートの緊急連絡先などを整理しておくとよい。

（5）情報リスク

支援に際しては、アスリートに関する様々な情報を取り扱うことになる。測定等によって得られるデータをはじめとして、これらの情報の多くはアスリートの個人情報にあたる。情報が不本意な形で本人以外に見られることがないよう、適切に管理をする必要がある。収集する情報およびその管理体制は、これらが得られる前にあらかじめ決めておき、情報が得られた後すぐに適切な取り扱いを行えるよう準備しておくべきである。

情報は主に紙もしくは電子データとして記録される。紙媒体の情報（記録用紙、アンケート用紙など）は、閲覧を許された者以外が目にすることができないよう、セキュリティ管理された部屋や書庫で管理をすることが望まれる。また、支援における情報活用期間が過ぎた際には、細断や溶解によって廃棄することもあらかじめ決めておくとよい。また、電子データに関しても、パスワードが付された記録媒体で保存したり、アクセス権限を有する者にのみ閲覧が制限されるデータ管理システムを活用したりするとよい。

アスリートから収集される可能性がある情報について、以下に具体的に列挙したい。これらはすべて保護の対象となりうる。アスリートの身長、体重、年齢、生年月日、利き腕や利き足、競技歴、自己ベスト記録、障害歴などは、基本的情報として収集されることが多い。測定が行われる場合には、各種のデータが得られる。測定時に撮影された写真や映像があるならば、これらも保護すべき情報のひとつとなる。支援中には、アスリートや関係者から様々な情報を見聞きする可能性もある。競技の戦術や戦略、合宿やトレーニング等のスケジュール、身体の調子や怪我の状態、その他の私的な情報などである。これらのほとんどは記録には留めず聞き流されるものではあるものの、保護すべき情報として捉えるべきであろう。意図せず見聞きしてしまう情報も少なくはなく、そのすべてに対して慎重な取り扱いが必要だと認識しておくことが求められる。

（6）倫理的配慮

支援はアスリートが利益を享受できるものであるべきであり、アスリートに不利益が及ぶ可能性は排除すべきである。身体的リスクや情報リスクのほかにも、NFとの関係性、代表選考、ライバ

ルとの駆け引きなど、支援活動によってアスリートに不利益が生じる可能性がある事項がないかを事前に検討して、対策を立てておくべきである。JISSでは、支援の内容を決定する際にはNFと相談を行うが、支援活動へ参加するかの判断はアスリート個人に委ね、たとえ個人が参加をしない判断をしたとしても代表選考等に影響を与えぬよう、NFからの合意を得た上で支援を実施している。また、アスリートに対しても支援の活動がどのような手順と内容で行われるのかを事前に説明し、アスリート自身に内容に懸念がないかを確認してもらう。もしもアスリートが内容に不安を感じた場合には、手順を一部変更するなどの対応を検討する。また、支援を受けない決断もできること、さらにその決断は支援活動への参加途中でも行えることを説明している。

（7）支援体制の準備

ここまでに記したリスク管理を適切に実施するために、支援者はリスクについて学び、リスクを最小化するための施策について理解し、これを遵守することが求められる。JISSでは、支援者となる研究員に対してリスク対策に関する年1回の研修を実施するとともに、医療機関（JISSスポーツ医学研究部門）との連携、緊急時フロー、セキュリティ化された情報管理システムを、組織として準備している。社会が日々発展し、支援の内容も日々進歩していく中では、安心・安全な実施体制に求められる事項も常に変化しうる。支援者は安全に常に気を配り、適切な実施体制の構築に努めるべきである。

（松林武生・窪康之）

2．同意書の取得

支援を行う際には、支援を受ける団体およびその個人と支援を行う者との間で、同意を得て進めるべき事項がある。支援を行う者は、競技団体およびアスリート個人に、支援内容について説明をする必要がある。支援内容については、後にトラブルに発展しないためにも、同意を得るかどうか

にかかわらず、支援を行う前に、必ず対象者に説明をし、双方理解を得ておくことが賢明である。この項では、事前に確認をとり、特に書面などで同意を取得し進めるべき事項について、いくつか説明したい。

（1）個人情報に関する事項

支援を行う過程において、アスリート個人の個人情報を扱う場面は多くあるだろう。支援活動を通して得られた測定データ等はそれにあたる。また、測定によって得られたデータを分析・処理・加工して得られた情報についても個人情報となる。個人情報は、支援活動で初めて得られたデータに限らず、既に世間に公表されているような、アスリート個人のプロフィールの情報等も含まれ、アスリート個人に紐づく情報はすべて個人情報となりうる。また、支援活動を行う上で、アスリートや競技団体より見聞きした情報（スケジュール、トレーニングの進捗、体調の良し悪し、競技の戦術や戦略等々）についても、アスリートの個人情報となりうる。個人情報とは数値や文字だけではなく、アスリート個人を特定できる写真や映像も対象となる。これらの情報を取り扱う際には、これらを扱う（取得する）目的、方法、情報の保管方法、公表時期、公表の方法等を明示し、対象となる個人から同意を得て進める必要がある。特に、支援活動で得られたデータを公表する場合には、公表する時期には気をつけたい。喫緊の大規模大会後に公表する等、公表すること自体が対象となるアスリートの不利益になることがないよう、配慮する必要がある。

個人情報の取り扱いに関しては、対象となるアスリートと支援活動を行う者との間で同意を得て進めるのはもちろんであるが、競技団体とアスリートとの間、また、支援活動を行う者と対象となる競技団体との間においても、それらの情報の取り扱いに関して、同意が得られていることも重要なポイントである。支援活動の際には、それを行う準備段階として、競技団体を通じて、アスリート個人の状態や状況を収集することもあるだろう。ただし、これらの情報はすべてアスリート個人の個人情報に他ならない。そのため、競技団体

とアスリートは、第三者が介入した支援活動を行われる際には、アスリート個人の情報が第三者へ提供される可能性があることについて、双方が理解していることを確認の上、進めるべきである。また、支援を行う者と競技団体との間において、個人情報のやり取りが発生することを念頭に置き、その活動の目的、情報の取り扱いについて、事前に確認をとっておくべきである。

（2）倫理規定に関する事項

支援活動を通して行われる測定や医・科学サポートの基礎となる試験的データの取得については、倫理規定に基づいて行われるべきであり、これらの測定や試験が、対象となったアスリートに不利益に働くものではないことも併せて確認すべきである。

（3）支援現場で確認するべき事項

支援活動を行う上では、競技会や大会で写真や映像を取得し、支援活動に活用する場面もあるだろう。これらの写真や映像の取得については、上述した個人情報保護の観点から、アスリート個人に同意を得ることはもちろんのこと、大会を運営している団体にあらかじめ説明をし、了承を得ておくことも必要となる。競技会によっては、映像を取得することそのものが禁止されていたり、映像の使用に際し、使用料を求められたりするものもある。想定されるリスクを考慮し、あらかじめ支援活動をする前に、競技団体や運営団体に確認をとり、進める必要がある。後にトラブルに発展しないためにも、事前に十分に協議しておく必要があるだろう。

（4）その他の事項
〈秘密保持に関する事項〉

支援活動の内容によっては、秘密保持に関する契約等を関係する団体とあらかじめ結び進めた方がよい事項もある。特に、支援活動を通じて開発された物や知的財産の取り扱いに関して、準備や計画段階から情報の漏洩には注意が必要である。それらのリスクを回避するために、関係する団体と秘密保持契約等を結び、公表する時期や公表の方法等についてあらかじめ取り交わしておくことも重要である。

〈対象者に対する配慮〉

支援活動の対象者が未成年者である場合もあるだろう。その場合には、未成年者を対象とする正当かつ妥当な理由をアスリート本人および親権者へ説明し、アスリート本人の同意ならびに親権者の同意を得る必要がある。

また、障がいのあるアスリートを対象とした場合にも、配慮が必要な場合がある。アスリートの障がい特性に応じ、実施する支援活動について、アスリート本人から十分に理解が得られるよう、また本人による同意が適切に得られるよう、説明方法や同意を得る方法について、工夫や配慮をすることが求められる。

〈同意の撤回〉

アスリートは、同意をした後でもいつでもこの同意を撤回できる権利を有している。支援活動を行う際には、同意を撤回しても、アスリート個人が不利益にならないことを説明した上で進める必要がある。

支援活動については、事前にアスリートや競技団体の理解と同意を得て進める、といった手順をとる必要がある。これらを丁寧に進めることは、支援を行う者と競技団体およびアスリートとの互いの信頼関係に影響し、支援活動を円滑に進めるためには、重要なポイントになろう。

（袴田智子・窪康之）

[参考文献]
・独立行政法人日本スポーツ振興センター　ハイパフォーマンススポーツセンター　国立スポーツ科学センター. フィットネスチェックハンドブック－体力測定に基づいたアスリートへの科学的支援－. 大修館書店. 2020.

コラム09
自国開催のメンタルサポート

　JISS・心理グループは、東京2020オリンピック・パラリンピック競技大会（以下、東京2020大会）に向けて、日本代表選手やチームに貢献できる研究と支援を行った。研究では、自国開催大会のプレッシャー対策として、「自国開催オリンピック・パラリンピックにおける実力発揮を促進する心理的要因の検討」というテーマで研究（インタビュー調査）を行った。対象者は、自国（日本）のオリンピック・パラリンピックまたは世界選手権に出場した元選手13名であり、「自国開催における実力発揮／不発揮までの過程」等について伺った。その結果、実力発揮／不発揮の両方において、自国開催における「応援の多さ」「観客の多さ」「メディアの多さ」等が起こり、そのことによるプレッシャーや義務感等を感じていた。しかし、その後、そのプレッシャーや義務感等をどのように捉え、適切な対処行動をとることができたか否かが、大きな分岐点の一つということが分かった。実力が発揮できなかった群は、プレッシャーや義務感等に対処できず、そのまま本番の試合を迎え、良いパフォーマンスが発揮できなかった。一方、実力を発揮できた群は、プレッシャーや義務感等を感じたが、ものごとを柔軟に考え、これまで準備してきたことを「振り返り」、そして最後は「開き直り」の心境で試合に臨み、良いパフォーマンスを発揮することができた。この研究結果は、NTCの代表合宿時に行われる講習会をはじめ、「JISS心理セミナー」「JOCコーチ会議」「HPSCカンファレス」等で情報提供をし、また論文化も行い、国際学会においても発表した。まさに支援に直結する研究を行ったと言えるだろう。

　支援は、COVID-19の感染症対策を徹底しながら実施された。東京都北区西が丘地区のHPSC、そして選手村近郊の２つの施設を「村外サポート拠点」として位置づけ、JISSの心理スタッフ全員が、アスリートやチームのサポートに全力を注いだ。NTCを練習拠点とした競技団体には、試合直前までサポートを実施した。また、オリンピック直前に複数の個別サポートを申し込んできた競技団体への対応も行った。さらに、JOCの情報・科学サポート部門と連携し、選手村の中に「オンライン心理サポート部屋」を設置し、選手とJISS心理スタッフが「いつでもつながれるように」という支援も行った。また、JPCの心理スタッフとも随時情報共有を行い、パラリンピックのアスリートへのサポート環境についても最大限整えるようにした。さらに、選手村内に開設されたポリクリニックの中にいる精神科医や、JPCの心理スタッフとも連絡が取れるようにし、万全のサポート体制を整えた。

　継続的にサポートしている個人やチームについては、直前までサポート活動に徹することができた。また、直前に申込みのあった新規の個別サポートについても、主訴や要望に合わせた担当者を配置し、しっかりと対応でき、選手からも高評価をいただいた。東京2020大会でのHPSC内と村外サポート拠点での心理サポート活動は、充実させることができた。本番直前まで選手やチームのサポートができたことは、まさに自国開催のメリットであり、それに応えるサポート活動ができた。また、オンラインサポートの充実は、今後のサポートの在り方を変えるものであり、特に、他国で開催されるオリンピック・パラリンピックでのオンラインサポートは、「新たなサポートの形」として非常に有効で重要な役割を担うものと言える。

　東京2020大会は、コロナ禍の開催となり、想定外の環境の中で実施されたが、あらゆることへの備えがアスリートのメンタル面の安心やパフォーマンスの安定に繋がるということを再認識でき、今後はより一層可能な限りの準備・対策を講じることが求められるだろう。

（立谷泰久）

本コラムで紹介した研究を一般の方向けに分かりやすくしたマンガを「HPSCウェブサイト」で読むことができる。QRコードからご覧ください。

（HPSCウェブサイト　https://www.jpnsport.go.jp/hpsc/study/sports_science/tabid/1830/Default.aspx）

■文献
・佐々木丈予，福井邦宗，鈴木敦，米丸健太，奥野真由，立谷泰久．自国開催の国際大会における実力発揮に至る心理的過程の質的研究．Journal of High Performance Sport 4：79-93, 2019.
・鈴木敦，米丸健太，佐々木丈予，福井邦宗，奥野真由，立谷泰久．自国開催の国際大会における実力不発揮の心理的プロセスの検討．Sports Science in Elite Athlete Support 3：1-13, 2018.

3．人材育成

本節では、スポーツの競技力向上のための科学的サポートを行う人材に求められる資質と能力、そしてその育成方法について述べる。

1．スポーツ科学に関する基礎的な知識

競技力向上に資する科学的知見を提供する活動（以下、サポート活動）に従事するスタッフは、それぞれが専門とするスポーツ科学の研究分野の測定・分析方法を用いて課題を発見したりその達成方法を提案したりする。専門的な研究手法は、教育・体育・スポーツ系の学部および大学院で学ぶことができるが、重要なことは、専門分野に精通することだけでなく、他の分野の研究手法に関する基礎知識も身につけることである。なぜならば、サポート活動は分野横断的な活動であり、複数の研究分野のスタッフがチームを形成し補い合わなければならず、そのためには他分野の研究手法や理論体系に、少なくとも一度は触れておくことが必要だからである。他分野に関する基礎知識を身につけておくことで、サポート活動全体における自身の専門分野の役割が改めて浮かび上がってくることにもなり、より効果的なサポート活動が遂行できる。

2．サポート活動におけるスタッフの役割

サポート活動は、選手あるいはチームの課題を発見すること、その課題を達成するためのトレーニングを提案すること、そしてトレーニングの効果を検証することの一連のサイクルで成り立っている。このサイクルを遂行する上での具体的な作業は、測定、分析、フィードバックである。

測定では、各専門分野が扱う評価指標を測定するのに特化した機器が用いられる。サポートスタッフは、測定機器の構造と機能、そして操作方法を熟知している必要がある。また、サポート活動における測定は、実験室のように整備された環境ばかりでなく、競技会場やトレーニング場などのフィールドでも行われるが、フィールドでは、電源が十分に供給されていない場合もあるし、屋外で風雨にさらされたり、気温が著しく高かったり低かったりする場合もある。それらの特殊な環境に対応するためのノウハウも身につけている必要がある。

分析は、測定によって得られた情報からより有益な情報を抽出するための作業である。一次分析では、測定現場で得られた最小限の情報を数値化するだけにとどまるが、二次、三次と分析を進める上では、同一選手の過去のデータと比較したり、同一チームの選手の平均値や海外有力選手のデータと比較したりすることでデータに意味を持たせることが重要となる。データに意味を持たせるためには、漫然とデータを眺めているのではなく、パフォーマンスとそれを構成する諸要素について「差がありそうだ」とか「関係がありそうだ」などの仮説をもってデータに向き合う必要がある。

フィードバックは、分析結果を選手・コーチに提供する作業である。フィードバックを通じて選手・コーチに現状の課題を認識してもらい、その後のトレーニングを見直してもらうことが目的となる。科学的データの解釈に慣れていない選手・コーチにもわかりやすく情報を伝えるためには、表やグラフ、映像を用いるなどの工夫が必要である。また、フィードバックを得て新たなトレーニングに積極的に取り組もうとする意欲を持ってもらうためには、その動機づけとなる論理が必要である。先に述べたような、分析作業における仮説とその検証結果というストーリーに沿ったプレゼ

ンテーションを行えることが望ましい。

　ここまで、測定、分析、フィードバックというサポート活動における一連の作業の内容を示したが、それぞれの段階において必要とされる経験の量は異なる。測定に関しては、フィールドで行われる場合には特別なノウハウが必要であるものの、基本的には学部や大学院で学んだ知識に基づいていれば大きな問題なく遂行できる。しかし、その次の段階である分析においては、対象競技のパフォーマンス構造をよく理解し、対象となる選手・チームの課題に関する仮説を持っている必要がある。さらに、最終段階であるフィードバックにおいては、今後のトレーニングをいかに進めるかという選手・チームにとって非常に重大でデリケートな議論に介入することになるのだから、選手・チームの状況を理解しているだけでなく、彼らからの厚い信頼を得ていなくてはならない。したがって、測定、分析、フィードバックとサポート活動の段階が進むほど、担当するスタッフはサポート活動の経験を豊富に積んでいる必要がある。

　サポートチーム内の指揮命令系統においても経験は重要である。測定方法、分析の視点、フィードバックの内容は互いに関係している。妥当な方法で精度よく測定したデータに基づかなくてはよい分析はできないし、仮説に基づき丁寧に分析した結果からしか信頼されるフィードバックはできない。最終的にどのような情報をフィードバックするのかというゴールがあって初めて分析内容や測定の方法が決まるのであるから、フィードバックを担当する経験豊富なスタッフがリーダーとなり、サポート活動の方向性を決めることになる。

3．選手・コーチとのコミュニケーションについて

　選手の課題を明らかにするためにパフォーマンス分析や体力テストを行うのだが、これらの科学的測定から得られる情報は膨大な量にのぼるため、その中から優先度の高い課題を抽出するのは容易ではない。分析の方向性を絞り込むためには、選手・コーチがどのような意識でトレーニ

ングを行っているのか、競技会のパフォーマンスをどのように評価しているのかなどを聞かせてもらう必要がある。

　課題を達成するためのトレーニングを提案するときには、選手・コーチが信念を持って取り組んでいる現行のトレーニングに変更を加えてもらうことになるのだから、これも容易なことではない。新たなトレーニングに積極的に取り組んでもらえるよう、トレーニングの有用性を論理的かつ丁寧に説明する必要がある。

　上記のように、サポート活動においては、選手・コーチとサポートスタッフとの間のコミュニケーションが重要である。しかし、選手が発するトレーニングや競技中の意識に関する言葉は、選手のパフォーマンスに直結するデリケートな内容であるため、表現することが難しい、あるいは軽々に表現したくないと考える選手も多い。また、コーチが考えるパフォーマンスの評価についても同様で、選手の主観・直感に関わるものである他、コーチが選手との信頼関係の上でやりとりしている情報や、国内外で勝ち抜くための秘匿性の高い情報が含まれていることもある。したがって、サポートスタッフが選手・コーチの考えを聞かせてもらうには、少なくとも守秘に関する姿勢は十分に示す必要があるし、サポートスタッフに考えを伝えることで有効なサポートに繋がり競技力が高まるのだという確信を選手・コーチに与えられるよう努力しなければならない。

　サポートスタッフからの情報発信についても注意すべきことがいくつかある。サポートスタッフが示す情報は、あくまでも科学的測定・分析に基づいているから利用価値があるのであって、スタッフ自身の経験や勘に基づく科学的根拠の薄い情報は示すべきではない。科学的測定・分析に基づいた情報とは、「現状がどうなっているか」「なぜそうなっているか」「今後どうなればよいか」「（トレーニングやコンディショニングとして）何をするのか」というように客観的であるべきである。ここに、「どんなつもりでやるか」という主観的情報が混入すると選手の感覚を狂わせるため、注意が必要である。客観的事実の理解を促すために主観的な表現を使う必要に迫られる場合も

あるが、そのような場合にはコーチを通じて選手に伝えてもらうのがよいであろう。もしサポートスタッフが主観の入り混じった情報をコーチのいない場面で選手に伝えた場合には、後からその旨をコーチに報告すべきである。

4. サポートスタッフ育成のあり方

ここまで示したように、サポート活動における測定、分析、フィードバック、そしてそれらを円滑にするためのコミュニケーションは、サポート活動の現場に特化したものであり、通常の学部・大学院での学びの中では経験できないものである。したがって、サポート活動に従事するスタッフの育成は、サポート活動の中で行われるべきである。

サポート活動において測定、分析、フィードバックと段階が進むほど経験を豊富に積む必要があることは先に述べた通りである。したがって、経験の浅いスタッフは、まずは測定作業に従事し、サポートリーダーの指示に従って活動することになる。研究室での測定とは異なる、フィールドでの測定に必要なノウハウを学ぶだけでなく、作業中のスタッフの動線や測定機器の配置が競技会やトレーニングの進行を妨げないよう留意すべき点、選手・コーチだけでなく競技団体関係者や競技会運営スタッフに不快感を与えないような立ち居振る舞いも、サポートリーダーが指導すべきである。そしてなによりも、選手のフィールドでの動きを観察することで、選手の課題はどこにあるかを考えるよい機会となることを共有すべきである。

余裕を持ってフィールドでの測定に携われるようになったら、サポートリーダーの指示の下、分析作業にも携わるべきである。測定した結果をどのような手順で分析するのかを学ぶことで、改めて測定の意義を理解することができるし、サポートリーダーがどのような仮説に基づいて選手の課題を見つけようとしているのかを知ることもできる。

サポートリーダーの指示に従って分析を進める中で、独自の視点や仮説に基づいた分析結果をサポートチーム内で報告してリーダーから理解を得られたら、その分析結果を選手・コーチにフィードバックする機会を持つとよいだろう。フィードバックの機会に選手・コーチとのコミュニケーションを経験してさらなる仮説を立て、サポート活動の単位によってはリーダーを務めるなどして活動をデザインする経験を積むことで、ゆくゆくはサポートリーダーとして独り立ちすることができる。

ここまで、測定、分析、フィードバックというサポート活動の一連の流れの中で経験を積むプロセスを示してきたが、フィードバックの機会には、サポートスタッフは可能な限り全員参加すべきである。選手・コーチとサポートリーダーが現状の課題とその達成方法について交わす議論は、サポート活動の根幹である。この議論が意義のあるものになるように活動すれば、サポート活動の質が向上するし、それによって競技力向上を助けることになる。

(窪　康之)

コラム10
競技者向け栄養評価システム（mellon Ⅱ）

〈mellon Ⅱ とは〉

ハイパフォーマンススポーツセンター（HPSC）には、JISS、味の素ナショナルトレーニングセンター（NTC）ウエスト、NTCイーストにアスリートのためのレストランが設置されている。そこでは、選手が個々の目的やトレーニング内容、コンディション等に合わせて食事選択ができるようカフェテリア・ビュッフェ形式で食事が提供されている。選手は料理や食品の種類および量について自由に選択できる。そのため、選手は自分の選択した食事内容から自分に必要なエネルギーや各種栄養素の摂取ができているのか、過不足があるのかどうか判断が難しい。そこでHPSCレストランには食事画像認証AIを導入した競技者向け栄養評価システム（mellonⅡ、JISS製：以下、システム）を設置し、選手はレストラン内に設置されたタブレット端末に食事を登録することで、その場で食事の栄養評価ができる（図）。なお、スマホ版の利用も開始した。これは選手の自立を支援するシステムであり、選手が食事・栄養を「管理される」のではなく、自分の目的に合わせて「自分で調整する」力をつけることを支援するものである。本システムでは、選手自身の年齢や身長、体重、体脂肪率といった身体情報や競技種目、期分けなどに基づいた摂取目標量が設定できるため、各選手に合わせた栄養評価や栄養チェックが可能である。また、エネルギーおよび栄養素摂取量の過不足の確認のほか、基本的な食事の形（主食、主菜、副菜、牛乳・乳製品、果物）を確認する食事バランスチェック、エネルギー産生栄養素（たんぱく質、脂質、炭水化物）の摂取割合も確認できる。

〈mellon Ⅱ の活用〉

本システムの使用目的は2つに分類される。①研究での利用、②支援での利用（栄養管理ツール、栄養教育ツール）である。研究での利用は、レストランでの規定食提供計画のための栄養計算と実際の食事摂取量の記録のために使用することが多い。支援での利用は、減量、増量、体組成の改善、外傷・障害からの回復、妊娠・産後期の栄養管理など選手の栄養管理ツールとして使用する場合と、若年選手を対象としたアスリートの食事の基本のそろえ方学習などの栄養教育のために使用する場合がある。また、HPSCを利用する選手は、

▲写真撮影　選んだ料理を写真撮影して報告

▲食事登録　タブレットを利用して食事を登録

図　競技者向け栄養評価システム（mellon Ⅱ）

国内および海外遠征も多く、良好なコンディションを維持するためには、どのような場所でも食事の自己調整ができることが望ましい。HPSCレストランで食事をする際、システムを繰り返し活用することで、食品や料理の特徴を知り、自分の体重や体調を振り返りながら食事内容と量の選択について考え、自分に必要な食事選択ができる学習の場にもなっている。国内外の遠征の多い選手を対象に減量目的でシステムを活用した事例がある[1]。その他、システムに登録された喫食データを用いてHPSCレストラン運営に活用するための取り組みも実施している[2]。

競技者向け栄養評価システムの活用は、選手のコンディショニング、研究活動のほか、レストラン運営にも可能である。選手の食事選択データの蓄積が今後の競技力向上に役立つデータとなるため、継続したデータの収集は欠かせない。

（亀井明子・三浦智和）

■文献

1) 石橋彩, 東泰之, 白井克佳, ほか. トップアスリートサポートシステムを用いたフェンシング日本代表選手1名に対する減量サポートとその後のコンディション管理. 日本スポーツ栄養研究誌, 17：106-111, 2024.
2) 古川由佳, 黒澤駒里, 吉野昌恵, ほか. 東京2020大会時の競技者栄養評価システムのデータ活用-オリンピック・パラリンピック選手の期分けおよび競技区分による食品群別摂取量-. 日本スポーツ栄養研究誌, 18：138-141, 2025.

コラム11
HPSCが推進するトータルコンディショニング

〈アスリートにおけるコンディショニング〉

近年、トップレベルのアスリートが発揮する競技パフォーマンス（以下、パフォーマンス）の高速化・高度化が急速に進んでいる。これには、最先端の研究に基づいたトレーニングやリカバリー、用具・器具の開発、またスポーツ関連団体による発掘・育成・強化活動など、競技に向けた短期的・長期的プロセスにおいて様々な形での支援が総合的に結びついていると考えられる。アスリートがより高いパフォーマンスを発揮するためには、身体的な要因だけでなく、心理や環境、情報に関わる要因にも着目し、課題に応じて関連するすべての要因を整えていく必要がある。このような取り組みを「コンディショニング」と呼び、「アスリートのハイパフォーマンス発揮に必要なすべての要因を、ある目的に向けて望ましい状態に整えること」とHPSCでは定義している[1]。アスリートがより高いパフォーマンスを発揮するためには、パフォーマンスに関わる様々な要因を多角的な視点で捉え、それぞれの現状を把握し、目標とのギャップを埋めていくことが重要である[2]。

〈アスリートにおけるトータルコンディショニング〉

HPSCは新たなコンディショニングの概念として「トータルコンディショニング」を提唱し、これを進めている。トータルコンディショニングとは「アスリートの効果的なコンディショニングのために各エキスパートが協力・協調して連携を組み包括的な活動を行うこと」と定義する[1]（図）。競技現場では、コーチや医師、アスレティックトレーナー、セラピスト、栄養士、心理専門家、科学者など、様々な専門家がアスリートを支えている。各専門家はそれぞれの分野に関する高度な知識や技術、技能をもつ「エキスパート」になるべきである。各エキスパートが連携を組み包括的な活動を行うことでコンディショニングはより効果的なものになる。そのためには、各エキスパートは自身の分野だけでなく、他分野の知識や技術についても一定の理解をもつことが重要である。こういった自身の専門分野以外の知識や技術を備え実践できる人材（ジェネラリスト）の存在が、スポーツ現場では不可欠である。時として、アスレティックトレーナーやコーチがジェネラリストの役割を担うこともある。

図　アスリートにおけるトータルコンディショニング[1]

〈インテリジェント・アスリート〉

トータルコンディショニングにおいて最も重要なことは、アスリート自身がコンディショニングの知識や技術を備えて実践できることである。アスリートが幅広い視点を持って現状を把握した上で、目標にたどりつくために必要なこと（各専門分野に関する知識や技術など）と利用可能な資源（各専門家や情報など）を組み合わせて解決策を特定し、実行できることが重要である。さらに実行した結果を見直し、修正して改めて実行する。それを繰り返すことで行動の改善を図ることが重要である。このように、コーチから自立して常に自分で考え、状況に応じて最適な行動を選択・実行してパフォーマンスと自身の成長のために行動を改善し続ける力を備えたアスリートを「インテリジェント・アスリート」と呼ぶ[3]。トータルコンディショニングにおいては、インテリジェント・アスリートに必要な素養が身につくように各エキスパートが支援していくことも重要である。アスリートやアスリートを支える関係者には、ぜひ「コンディショニング」と「トータルコンディショニング」を理解いただき、充実したコンディショニングの実践に繋げ、アスリートのより高いパフォーマンスの発揮と、さらに豊かな競技人生の実現に役立てていただきたい。

（清水和弘）

■文献
1） 久木留毅, 清水和弘. トータルコンディショニングとは. アスリートのためのトータルコンディショニングガイドライン. 独立行政法人日本スポーツ振興センターハイパフォーマンススポーツセンター, pp. 66-71, 2023.
2） 清水和弘, 服部聡士. コンディショニングの実践. アスリートのためのトータルコンディショニングガイドライン. 独立行政法人日本スポーツ振興センターハイパフォーマンススポーツセンター, pp. 86-93, 2023.
3） 久木留毅, 野口順子, 片上絵梨子, ポール・ウィルマン. アスリートが備えるべきセルフコンディショニングの力. アスリートのためのトータルコンディショニングガイドライン. 独立行政法人日本スポーツ振興センターハイパフォーマンススポーツセンター, pp. 72-85, 2023.

第 **3** 章

支援の具体例

1．［事例］ 4×100mリレーにおける サポートの取り組み

陸上競技の多くの種目は個人種目であるが、数少ないチーム種目として4×100mリレーなどのリレー種目がある。リレー種目においても各走者の走能力が重要となる一方で、走順決定やバトンパスなどでの戦略がパフォーマンスに影響を及ぼす。JISSでは日本陸上競技連盟の科学委員会と協働して4×100mリレーの支援を長年実施し、国際競技会における日本男子チームのメダル獲得などに貢献してきた。本項ではこの支援の内容について概説するとともに、支援が効果的に機能したことの要点について考えたい。

1．支援の概要

4×100mリレーにおいては、まず各走者の走能力が非常に重要なパフォーマンス決定因子となる。各走者が担当する区間にはそれぞれ特徴があり、コーナー走を得意とすることや、テイクオーバーゾーンを含む100m以上の距離を減速少なく走りきれることなど、区間ごとに特に必要とされる能力もある。そのうえで、これらの能力を遺憾なく発揮できるように、高い走速度のなかでバトンパスを行う技術が重要となる。バトンを渡す走者（以下、渡し手とする）と受け取る走者（以下、受け手とする）のタイミングが合わなかったり、タイミングを合わせるために走速度を落としてしまったりすると、バトンパスが行われるテイクオーバーゾーンの通過タイムに影響が生じるのみでなく、受け手の直後の走区間タイムにも影響が生じる。

体格や走動作、バトンパス動作には、走者ごとに特徴があることから、バトンパス技術を洗練させる際にはチームで集合して走者ペアごとに技術確認と試行錯誤を繰り返すことが必要となる。国際競技会における日本代表チームのメンバー選出は競技会の1～2ヶ月前であり、この短期間に実施できる限られた回数の練習によって技術を洗練させなければならない。4×100mリレーの支援では、このバトンパスに特に焦点を当てた。練習におけるバトンパスのパフォーマンスを詳細に評価し、技術的課題を可視化することで、技術の洗練を効果的に進められるように支援した。また、競技会レースにおいても同様の分析を行い、レースでのパフォーマンスを確認すること、また目標とすべきパフォーマンス水準を把握することに取り組んだ。

2．理想とするバトンパスの検討

リレー種目のフィニッシュタイムを短縮するためには、バトンパスにおいても各走者が走速度を高く保ったまま、バトンを運ぶことが重要となる。図3-1のAは、理論的には最も良いタイムが得られると考えられるバトンパスの様子を、渡し手と受け手の走速度変化という観点から図示したものである。100mほどある自身の走区間を全力で走ったのちテイクオーバーゾーンに入る渡し手は、減速局面を迎えつつバトンパスを行うこととなる。そのなかで、渡し手はできる限り走速度を高く保ったまま受け手に接近し、バトンを渡すことが求められる。受け手はテイクオーバーゾーン端から走り始め、加速をしながらバトンを受け取る。バトンパスが行われるまでに、受け手は可能な限り走速度を高めておくことが求められる。受け手は、加速距離を長く確保できるほど走速度を高めることができるため、テイクオーバーゾーンの出口直前にてバトンパスが行われることが最も良いタイムに繋がると、理論的には考えられる。

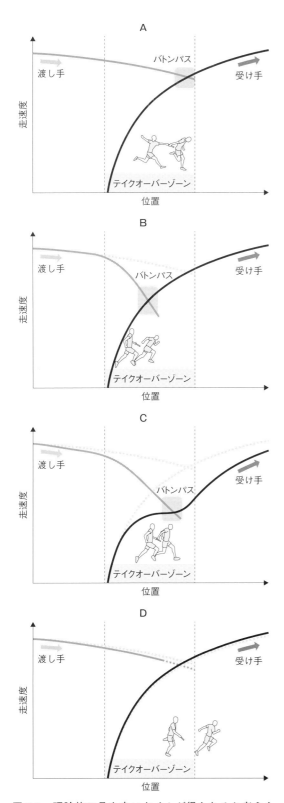

図3-1 理論的に最も良いタイムが得られると考えられるバトンパス(A)とそれとは相違のあるバトンパスの例(B, C, D)

また、バトンパスの瞬間には、渡し手は前方に手を伸ばし、受け手は後方に手を伸ばして受け渡しを行う。この際の両者間の距離はバトンを持って走らなくてもよい「利得距離」となり、これが大きいことも理論的には良いタイムを得ることに貢献する。

4×100mリレーのパフォーマンスを高めるためには、基本的にはこの最も良いタイムが期待されるバトンパスを目指すことが検討されるだろう。しかしながら、これを実現させるためには多くの条件を満たす必要がある。渡し手が受け手にテイクオーバーゾーン出口直前のちょうどよい位置で追いつくこと、そのために受け手が適切なタイミングで走り始めること、追いついた瞬間にバトンパスを短時間で終えられること、渡し手が減速少なく受け手に追いつけること、受け手がこの瞬間までにできる限り走速度を高められていること、などである。これらをレースにおいてすべて満たすことは容易ではない。図3-1のBとCには、これらの条件が満たされない典型例を示した。Bは、渡し手が受け手に早くに追いつき、走速度を急激に低下させながらバトンパスを行う例である。受け手の走り出すタイミングが遅ければ、このような状況が生じる。Cは、受け手が全力で加速しておらず、走速度が高まらないままバトンパスを行う例である。受け手の走り出すタイミングが適切であったとしても、加速の程度によってバトンパスの様相はこのように変化する。BとCの例ではバトンパス時の走速度が低く、余裕をもって確実にバトンを手渡すことができる。また、走速度が低ければ利得距離を大きくしたバトンパスも行いやすい。このため、一見すると"理想的な"バトンパスが行われたかのように感じられる場合もあるが、走速度の低さはタイムロスに繋がり、優れたタイムを期待することはできない。

さらにDには、理論的に最良な姿に近いものの、バトンパスがテイクオーバーゾーン内で完了しない例を示した。渡し手が減速しながらバトンパスに向かう一方で受け手は加速しながらバトンパスを受けるため、タイミングがわずかでも合わなければ渡し手は受け手に追いつけず、バトンパスに失敗しうる。このように、最良を追求すればバト

1. [事例] 4×100mリレーにおけるサポートの取り組み 59

ンが渡らず失格となるリスクも高くなる。受け手にはこれが大きな心理的負担となり、Cの例のように加速を緩める原因にもなる。

　バトンパスに関するこのような難しさは日本代表チームもよく理解しており、チームとして目指すのは"理論的に最も良いタイムが得られる"バトンパスではなく、"確実にバトンが渡り、かつタイムも良い"バトンパスであるということが検討された。また、このための具体的な指針として、加速すること、バトンパスはテイクオーバーゾーン20 m地点付近（出口の10 m手前）で行うこと、などが決められた（小林ら，2019）。

3．評価方法

　バトンパスの分析と評価は、ハイスピードカメラによる撮影映像（239.76fps）を用いて行った。図3-2には練習における撮影方法、および映像の模式図を示した。走路には5 m間隔でマークを設置し、この間を通過する映像フレーム数を確認することによって、各走者の5 mごとの所要時間と走速度を算出した。また、バトンパスが行われた位置についてもこれらのマークを参照して計測した（松林ら，2022）。

　図3-3は、計測データを整理したフィードバック資料の一例である。各走者の走速度を折れ線グラフとしてプロットし、バトンパス中の走速度の推移を直観的に確認できるようにした。バトンパスが開始された位置から完了した位置まで各走者のグラフに帯をつけることにより、バトンパスが行われた位置、およびその際の走速度を読み取れるようにした。また、数値指標としてテイクオーバーゾーン30 mとその直後10 mをあわせた40 m区間の通過タイム、およびテイクオーバーゾーン直後10 mでの受け手の走速度を、資料右上に示した。40 m区間のタイムは、日本男子チームが古くからバトンパスのパフォーマンス指標として活用してきたものであり、競技会レースの分析において利得時間（走者4名の100 m走記録の合計と4×100 mリレーフィニッシュタイムとの差分）と有意な相関関係にあることが確認されている

（図3-4、松林ら，2022）。また、テイクオーバーゾーン直後の受け手の走速度は、受け手がバトンパス中にしっかりと加速できていたかを確認する指標として用いられた。

　競技会においてはカメラをトラック内に設置することができないため、観客席から映像を撮影した。5 mごとのマーク設置もできないことから練習時のように詳細な評価は難しいものの、40 m区間タイムやバトンパス位置などを分析した。

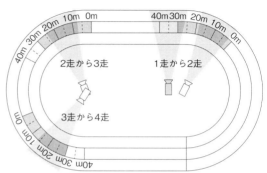

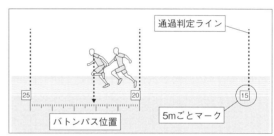

図3-2　バトンパス練習の撮影方法
上：カメラ配置、下：映像例　（文献2）より引用改編）

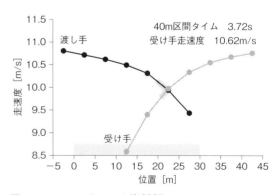

図3-3　フィードバック資料例
黒線が渡し手、グレー線が受け手の走速度を表す。横軸はテイクオーバーゾーン入口を基準とする走位置。「0～30」の区間がテイクオーバーゾーン。折れ線の交点手前の帯はバトンパス中の両走者の位置。

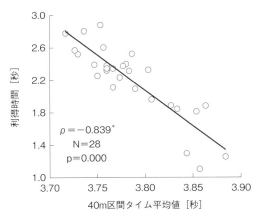

図3-4 国際競技会の男子4×100mリレーレースにおける40m区間タイムの平均値と利得時間との関係
※利得時間＝走者4名の100m走記録の合計－リレーフィニッシュタイム（文献2）より引用改編）

4．評価の活用

バトンパス練習は、走者ペアごとに1日1～3試技程度、代表合宿中や競技会直前の現地練習にて複数日に渡って実施される。練習はすべて全力疾走にて行われる。疲労等の影響を鑑みると1日の試技数をさらに増やすことは現実的ではないため、各試技は非常に集中した状態で行われる。試技の直後には、手動もしくは光電管によって簡易計測された40m区間タイムの確認、および通常スピード映像（59.94fps）によるバトンパス動作の確認が行われる。詳細なパフォーマンス評価の資料は、解析に時間を要することから試技直後に提示することは難しい。しかしながら、練習終了後すぐに解析に取りかかり、同日中に資料提示することを徹底した。これによって、チームが練習試技のパフォーマンスと課題を当日中に確認し、翌日以降の練習に修正を反映させることができるようにした。1日の練習試技数が限られる中で、この資料提示のスキームは十分に機能的であったと考える。

長年蓄積された競技会における分析データに基づき、近年、日本男子チームは40m区間タイムの目標値を3.70秒と設定している（小林ら，2019）。このタイムは2.94秒の利得時間を得ることに相当し（図3-4）、国際競技会のレースにおいても非常に高い水準のものである。走者4名の100m走記録が全員10.00秒であった場合には、フィニッシュタイム期待値は37.06秒となる。これは国別世界歴代2位の記録に相当し、国際競技会において金メダルを獲得することを十分に期待できるものである。バトンパス練習ではこの目標値を目指して試行錯誤が行われ、バトンパス技術の洗練がなされた。

国際競技会においては、予選と決勝のレースが日をまたいで行われる。練習におけるスキームと同様に、予選レースに関する分析値はレース当日中、できるだけ早くチームへ提示した。予選での課題をチームがすぐに確認し、戦略をさらに洗練させ、満を持して決勝レースに挑むことができるように心掛けた。

5．支援の要点

日本男子チームは2000年頃から国際競技会における決勝進出常連チームの1つとなっており、2008年北京オリンピック競技大会では初のメダル獲得、2019年ドーハ世界選手権では世界歴代4位となる現在の日本記録を樹立した。日本陸上競技連盟の科学委員会では、1990年代から競技会における4×100mリレーのタイム分析を行っていたが、同連盟が2001年からリレー強化プロジェクトを開始した以降には、JISSと協働して練習における計測も行うようになった。本項に記したバトンパスパフォーマンスの評価手法は、長年の支援のなかで改善を重ねてきたものである。

本支援がチーム強化と一体となってスムーズに活用された背景には、いくつかの要点が存在したと考えられる。まず、競技団体にリレーを強化するという明確な強化方針があり、ほとんどが個人種目である陸上競技のなかで、リレーチームとして競技力向上を目指すという意欲が大きかった。また、国際競技会レースの分析からメダル獲得の可能性が十分にあることが示されたことは、チームの意欲をさらに高め、またデータへの関心と活用を促した。コーチの多くが大学教員等としてスポーツ科学を専攻する研究者であったことも、デ

ータへの理解と議論がスムーズに行われた要因の
ひとつであっただろう。さらには、練習や競技会
において即日に分析を行うスキームを徹底したこ
とも、強化活動におけるデータ活用が現実的に機
能した要因になったと考える。

　4×100mリレーにおける支援の内容は、今後
も工夫と改善が研究され、発展し続けていくであ
ろう。日本チームアスリートの走能力は年々向上
しており、バトンパス技術もこれに伴って更新さ
れていく可能性がある。評価とデータ活用が繰り
返される中で、データを解釈する観点も進化して
いくであろう。また、データ収集の技術も日々新
しいものが開発されており、より効率的な測定と
評価のスキームが今後確立されていくことにも期

待したい。スキームが変化すれば、習得できる技
術も発展する可能性がある。日本チームのさらな
る競技力向上を目指して、支援する側も測定と評
価の有用性をさらに高めていく努力が求められる。

（松林武生）

［文献］

1）小林海，髙橋恭平，大沼勇人，山中亮，渡辺圭佑，松林武生，
広川龍太郎，土江寛裕．日本代表男子4×100mリレーのバイ
オメカニクスサポート～2019年の国際大会における日本代表リ
レーチームの分析結果について～．陸上競技研究紀要，15：
172-180，2019．

2）松林武生，小林海，山中亮，大沼勇人，渡辺圭佑，山本真帆，
笠井信一，図子あまね，土江寛裕．陸上競技4×100mリレーに
おけるバトンパス技術向上へのデータ活用-東京2020オリンピッ
ク大会前の練習における事例-．Journal of High Performance
Sport，10：107-124，2022．

コラム12
Journal of High Performance Sportについて

〈ジャーナルの趣旨〉

　JISSでは、ハイパフォーマンススポーツ（世界一を競い合うスポーツ）分野での支援・研究の成果を蓄積し、ハイパフォーマンススポーツ研究（世界一を競うレベルのアスリートが発揮する高度で卓越したパフォーマンスに関する研究）を牽引しうる学術的な媒体として、Journal of High Performance Sport（以下、JHPS）を刊行している。本誌は、ハイパフォーマンススポーツ分野における競技力向上への医・科学的貢献を目指す学術雑誌である。その内容には、将来活用が見込まれる基礎的な研究から、ハイパフォーマンススポーツ分野での実践に直結する応用的な研究までが含まれる。特に、卓越したパフォーマンスを発揮するアスリートの競技パフォーマンスに関する研究や、彼らに対する医・科学サポート事例・症例を扱うのがこの雑誌の大きな特徴である。

〈投稿論文種別〉

　本誌に掲載される論文の種類は、「総説」「原著論文」「報告・資料」のいずれかで、それぞれの特徴を以下に示す。
・総説：特定の研究テーマに関する知見（先行研究）を理論立てて総括したものを指す。
・原著論文：JHPSにおける原著論文とは、著者自身が目的に応じて分析し、今後のハイパフォーマンススポーツの研究や実践に活かし得る、新たな知見や問題を創出した研究論文のことを指す。原著論文の定義およびその小分類については、次項で詳しく述べる。
・報告・資料：競技現場で実際に行った活動事例を正確に記述した報告、トップアスリートに関する症例報告、ならびに当該分野において記録にとどめておくべき客観的な資料を指す。

〈JHPSにおける原著論文の定義〉

　国内のスポーツ医・科学関連の学術誌では、「原著論文」を「実践研究」「事例報告」「症例報告」などと対比させ、対象群を設定した実験や統計処理に基づいて仮説を検証するような研究を指すことが多い。本誌ではその点、「原著論文」（original research article）は「レビュー」（review article）との対比から、本来の意味に準じて、著者自身が行った計測や分析に基づいて新たな知見や問題を発見するものとしている。

　JHPSにおける原著論文は、基礎から実践まで、その研究内容が多岐にわたるハイパフォーマンススポーツ分野の特色を鑑みて、以下3つの分類を設けている。
・基礎研究：従来の理論的知識から課題を抽出して実験、観察等によって検証する研究。
・実践研究：実際の競技現場から得られたデータ（事例・症例）を手掛かりとして体系的知識の理解を深めようとする研究で、かつ仮に他の研究者等が同様の条件下で適切な方法で実施した際にも、同様の知見が導けると十分判断できる信頼性を有する研究。
・調査研究：既存の資料や、質問紙/聞き取り調査等から得られたデータを用いて仮説を検証し、新たな体系的知見を創出する研究。

　上記3つの小分類の中でも、実践研究を原著論文として扱う点に本誌の特色がある。例えばトップアスリート1名の卓越した競技パフォーマンスについて、掘り下げた分析によって得られた研究成果も、ハイパフォーマンススポーツ分野の発展に大きく寄与すると考えられる。これらの研究も原著論文（実践研究）として扱い、ハイパフォーマンススポーツ研究の体系的な知を構築していくことが、本誌の大きな目標とするところである。

〈JHPSへの投稿について〉

　以上、JHPSの学術誌としての特色について紹介した。ハイパフォーマンススポーツ分野において、競技力向上に努める選手・コーチ、競技団体スタッフおよびハイパフォーマンススポーツ研究に携わる研究者の方々の本誌への投稿を広く歓迎する。

（大岩奈青）

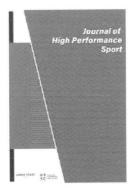

詳しくは弊誌ウェブサイトをご参照ください

2．［事例］パラノルディック・クロスカントリースキー競技におけるサポートの取り組み

JISSでは、開所当初よりオリンピックアスリートを対象として、医・科学サポートを進めてきたが、2015年に、パラリンピックアスリート（以下、パラアスリート）を対象とした医・科学研究/支援事業が展開されることとなった。JISSでは、当時、パラアスリートを対象とした医・科学的知見や経験が欠如していたため、まずは、パラアスリートを対象とした様々な医・科学サポートを「トライアル」という形式で実施した。JISSでオリンピックアスリートを対象に実施してきた医・科学サポートを通して得られた知見、経験を活かし、パラアスリートを対象とした医・科学サポートに応用した。

本項では、2015年から2018年の平昌冬季パラリンピック競技大会までの期間に実施した、パラノルディック・クロスカントリースキー競技の医・科学サポートにフォーカスし、JISSが行った取り組み事例の一部について紹介したい。

1．パラノルディック・クロスカントリースキー競技とは

パラノルディックスキー・クロスカントリー競技（以下、パラクロスカントリー）は、走行する距離ごとにスプリント、ミドル、ロングに種目が分かれており、滑走タイムを競う競技である。また、走法にはクラシカル走法とフリー走法があり、走法と各距離からなる種目とでレースが異なる。これらの競技規則はオリンピック競技と同様である。パラリンピック特有のルールは、クラス分けとパーセントシステムにより算出されたタイムによって順位が決定されることにあるだろう。障がいのクラスは、スタンディングカテゴリー（立位）、シッティングカテゴリー（座位）、ビジュアルインペアメントカテゴリー（視覚障がい）の3つのカテゴリーに分けられ、それぞれのカテゴリーの中で障がいの程度によりクラスごとに分けられている（Classification Rules and Regulations_Para Nordic, 2023）。順位はカテゴリーごとに決定される。各カテゴリーでは、障がいの程度によって決められた係数を、走力タイムに乗じ、算出されたタイムで競い合う（FIS Para Nordic Percentages, 2023）。この算出タイム（パーセントシステム）は、障がいの程度の違いによるタイムへの影響をなくすシステムであり、パラクロスカントリースキーだけでなく、パラアルペンスキーやその他夏季パラリンピック競技において導入されている競技もある。

パラクロスカントリー競技のパフォーマンスの構造を考える上で、クラス分けや順位を決定する際に用いるパーセントシステム等においては、オリンピック競技とは異なるものの、競技の本質となる、種目や走法等が同様であることから、大枠ではオリンピックのクロスカントリースキー競技と同様であると考えられた。そのため、競技力向上を考える上では、滑走に必要な体力要素、競技用具を扱うための滑走技術等が重要な要素となってくる。また、競技用具の調整も大事なポイントになろう。我々は、これまで、オリンピックのクロスカントリースキー競技で実施してきた医・科学サポートの知見を参考に、サポート内容を検討することとした。

2．強化プランとJISSの立ち位置

2015年時は、ソチ2014パラリンピック競技大会を終え、平昌2018パラリンピック競技大会へ向けた強化プランの策定を行っている時期であった。

競技団体内部では、強化体制の見直しを図るほか、強化に関する様々な強化策が検討されていた。平昌パラリンピックに向けたアスリートの課題が検討されていく中で、競技団体自身がアスリートの強化として取り組むことと、強化活動の中でJISSが医・科学サポートとして担う部分とを整理した。JISSが担う医・科学サポートの柱として、①アスリートの体力評価、②トレーニングの質を高めるためのサポート、③トレーニング時、レース時等のコンディションを高めるためのサポート、という3つの項目が挙げられた。以降、JISSがスタンディングカテゴリー上肢障がいクラスアスリートを対象に行った、3つの医・科学サポートについて紹介していく。

図3-5 大型トレッドミルを用いた、ローラースキー滑走中の乳酸カーブおよび最大酸素摂取量測定

3．基礎体力の評価

パラアスリートを対象としたフィットネスチェックは、2015年よりトライアルとして実施し始めた。同様の障がいカテゴリー、クラスであったとしても、すべてのアスリートに対し、同じ測定項目を同じ設定で実施できるとは限らない。しかしながら、アスリート個別の障がい特性を考慮するあまり、個別性の高い測定方法を確立してしまうと、結果から得られる統計値等の算出が難しく、他のアスリートとの比較や縦断的な評価がしづらくなる等のデメリットもある。そのため、フィットネスチェックで行う測定においては、各測定項目の測定の意義・方法を再確認した上で、アスリートのトレーニング効果を適切に評価でき、大枠の障がいカテゴリーでなるべく汎用性のある、測定方法、プロトコルの作成をすべく、何度もトライアルを重ね、検討した。

パラクロスカントリーについては、オリンピッククロスカントリースキーで実施していたフィットネスチェック項目を参考に、①身体組成測定、②等速性膝伸展屈曲力測定、③乳酸カーブおよび最大酸素摂取量測定、④ウィンゲートテスト（30秒間全力ペダリング）等を行った。身体組成測定では、空気置換法を用いて、体脂肪率、除脂肪体重を評価した。なお、値の算出の際には、欠損部位があるアスリートについては、算出式を改変し、欠損部位を考慮し、算出した（袴田ら，2020）。また、乳酸カーブおよび最大酸素摂取量測定については、競技特異性を考慮し、大型トレッドミルを用い、ローラースキー滑走中の値を測定した（図3-5）。

上記4項目について、シーズン前、シーズン後の年2回測定を行い、オフシーズンおよびシーズン時のトレーニング効果を評価した。

4．トレーニングの質を高めるためのサポート：低酸素トレーニングの導入

年2回のフィットネスチェックの結果から、シーズン終盤には体力が低下していることが予想された。その要因としては、シーズン中はフィジカルトレーニング等を行う時間が取り入れにくい状況にあったことが挙げられた。パラリンピックに焦点を当てた場合、パラリンピックは3月すなわちシーズン終盤に開催されることから、シーズン終盤でも、体力が落ちることがないよう、シーズン中に体力維持に努めることが求められた。競技団体がまとめた年間のトレーニング量の集計結果

図3-6 JISS低酸素トレーニング室を利用した低酸素トレーニングの様子

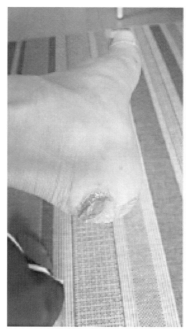

図3-7 足部摩擦水疱発生時の様子

から、シーズン中に雪上でのトレーニングと併せてフィジカルトレーニングの時間をさらに捻出することは、アスリートのコンディション調整等の観点から非常に難しい状況であった。競技団体、アスリート本人と話し合い、シーズン中に、シーズン終盤の体力低下を防ぐことを目的として、低酸素トレーニングを取り入れることとした（図3-6）。

低酸素トレーニングは、まずは、2016-2017シーズンに取り入れ、同シーズンに開催された平昌パラリンピックのプレ大会をターゲットとなる大会と仮定し、トレーニングを計画した。トレーニングの進捗とその後の雪上トレーニングのコンディション、プレ大会の結果等を受けて、2017-2018シーズンの計画に組み込んだ。前年度のサポートを受けて、平昌2018パラリンピック競技大会に臨んだ。

5．トレーニング時、レース時等のコンディションを高めるためのサポート：外傷予防

スキー滑走時、アスリートの左足部踵に、定期的に摩擦水疱が発生し（図3-7）、時には、十分なトレーニングができないほど、重症化することが確認された。その原因と対応策について、アスリート本人、コーチ、トレーナーらと協議し、アスリートの姿勢やアライメント、それから使用している用具（スキーブーツとスキー板）に課題があることが考えられた。

（1）姿勢・動きの改善

左足部踵に発生する摩擦水疱の原因の一つとして、アスリートの動きやアライメントの左右差、度重なる足関節捻挫からなる足部アライメント異常（足関節外反）等が顕著であった。そのため、改善策として、アスリートリハビリテーションやアスレティックトレーナー等、他分野のスタッフと連携し、姿勢やアライメントを修正するためのトレーニング、リハビリテーションを行った。シーズンオフ時は、選手はJISSに定期的に通い、トレーニングとリハビリテーションの個別サポートを受けた。シーズン中は、JISSに来る頻度が下がってしまうため、現地にサポートに行っている医・科学サポートスタッフと連携し、遠隔サポートを行った。動作やアライメントの左右差には、アスリートの持つ障がい特性も少なからず影響していることが予想された（高橋ら，2018）。そのため、障がい特性を考慮し、トレーニングプログラムを検討した。動作とアライメントについては、定期的に確認を行い、トレーニング、リハビリテーションの効果を確認した。

（2）ビンディングプレートの製作

スキー滑走中のアスリートの動きの左右差や、足関節アライメント異常に対する対応策の一つとして、スキー板のビンディングプレート部分の厚さを一部変更することにより、スキー滑走動作が改善される傾向にあることが確認された。そこで、スキー板のビンディングとスキーブーツのアウトソールとの間にスペーサーの役割になるような手製のビンディングプレートを製作し、ビンディングに取り付けた。ビンディングを3Dスキャンし、スキーブーツのアウトソールとビンディングとが接触する部分を型取り、3Dプリンターを用いて、薄さと形状の異なるプレートを複数枚製作した（図3-8）。アスリートは、ビンディングプレートを入れたことによる、厚みや位置の違いを、実際の滑走動作で試し、アスリート個人の感覚と、客観的に評価した滑走動作やアライメントの違いを擦り合わせた。ビンディングプレートについては、平昌パラリンピック前年度シーズンのワールドカップから使用し、平昌2018パラリンピック競技大会まで、プレートそのものの強度等を改良する等の対応した。

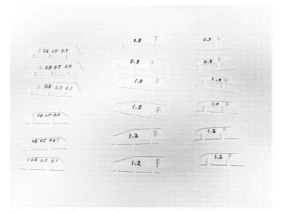

図 3-8　手製のビンディングプレート
（厚さ、形状が異なっている）

6．まとめ

本項では、パラノルディック・クロスカントリースキーを対象に、2015-2017年度までに実施した、医・科学サポートの一部を紹介した。より良いサポートを行うためには、アスリートおよびアスリートをとりまく競技団体と、医・科学サポートに携わるスタッフとが相互に情報を共有し、課題と課題を解決するための解決策に関する認識を擦り合わせておくことが非常に重要である。

ここで紹介したサポートの事例では、年間を通じて取り組む課題と、医・科学サポートでトライすべきこと、トライした結果として改善すべき新たな課題等が整理され、アスリート、競技団体、各分野の医・科学サポートスタッフらが同じ方向性で進めることができた。これらは、非常に重要であるが、一方で、アスリート、コーチ、医・科学サポートスタッフらの互いの信頼関係、日頃のコミュニケーション、競技への理解、医・科学サポートへの理解等、そのどれもが必要な要素であり、簡単に構築できるものではない。また、パラアスリートをサポートする上では、障がいに関する理解も非常に重要な要素となるであろう。

ここで得られた経験を活かし、さらなるパラアスリートの医・科学サポートの発展に寄与したい。

（袴田智子）

[参考文献]
- FIS (International Ski and Snoeboard Feseration) Classification Rules and Regulations _Para Nordic. SUBJECT TO THE APPROVAL OF THE FIS COUNCIL, October 2023. https://www.fis-ski.com/en/para-snowsports/para-nordic/documents.（参照日　2023年10月30日）
- FIS (International Ski and Snoeboard Feseration) FIS Para Nordic Percentages　2023/2024. https://www.fis-ski.com/en/para-snowsports/para-nordic/documents.（参照日　2023年10月30日）
- 袴田智子, 谷中拓哉, 山本真帆, 設楽佳世. パラリンピックアスリートを対象としたフィットネスチェックの取り組みについて. Journal of High Performance Sport, 5：12-22, 2020.
- 高橋佐江子, 鈴木栄子, 中本真也, 大石益代, 千葉夏実, 加藤英人, 木戸陽介. 片側上肢切断・欠損パラリンピッククロスカントリースキーアスリートに対する姿勢・動作アセスメントに関する一考察. Sports Science in Elite Athlete Support, 3：69-78, 2018.

3. ［事例］レスリングにおける
　　サポートの取り組み

1. 医・科学支援の範囲

　レスリングは、第1回の1896年アテネオリンピック競技大会より採用されている階級制格闘技である。日本のレスリングは、男子は1952年のヘルシンキオリンピック競技大会以降、不参加のモスクワオリンピック競技大会を除き、18大会連続でメダルを獲得している。女子は2004年のアテネオリンピック競技大会に採用されて以降、6大会すべてで金メダルを獲得していることからも、男女ともに持続的な強化体制を有していることは容易に想像できる。

　JISSは、日本レスリング協会（JWF）の目指す継続的な国際競技力向上を達成するために、2001年の設立当初よりフィットネスサポートを軸に様々な医・科学支援を推進してきた。フィットネスサポートは、2020東京オリンピック競技大会が終了した時点で延べ約3,000名のシニアおよび育成年代の強化選手を対象に実施した。また、2014年度から2018年度まではJWF医科学委員会と協働し、競技研究として全日本選手権での減量調査も行ってきた。

　トレーニング指導、栄養サポート、映像情報サポートに関しては、スポーツ庁委託事業であるハイパフォーマンスサポート事業にてそれぞれの専門スタッフが雇用され、個別のサポートが実施されている。こうしたスタッフがJWFと協働し、支援と研究を循環させ、長期にわたって医・科学支援を改善させつつ、強化方針に沿って実施してきた。

2. 試合中の技術的要求と体力的要求

　レスリングは、オリンピックではグレコローマン（男子のみ）とフリースタイル（男女）が採用されている[注1]。グレコローマンは腰から下を攻撃と防御に使うことが禁止されており、フリースタイルは全身を攻撃と防御に使うことができる。ルールは数年に1度変更されているが、現在は3分2ピリオド、ピリオド間レスト30秒で行われている。勝敗は、フォール（相手の両肩をマットにつける）もしくはタックルや投げ、押し出し、グラウンドでのガッツレンチ（ローリング）等の技による獲得ポイントの差で決まる。近年はルール改正により、相手の消極的な姿勢、警告等による得点よりも技による得点の配分が大きくなった。そのため膠着状態が少なくなり、攻撃回数が多くなっている。2013年のルール改正以降の世界選手権、オリンピックでは、改正以前と比べて、1分あたりの獲得ポイントが大きく増加した（Tünnemann, 2016；Tünnemann and Curby, 2016）。このようにルール改正によって、より攻撃的な試合展開が求められるようになっている。また、国内の試合分析において、勝者は仕掛けた技の回数が敗者の約1.5倍多く、成功率も勝者の約70％に対し、敗者は50％以下であったことも明らかになっている（Fujiyama et al., 2019）。

　したがって、日本人選手およびライバル選手の技の得意不得意を明らかにするために映像分析の需要が高くなっている。そして、その技術の成功率を高めるためには大きな筋力やパワー発揮を、3分間2ピリオド（合計6分間）にわたり持続する持久性能力も求められ、試合中の心拍数は170拍/分を超えることが報告されている（Chino et al., 2015）。そのため、イランやアメリカ、中国などのレスリング強豪国をはじめ、各国で代表選手を対象にした体力測定が実施されている。

3．体重階級制と計量ルールによる身体的要求

現在、世界レスリング連合（United World Wrestling：UWW）主催の大会は各10階級で行われているが、オリンピックは6階級で行われている。同一階級でも少しでも相手より優位に立とうと体脂肪量を極限まで減らして筋量を増やして、体力要素を充実させる。また、ルールの範囲内で過酷な減量および計量後の増量を試みる。したがって、体重および体組成のモニタリングを実施し、計画的な減量を実施する必要がある。

これまで長年にわたって、試合の前日の夕方に計量をするルールが採用されており、計量から翌朝の試合までの時間が約15時間あり、一日で予選から決勝戦まで約4〜5試合をこなす形式であった。しかし、2018年より階級および計量のルールが変わり、計量が試合当日の朝に変更になり、計量から試合までの時間が約2時間と、大幅に短縮された。また、大会によっては予選と順位決定戦が2日間に分けて行われるようになり、その場合は2日目の朝にも計量が行われるため、体重管理に対する要求が大きく変わった。

4．医・科学支援の体制

日本のレスリングは、JISS開所以前から国際競技力が高く、JWF強化委員会が主体となり、コーチが重要だと考えている体力要素やトレーニング内容を、JISSが協力する形でフィットネスサポートを実施してきた。レスリング日本代表の主な特徴としては、①オリンピック周期で強化体制が変わること、②HPSCに専用練習場があり、HPSCで頻繁に強化合宿を実施していること、③一度に各階級から上位3〜4名程度（合計30名程度）が集合すること、④通常時は各所属で練習していること、⑤医科学委員会が積極的に活動していることが挙げられる。したがって、年に数回は合宿の中にフィットネスサポートを組み込む形で実施しつつも、強化体制が変わるごとに内容を確認

し、測定内容の妥当性を評価し、測定内容を改善してきた。

医・科学支援の方針の決定にあたり、JISSのレスリング主担当者は、3スタイル（フリースタイル、グレコローマン、女子）の強化委員長と支援内容について議論する。医・科学支援事業は年度単位で実施するが、JWFの強化プランはオリンピックサイクルで計画されているため、次のオリンピックに向けた強化委員が組織された時点で大枠の医・科学支援の方針について議論し、強化本部の承認を経て決定となる。そしてその内容は、年度ごとに微修正される。3スタイルはそれぞれの強化方針やサポートスタッフの体制が異なるため、それぞれのスタイルに合った内容（項目や頻度）を決定していく。

5．フィットネスサポートの内容

（1）フィットネスサポートの流れ

フィットネスサポートがある3泊4日の強化合宿のスケジュール例を表3-1に記す。午後の練習前に強化委員が集合し、合宿の内容について検討する。体力測定の内容や場所についても、ここで確認・共有をする。フィットネスサポートは翌早朝の体組成計測から始まるため、午後練習の後に翌日以降のフィットネスサポートの内容、グループ分けなどのスケジュール説明を行う。

各種測定の実施後、合宿が終わるまでにフィードバックを実施する。フィードバックはマット練習後の場合はレスリング場で、ウエイトトレーニング後の場合はトレーニング場で実施する。

表3-1　強化合宿における練習と測定のスケジュール例

時間帯	1日目	2日目	3日目	4日目
早朝 6:30〜	―	体組成	朝ラン	1500m走
午前 10:00〜	―	体力測定	マット	マット フィードバック 選手解散
午後練前 14:00〜	ミーティング	←	←	←
午後 16:00〜	選手集合 マット 測定の説明	マット	トレーニング 筋力測定	

3．[事例] レスリングにおけるサポートの取り組み　69

（2）フィットネスサポートの項目

　これまでフィットネスサポートで行ってきた主な項目を表3-2に示す。身体組成は2005年以降、生体電気インピーダンス法（InBody、BioSpace社製）を用いて測定を行ってきた。体組成の計測方法はいくつかあるが、強化合宿中の早朝の限られた時間で20〜40人の体組成計測をしなければならないため、比較的簡便に計測でき、妥当性の高い生体電気インピーダンス法を用いて測定してきた。測定は早朝の排尿後に実施し、手足を専用の電解ティッシュで拭いて測定した。体重、体脂肪率、除脂肪体重と体脂肪量の評価を行った。早朝ではあるが栄養スタッフ、コーチにも立ち会ってもらい、過去値と比較した結果のすり合わせ（トレーニング習慣や食習慣と合致しているか）を行い、試合前の場合は目標値や減量プランを確認しあった。

　リオデジャネイロ2016オリンピック競技大会に向けては、対象人数が少なかったこと、減量幅が大きい選手が多かったことから、ゴールドスタンダード（水中体重秤量法）との差が少なく形態・身体組成上の特徴の差異による系統誤差がみられない空気置換法（設楽ら，2017）を用いて定期的な体組成評価を行った（山下ら，2018）。また、MRI画像によって体幹部および右大腿部の皮下脂肪面積および筋横断面積を評価した。

　形態（主に周囲径）計測は2006年以降、3次元人体計測システム（Body Line Scanner：浜松ホトニクス社製）を用いて行ってきた。2014年の女子シニア選手を対象とした形態計測では、他競技（53競技）の国内女子強化指定選手と比較して、大腿周径囲は小さいものの、上腕囲が大きいことが明らかになった（Arakawa et al., 2015）。男子の軽量級および中量級におけるシニア選手とジュニア選手の比較も、大腿囲は差がないものの、上腕囲はシニア選手のほうが大きかった（荒川ら，2015）。また、男子シニア軽量級選手と大学生軽量級選手の比較では、大腿部および上腕囲では差がなく、胸囲が大きかった（Yamashita et al., 2017）。つまり男女シニア選手とも、上半身の筋群が特異的に発達していることが明らかになった。これらのことから、特に上腕囲の発達度合いを評価することを主目的として計測していた。

　ロープ登りテスト（男性6m、女性4m）は、現場で頻繁に実施されるロープ登りトレーニングを基にJWFが作成したテストである。先行研究では男子シニア選手と男子ジュニア選手で到達タイ

表3-2　フィットネスサポートで行われてきた主な項目

項目	機材・方法	備考
▶長期間実施していた項目		
体脂肪率	生体インピーダンス法	朝食前に計測
体脂肪率	空気置換法	少人数向き
肢長・周囲径	3次元スポーツ人体計測装置	上腕・胸囲が発達（Arakawa et al., 2015；荒川ら，2015）
ロープ登り（男子6m、女子4m）	ストップウォッチ	メダリストは速い（荒川ら，2015；荒川ら，2018；Arakawa et al., 2020）
腹筋テスト	腹筋台（傾斜40度）、30秒×3セット	最高回数（1セット目）と3セット合計タイムを評価。レスリング選手は腹直筋が発達（久保ら，2006）。シニア選手のほうがジュニア選手よりも3セット合計反復回数が多い（男子　荒川ら，2015；女子　Arakawa et al., 2020）。
握力	握力計	レスリング選手は高値（Gerodimos et al., 2013）
背筋力	背筋力計	メダリスト、オリンピアンは高値（荒川ら，2015；荒川ら，2018）。
最大挙上重量	ウエイトトレーニング機器	ベンチプレス、スクワット、片手ダンベルスナッチ、加重チンニングを主に実施（Yamashita et al., 2020）
バーベル挙上速度	リニアポジショントランスデューサー	トレーニングの一環で計測
インターミッテントテスト	300m×6本	試合を模擬（Chino et al., 2015）。最速タイム（1本目）と6本合計タイムを評価。メダリスト、オリンピアンは速い（荒川ら，2015；荒川ら，2018；Arakawa et al., 2020）
乳酸計測	各種測定後に指先より微量採血にて実施	代謝特性を測定。微量採血を伴う。
1500m走・12分間走	ストップウォッチ	試合時間相当。コーチが計測。朝練の一環。オリンピアンは速い（荒川ら，2018）
ウィンゲートテスト（30秒）	自転車エルゴメーター	最大パワー、低下率
▶短期間で実施しなくなった主な項目		
反応時間光刺激	反応時間計測装置	男子大学選手と男子国際レベル選手で差なし（Yamashita et al., 2017）
脚筋力	等速性筋力測定装置	男子大学選手と男子国際レベル選手で差なし（Yamashita et al., 2017）

ムに差はなかったが、オリンピックメダリスト2名の平均値（9.10秒）はシニア選手の平均値（9.86秒）を上回っていた（荒川ら，2015）。男子のオリンピアン群と非オリンピアン群の比較においても、オリンピアン群のほうが有意に短いタイムであった（荒川ら，2018）。また、先述のようにシニア選手の上肢の特異的な発達から考えても上肢の筋力評価として有効であると考えられている。

　体幹部の機能評価として、30秒腹筋テストが行われてきた。このテストは傾斜角40度の腹筋台を用いて、30秒×3セット（セット間レスト30秒）の上体起こしの回数を評価するものである。超音波画像診断装置を用いた研究では、腹直筋の筋厚と1セット目の反復回数との間には正の相関関係があることが明らかになっている（久保ら，2006）。MRIを用いた先行研究（Kubo et al., 2007）では、シニア選手はジュニア選手よりも腹直筋と大腰筋の横断面積が大きいことが明らかにされており、またシニア選手のほうがジュニア選手よりも3セット合計反復回数が多かった（男子　荒川ら，2015；女子　Arakawa et al., 2020）ことからもレスリングには体幹を速く屈曲する、かつ持続する能力が重要である。

　試合中には間欠的かつ高強度のパワー発揮が求められるという競技特性に合わせた全身持久力テストとして、300mインターミッテント走テストが考案された。300mインターミッテント走テストでは、300mのスプリントを、インターバルを挟みながら計6本行い、それぞれのタイムを計測する。最速タイム（1セット目）と6セットの合計タイムを評価した。1セット目から6セット目にかけて、それぞれ10秒、30秒、10秒、30秒、10秒のインターバルを挟んで実施する。300mのスプリントが約1分前後であるため、10秒レストを挟んで行う3セットのスプリントが約3分で試合の1ピリオド分に相当する。なお、2012年までの国際ルールでは2分×3ピリオド制であったため、2セットごとにインターバルを30秒にしていた（Chino et al., 2012）。先行研究よりテスト中の心拍数は、試合と同程度であることが報告されている（Chino et al., 2012）。2015年まではタイムだけでなく個人の代謝特性の評価として、血中乳酸濃

度も測定しており、最大値を評価していた。

　持久性能力の評価として、1500m走や12分間走も実施した。これは早朝のラントレーニングも兼ね、コーチがストップウォッチでタイムを計測した。

　筋力測定として、リオデジャネイロ2016オリンピック競技大会までは握力と背筋力が行われてきた。レスリング選手は、握力が特異的に発達していることが明らかになっており（Gerodimos et al., 2013）、背筋力も男子メダリストやオリンピアンがナショナルチーム選手より高値であった（荒川ら，2015、荒川ら，2018）ことから、競技特異的に発達する筋群の評価として妥当である。2015年頃からはストレングス＆コンディショニング専門職によるレジスタンストレーニング指導の機会が増え、強化指定選手のレジスタンストレーニングの経験も増えてきたことから、背筋力や握力に変え、最大挙上重量の測定を実施した。スクワット、ベンチプレス、加重チンニング、片手ダンベルスナッチが主な項目であり、トレーニング系の資格を有する者がフォームの安全性や成否を判断しながら実施した（Yamashita et al., 2020）。さらに2020年頃からはバーベルの挙上速度を測定するようになった。これはトレーニング中に測定できること、筋パワー系のトレーニングの比重が大きくなってきたためである。

　その他にも多数の項目が検討され、実施されたが、強化指針や結果の活用度合いによって精査され、実施されなくなった項目もある。

（3）結果のフィードバック

　測定結果のフィードバックは、合宿中に実施する。選手は強化合宿以外では各自の所属先でトレーニングを行うため、強化合宿中に練習の課題だけでなく、フィットネスサポートで見つかった身体的・体力的課題を理解してもらう機会にもなる。

　フィードバック帳票には、今回値、過去値の他、各階級の歴代トップの値を入れる。格闘技系選手は競争的な気質が高く、特にレスリング選手は世界一への追求心が高いため、トップ値を記すことにより、モチベーションを高めることを促す。別冊で階級別のトップ3等の値を記した参考

3．［事例］レスリングにおけるサポートの取り組み　71

資料を作成し、配布することもある。なお、こうした参照値や過去値は各測定場に掲示し、測定前に意識するように促す。

6. JWF医科学委員会、JISSによる減量に関する研究

　レスリングは体重階級制競技であり、相手よりも少しでも優位に立つために、急激な減量およびその後のリカバリー戦略がとられてきた。しかし過度な減量による健康被害も多く、1998年にアメリカで大学生選手3名が過度な減量で死亡したことから、減量研究およびガイドラインの作成が広く行われてきた。国内ではJWF医科学委員が主導で、2002年頃よりアンケート形式での減量の実態調査をしてきた（久木留ら，2006）。ジュニアレスラーにおいても2003年の全国大会においてアンケートを実施し、6割以上の選手が減量中にコンディションを崩した経験があり、半数の選手が自己流で減量を行っていることも明らかになった（相澤ら，2005）。そこで2007年より『ジュニアレスラーのためのコンディショニングブック』を発行・配布した。それから3年後の2010年の大会時のアンケート調査では、配布前と比較して減量幅の減少、コンディション不良者の減少等を確認している（相澤ら，2013）。

　JISSでも2014年以降、全日本選手権などでのアンケート調査を実施し、減量の実態を把握してきた。2016年の全日本選手権出場者へのアンケート調査では、男子レスリング選手の6割以上が計量の1週間前に出場階級よりも体重が5％以上超過をしており、最軽量級（フリースタイル57kg級、グレコローマン59kg級、女子48kg級）の平均体重超過率はそれぞれ8.3％、7.6％、5.0％と、軽量級は特に過度な減量をしていることが明らかとなった（Nishimaki et al., 2020）。また、男子では約1割が10％以上超過していた。こうした急速減量を実施していた選手の約半数が、サウナやお風呂、サウナスーツを着る等の脱水による減量方法を選択していた。

　UWWによる新計量ルール（当日軽量）が適用

される2018年に先立ち、2017年12月の全日本選手権で当日計量が実施され、そこでも筆者らはアンケート調査を実施した（Kondo et al., 2021）。1週間前の体重超過率は前日計量時よりは大幅に改善しており、1週間前に5％以上超過していた選手は男子で3割、女子では1割未満であった。また10％以上超過していた選手はいなかった。男子選手では1週間前の体重超過率と主観的な身体の動きに関連するスコアには有意な相関がみられ、超過率が低い選手は主観的なスコアが高かった。また、そうした傾向は超過率が4.9％未満の選手と4.9％以上の選手で顕著であった。こうした結果から、計量ルールの変更に伴い急速減量を行う選手が減少したことが明らかになった一方で、減量幅の大きな選手は試合当日の体調に悪影響が出ていることが明らかになった。

　以上のように、JWF内では医科学委員会とJISSが協働し、健康や安全に配慮した啓蒙活動を実施してきた。また、これらの結果を踏まえてフィットネスサポートの体組成計測時やフィードバック時に各個人の減量戦略を確認したり、栄養講習会で利用したりしてきた。

7. 蓄積されたデータの活用

　レスリングでは現場で実施されてきたトレーニングの効果や現場の考えを数値化し、一般化するとともにその知見を活用することによってサポートを充実させる好循環を生み出してきた。得られた知見は論文化という形だけでなく、医科学員の刊行物への情報共有もしている。『ジュニアのためのレスリングブック』（編集・発行 日本レスリング協会）は100ページ以上の内容になっており、JISSの研究支援で得られた知見が多く盛り込まれている。JISSが行ってきた減量調査研究の結果も、全日本合宿時や試合会場で配布・掲示し、またJWFのレスリングサイエンスレターとして公表した[注2]。

　持続的な強化のために、JWFでは2013年度から2015年度にかけてタレント発掘・育成システム構築プロジェクトを推進し、男女のU-12、U-15、

カデット（U-17）、ジュニア（U-20）世代においても
シニアと同様の測定を行い、測定結果を教育プロ
グラム等に用いるなど、フィットネスサポートを
最大限に活用している。その他、教材としての動
画コンテンツの作成協力やレスリングブックへの
知見の提供も実施した。

　レスリングの医・科学支援は、フィットネスサ
ポートを中心として身体的資源に対する客観的な
視点を提供することによって、現場のコーチおよ
び選手が現状を把握し、練習やトレーニングに役
立てるために実施してきた。医・科学支援を15年
以上実施し、過去に医・科学支援を受けていた当
時の日本代表選手が現在強化委員としてナショナ
ルチームを指導していることも、フィットネスサ
ポートがスムーズに実施できた理由の一つであ
る。また、結果を研究としてまとめて強化現場に
還元したり、JWFのホームページに公開してレ
スリング競技者全般へ啓蒙活動を実施したりして
きた。今後も現場の課題を抽出し、その課題を解
決するための医・科学支援をより発展させたもの
にしたいと考えている。

（山下大地）

（注1）UWWでは、男子フリースタイルをFreestyle（FS）、男子
　　　　グレコローマンをGreco-Roman（GR）、女子フリースタイル
　　　　をWomen's Wrestling（WW）と表記している。
（注2）日本レスリング協会のHP内「ジュニアのためのレスリング
　　　　ブック（https://wrestlingbook.jp/）」に公開されている。

［文献］

・相澤勝治, 久木留毅, 青山晴子, 小松裕, 中嶋耕平, 増島篤. ジュニアレスラーにおけるスポーツ医科学情報を活用した減量時コンディションの改善効果. 日本臨床スポーツ医学会誌, 21(1): 211-220, 2013.

・相澤勝治, 久木留毅, 増島篤, 中嶋耕平, 坂本静男, 鳥羽泰光, 西牧謙吾, 細川完, 青山晴子, 大庭治雄. ジュニアレスリング選手における試合に向けた減量の実態. 日本臨床スポーツ医学会誌, 13(2): 214-219, 2005.

・Arakawa H, Yamashita D, Arimitsu T, Kawano T, Wada T, Shimizu S: Body Composition and Physical Fitness Profiles of Elite Female Japanese Wrestlers Aged 20 Years. Sports, 8(6): 81, 2020.

・Arakawa H, Yamashita D, Arimitsu T, Sakae K, Shimizu S: Anthropometric Characteristics of Elite Japanese Female Wrestlers. Int J Wrestl Sci, 5(1): 13-21, 2015.

・荒川裕志, 山下大地, 有光琢磨: レスリング競技における日本人男子オリンピック出場選手の体力水準. トレーニング科学, 29(4): 309-315, 2018.

・荒川裕志, 山下大地, 有光琢磨, 佐藤満, 和田貴広, 嘉戸洋, 松本慎吾, 久木留毅. 男子エリートレスリング選手の体力水準. バイオメカニクス研究, 19(2): 69-78, 2015.

・Chino K, Saito Y, Matsumoto S, Ikeda T, Yanagawa Y. Investigation of Exercise Intensity During a Freestyle Wrestling Match. Journal of Sports Medicine and Physical Fitness, 55(4): 290-296, 2015.

・Chino K, Saito Y, Matsumoto S, Yanagawa Y, Ikeda T, Kukidome T, Fukashiro S, Sato M. A 300-M Intermittent Running Test to Evaluate Whole Body Endurance in Wrestlers. Int J Wrestl Sci, 2(2): 25-35, 2012.

・Fujiyama K, Yamashita D, Nishiguchi S, Ito M. Technical-Tactical Analysis of Men's Wrestling: A Case Study of the 72nd National Athletic Meet of 2017 in Japan. Int J Wrestl Sci, 9(1): 1-6, 2019.

・Gerodimos V, Karatrantou K, Dipla K, Zafeiridis A, Tsiakaras N, Sotiriadis S. Age-Related Differences in Peak Handgrip Strength between Wrestlers and Nonathletes During the Developmental Years. J Strength Cond Res, 27(3): 616-623, 2013.

・Kondo E, Nishimaki M, Yamashita D, Nakajima K. The Link between the Range of Rapid Weight Loss and Physical Conditions of Elite Wrestlers During Competition under the Morning Weigh-in Rule. J Sports Med Phys Fitness, 61(1): 117-123, 2021.

・Kubo J, Ohta A, Takahashi H, Kukidome T, Funato K. The Development of Trunk Muscles in Male Wrestlers Assessed by Magnetic Resonance Imaging. J Strength Cond Res, 21(4): 1251-1254, 2007.

・久保潤二郎, 中嶋佳子, 大石益代, 嘉戸洋, 久木留毅, 佐藤満. 男子レスリングにおけるトップシニア及びジュニア選手の腹直筋筋厚と腹筋テストの比較. トレーニング科学, 18(3): 251-256, 2006.

・久木留毅, 相澤勝治, 中嶋耕平, 増島篤. 全日本レスリング選手権大会出場選手における減量の実態. 日本臨床スポーツ医学会誌, 14(3): 325-332, 2006.

・Nishimaki M, Kondo E, Teo C, Nakajima K, Yamashita D. Prevalence, Methods of Rapid Weight Loss Amongst Elite Japanese Wrestlers: A Questionnaire-Based Study of the 2016 Japanese Wrestling Championship. J High Perform Sport, in press, 2020.

・設楽佳世, 袴田智子, 大西貴弘, 池田達昭. 身体組成の評価方法間にみられる身体密度および体脂肪率の差の検討. 体力科学, 66(5): 369-382, 2017.

・Tünnemann H. Scoring Analysis of the 2015 World Wrestling Championships. Int J Wrestl Sci, 6(1): 39-52, 2016.

・Tünnemann Hand Curby DG. Scoring Analysis of the Wrestling from the 2016 Rio Olympic Games. Int J Wrestl Sci, 6(2): 90-116, 2016.

・Yamashita D, Arakawa H, Arimitsu T, Wada T, Yumoto K, Fujiyama K, Nagami T, Shimizu S. Physiological Profiles of International-and Collegiate-Level Japanese Male Freestyle Wrestlers in the Lightweight Classes. Int J Wrestl Sci, 7(1-2): 21-25, 2017.

・山下大地, 西牧未央, 西口茂樹, 和田貴広, 荒川裕志. レスリングの医・科学サポート. 体育の科学, 68(2): 101-105, 2018.

4．［事例］バドミントンにおける
　　サポートの取り組み

日本バドミントン協会は、強化の主体となるナショナルチームが医・科学サポートの利活用に積極的であるだけでなく、スポーツ医・科学、情報に関する科学的サポートを適切に実施している医・科学スタッフがいる。このような背景から、JISSでは2001年の開所以来、バドミントンナショナルチームに対し、主に有酸素性能力と無酸素性能力の向上のための医・科学サポートを継続的に提供してきた。バドミントンのパフォーマンス構造モデルを考えるとき、試合に勝つためには、「自チームが1点をとる」ことと「相手チームに1点を与えない」ことを積み重ねる必要がある。「1点をとる」「1点を与えない」という要素は、「相手コートにシャトルを落とす」ことと「自コートにシャトルを落とさない」こととという要素で説明できる。筆者らは、バドミントンのパフォーマンス構造分析において、これらの要素をさらに「オープンスペースを作る」「シャトルスピードの緩急」「身体の適切な位置取り」「身体の移動能力」という要素に細分化してモデル化した。このうち「身体の適切な位置取り」「身体の移動能力」は自身の身体重心の移動に関連した要素である。これらのことから筆者らは、バドミントン選手にとって、身体を移動させる能力を向上させることが、試合を優位に進めることができる可能性が高まると考えている。

ここでは、JISSにおけるバドミントンでの医・科学サポートの中で、特に身体を移動させる能力の向上に関する支援について説明するとともに、現在実施している総合型サポートについて述べる。

1．身体組成の目標値

バドミントンには、平均的に10秒以内の高強度運動（ラリー）を20秒程度の休息を挟みながら繰り返す（飯塚ら，2017；Gawin et al., 2015）という特徴がある。したがって、バドミントン選手にとって、短時間に爆発的な運動をするための無酸素性能力の維持・向上は重要である。最大無酸素パワーは、除脂肪量と高い相関関係にあることが先行研究において示されている（Zera et al., 2022；熊川，2021）ことから、JISSにおける支援においてバドミントン選手の除脂肪量増加を目的としたウエイトトレーニングを行っている。そのトレーニング効果をモニタリングするため、JISSでは空気置換法（BODPOD, COSMED, イタリア）を用いて日本代表選手の除脂肪量を定期的に測定する支援を実施した。また、フィードバックの際には除脂肪量の目標を数値として示し、各選手が自身の除脂肪量の不足分を認識できるよう工夫している。

国際大会で活躍する一流バドミントン選手にとって必要な除脂肪量（筋量）の目標値の設定を考えるとき、例えば、世界ランキングトップ10の選手の除脂肪量を測定し、その値を参考にするといった方法が考えられる。しかしながら、これは現実的には実施が困難である。そこで、筆者らは2015年当時、主要国際大会で入賞した日本人選手に加え、日本代表コーチがバドミントンのプレーに必要な除脂肪量を備えていると判断した日本代表選手の除脂肪量を参考に目標値を設定した。JISS研究員が日本代表コーチとディスカッションし、プレースタイルやスキル等は考慮せず、「俊敏で力強い動きができる選手」を挙げてもらうこととした。体格によって必要となる除脂肪量は異

なるため、先行研究（Hattori et al., 1997）を参考にして除脂肪量を身長の二乗で除した値（Lean Body Mass Index：LBMI）を各選手の目標値とした（安藤，2020；飯塚ら，2019）。

一方、JISSが実施してきた体力測定の結果から、バドミントンに必要な体力は性別や種目（シングルス、ダブルス）、プレースタイル（前衛、後衛）によって異なると考えられる。表3-3に日本代表選手を対象に実施した体力測定の結果を示した。すべての体力要素について、男女間に差が見られる。また、特徴的な点として男女共に、シングルスの選手はダブルスの選手に比べて有酸素性能力が高い傾向にあることが挙げられる。一方、ダブルスの後衛タイプの選手は、シングルスやダブルスの前衛タイプの選手に比べて最大無酸素パワーが高い傾向にある。また、男子において、ダブルスの前衛タイプの選手は、シングルスやダブルスの後衛タイプの選手に比べてリバウンドジャンプのパフォーマンスが高い傾向にある。これらのことから、国際大会に出場するような競技レベルの高い選手においては、性別や種目、プレースタイルに応じて必要な体力要素が異なるため、LBMIの目標値には個別性が求められる。本支援では、無酸素性能力の維持・向上を目的としているため、最大無酸素パワーの値を参考にして、LBMIの目標値を性差、種目、プレースタイルをもとに6つに分割して設定した（表3-4）。これらの目標値を参考にし、日本代表選手の身体組成を半年に1回の頻度で測定した（個別に増量・減量の課題を持っている選手については、それ以上の頻度で測定した）（Chino et al., 2019）。

新型コロナウイルス感染症拡大によるトレーニング中断が始まる前の2020年2月に、JISSにおいて日本代表選手の身体組成を測定しており、当時、全種目において日本代表選手が世界ランキング上位に位置していた。そこで、2020年の測定値を基にLBMIの目標値を再検討し、目標値を更新した（表3-5）。

このように、日本代表選手に対しては、それぞれの状況に応じた個別の目標値設定とモニタリングが実施可能となった。一方、バドミントンの国際競技力向上を考えるとき、次世代の選手の育成

表3-3　バドミントン日本代表選手の体力テストの平均値±標準偏差

	男子			女子		
	シングルス	ダブルス		シングルス	ダブルス	
		前衛	後衛		前衛	後衛
最大無酸素パワー（W）	1070±97	1087±151	1120±234	758±54	795±87	809±13
リバウンドジャンプ指数（m/s）	1.85±0.14	2.57±0.53	1.89±0.25	1.92±0.29	1.86±0.64	1.93±0.19
乳酸カーブテスト走速度@2mM（km/h）	14.0±0.8	12.7±1.6	11.3±0.8	10.6±1.6	11.2±2.0	9.7±4.3
乳酸カーブテスト走速度@4mM（km/h）	16.4±0.8	15.3±1.3	14.1±0.9	13.0±1.4	13.6±1.3	11.3±5.6

表3-4　2015～2021年に運用されたバドミントン選手が国際大会で活躍するために必要な Lean Body Mass Index（LBMI）の目標値

	男子			女子		
	シングルス	ダブルス		シングルス	ダブルス	
		前衛	後衛		前衛	後衛
LBMI	20.5	21.0	22.0	18.5	18.5	19.5

測定方法：空気置換法（BODPOD）

表3-5　2021年から新たに運用されているバドミントン選手が国際大会で活躍するために必要な Lean Body Mass Index（LBMI）の目標値

	男子			女子		
	シングルス	ダブルス		シングルス	ダブルス	
		前衛	後衛		前衛	後衛
LBMI	20.5	20.0	21.0	18.5	18.0	18.5

測定方法：空気置換法（BODPOD）

表3-6　InBody 等生体インピーダンス法により身体組成を測定する際のバドミントン選手が国際大会で活躍するために必要な Lean Body Mass Index（LBMI）の目標値

	男子			女子		
	シングルス	ダブルス		シングルス	ダブルス	
		前衛	後衛		前衛	後衛
LBMI	20.5	20.0	21.0	18.0	18.0	18.0

のため、トップ選手で行っている支援を若年世代へと普及させることが重要である。しかしながら、LBMIの目標値を国内に波及させるためには課題があった。本支援で用いている測定機器は空気置換法によるものであるが、代表選手ではない実業団や大学、高校に所属する選手の多くは、一般的に普及している生体インピーダンス法による測定機器を利用することが多い。測定原理の違いは算出される身体組成の値に影響を及ぼす（Smale et al., 2016）ため、本支援で設定した目標

値をそのまま次世代の選手に活用することができなかった。そこで、先述の2020年2月に空気置換法による測定に合わせて生体インピーダンス法（In Body, 株式会社インボディ・ジャパン，日本）による測定も行った。この測定により得られた平均値に基づいて、生体インピーダンス法による測定におけるLBMIの目標値を設定した（表3-6）。この取り組みは、若年世代のコーチや高校の指導者等から好意的に受け入れられた。

2．競技特異的な有酸素性能力テスト

　バドミントンの試合を通して身体の移動能力を維持する体力要素として、有酸素性能力の維持・向上も重要である。シングルスに限れば、1試合に必要な総エネルギー量のうち90％は有酸素性エネルギー供給によるものであると推定する研究がある（Fu et al., 2021）。JISSでも、10年以上にわたり実施してきたバドミントン日本代表選手の体力測定において、ランニングでの乳酸カーブテストにより有酸素性能力を評価してきた。この有酸素性能力の測定において、代表選手A（Elite）と代表選手B（Sub Elite）の間に統計学的に有意な差がないことが明らかになった。同様の結果がマレーシアのElite選手とSub Elite選手を比較した先行研究においても示されている（Ooi et al., 2009）。Withersら（1981）は、自転車エルゴメータおよびトレッドミルにおいて、長距離種目を専門とする自転車競技選手と陸上競技選手の無酸素性作業閾値（AT）を測定した。その結果、自転車エルゴメータにおける測定では自転車競技選手が陸上競技選手より高いATを示したが、トレッドミルにおける測定では陸上競技選手が自転車選手より高いATを示した。これらの結果から、よく鍛錬されたアスリートでは、専門種目に近い動作の時により高い有酸素性能力を発揮することができると考えられる。バドミントンの動作特性として、試合中の全ステップのうちランジステップが15～25％を占め（Abdullahi and Coetzee, 2017; Kuntze et al., 2010）、多くの場合、ランジの踏み出す脚はラケットを把持する側であるという左右非対称性

がある。このような動作特性によって、バドミントン選手の大臀筋はラケットを把持する側において肥大が顕著であることが報告されている（村松ら，2010）。一般的な体力測定で行われるようなトレッドミルにおけるランニングや自転車エルゴメータにおけるペダリング運動は、左右対称かつサイクリックな運動であり、バドミントン競技特異的な動作とは大きく異なる。このことが先行研究（Ooi et al., 2009）およびJISSにおける体力測定において、競技レベルと有酸素性能力との間に有意差が見られなかった要因であると考えた。そこで、バドミントンコート上で行うバドミントン競技特異的な動作による有酸素性能力テストの開発に着手した。先行研究を調査したところ、同様の視点でオンコートのバドミントン競技特異的テストを作成した研究がいくつか確認された。Madsenら（2016）の研究では、バドミントン競技特異的テストにより評価された有酸素性能力とデンマーク国内ランキングに有意な相関関係が見られたが、Yo-Yoテストとランキングには有意な相関関係が見られなかった。また、Chinら（1995）の研究においても、バドミントン競技特異的テストにより評価された有酸素性能力と競技レベルの間に有意な相関関係が見られた。これらのことから、バドミントン競技特異的な動作を取り入れたテストは、バドミントン選手の有酸素性能力をより正確に評価しうると考えられる。一方、これらの先行研究による有酸素性能力テストはオールアウトプロトコルであった。スキルトレーニングやストレングストレーニング、国内外の大会への出場、身体のケア等に多くの時間が割かれる日本代表選手に対して同様のテストを実施することは現実的ではない。実際、NFが実施している代表合宿集合時のYo-Yoテストによるコンディション評価もオールアウトまで実施せず、最大下強度での心拍数に基づいて評価している（飯塚ら，2019）。そこで筆者らは、最大下の運動強度によるバドミントン競技特異的テストにおいて、血中乳酸濃度や心拍数などの生理学的測定を行い、バドミントン選手の有酸素性能力を評価する試みを実施した。

　実験設定はMadsenら（2016）の先行研究を参考

にし、シングルスコートの四隅に光電管を配置して、相手コートのネット際に配置された方向指示器にランダムに表示される方向に従ってランジ動作で光電管へ素早く反応し、センサー部分にラケット側の手をかざすという運動様式を採用した（図3-9）。2回×4方向の運動を20秒間の休息を挟みながら6セット実施、これを1ステージとして75秒間の休息を挟みながら3ステージ実施した。光電管に手をかざしてから次の指示が出るまでの時間は、1ステージでは1.2秒、2ステージでは1.0秒、3ステージでは0.8秒とした。これらの時間はシングルスの平均的なラリーテンポを参考にした（Abdullahi and Coetzee, 2017；Laffaye et al., 2015）。ステージ間の休息の際に、指尖から血中乳酸濃度を測定した。テスト中には心拍数を継続的に記録した。被験者は、大学体育会バドミントン部に所属する選手で、とある年の全日本学生バドミントン選手権大会の女子団体戦上位入賞メンバー5名（熟練群）と同大会に出場できなかった女子選手5名（非熟練群）であった。

図3-10に各ステージ直後に測定した血中乳酸濃度を示した。サンプルサイズが小さいため、ノンパラメトリック検定を行ったところ、群間に有意な差は見られなかったが、効果量は中または大を示しており、熟練群の血中乳酸濃度が低い傾向にあった。センサーへの到達時間が熟練群のほうが短い（動作が俊敏である）傾向にある（図3-11）ことを踏まえると、熟練群の有酸素性能力の高さがより強く示唆されていると考えられる。一方、各ステージにおける心拍数は群間に有意な差が見られず、効果量は小であった。本研究では、比較テストとして同一被験者において、別日にトレッドミルにおけるランニングテスト（3分走行・1分休息で3ステージ）を実施しているが、血中乳酸濃度は群間に有意な差が見られず、効果量は小であった（図3-12、次頁）。したがって、トレッドミルでの走行と比較して、バドミントン競技に特化したオンコートテストを実施することにより、バドミントン選手に特異的な有酸素性能力を評価できることが示唆された。これには血中乳酸濃度を測定することにより、最大運動負荷を実施する必要性がないことも示唆された。

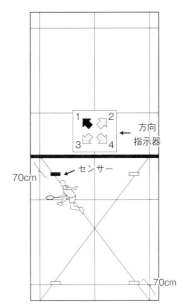

図3-9　バドミントンコート上における実験設定の模式図
※測定では、ラケットを把持していない。

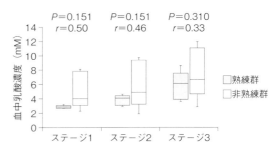

図3-10　バドミントン競技特異的テストにおける血中乳酸濃度
（Ando et al., 2024 を改変）
$0.10 \leq r < 0.30$：効果量小、$0.30 \leq r < 0.50$：効果量中、$0.50 \leq r$：効果量大

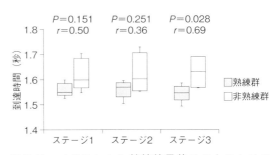

図3-11　バドミントン競技特異的テストにおけるセンサーへの到達時間
（Ando et al., 2024 を改変）
$0.10 \leq r < 0.30$：効果量小、$0.30 \leq r < 0.50$：効果量中、$0.50 \leq r$：効果量大

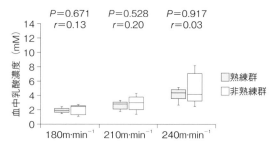

図 3-12 トレッドミルでの走行時の血中乳酸濃度
(Ando et al., 2024 を改変)
0.10≦r＜0.30：効果量小、0.30≦r＜0.50：効果量中、0.50≦r：効果量大

　以上の結果を受けて、本テストを日本代表選手の体力測定の測定項目として実装した。先述のようにスケジュールが過密な日本代表選手に対して用いるにあたり、NFから「テストにかかる時間を1/2〜1/3にできないか」という要望があった。バドミントンの試合のラリーテンポがおよそ1.0であること（Laffaye et al., 2015；Abdullahi and Coetzee, 2017）、第2ステージ（1.0秒）においても血中乳酸濃度の競技レベル差に傾向が見られている（図3-10）ことを踏まえて、日本代表選手においては第2ステージのみの実施とした。その結果、テストに要する時間は約5分となった。また、センサーへの到達時間と下肢の筋力の間に関連が見られていることから、本テストは有酸素性能力の評価に加えて、無酸素性能力（下肢筋力）も評価できることが明らかとなった。日本代表選手やコーチからは、速く動けるがそれが続かない選手は、センサーへの到達時間が短い代わりに血中乳酸濃度が高いことや、本テストの到達時間と練習・試合での俊敏性が一致しているなど、現場との感覚と測定結果がマッチしているといったポジティブな感想を得ることができた。現在に至るまで、この測定を定期的に実施しているが、新たな課題として、縦断的に有酸素性能力や無酸素性能力に変化が見られたときに、本テストにおける血中乳酸濃度やセンサー到達時間にも変化が見られるかということである。これらの検討が整理されれば、本テストは個々の選手のバドミントンに特化した有酸素性・無酸素性能力を短時間で、かつ縦断的に評価できるテストであることが期待できる。以上のように、科学論文を書く上での手順は、時にはハイパフォーマンスアスリートに実装するには困難な場合もあり（所要時間やプロトコルなど）、選手の実際に即したトレーニングやテストの開発という視点がアスリートの科学的支援には必要であろう。

3．管理栄養士、トレーニング指導員との連携

　先述の除脂肪量の維持・増加に関する支援では、除脂肪量を測定してそれをフィードバックするだけに留まらず、JISSのトレーニング指導員と管理栄養士と連携し、増量や減量に介入してきた。例えば、増量（除脂肪量の増加）に取り組む選手には、各スタッフからトレーニングメニューやモデル献立を提供してもらった。バドミントンでは、月に1回程度の代表合宿がNTCにおいて実施されており、合宿中はウエイトトレーニングと食事に対する支援を受けることができるが、所属先に戻ってからは両面において同じ環境が整っていない場合もある。NTCに滞在していない期間（所属チームや海外の転戦）は年間の約3/4に相当するため、この期間をいかに過ごすかが増量・減量の目標達成に繋がる。そこで、選手自身のトレーニング・栄養に関する理解を促すためのトレーニング講習会や栄養講習会を実施してきた。

　また、オンコートテストの到達時間は下肢の筋力との間に関連が見られていることから、到達時間が長い（動作が遅い）選手については、トレーニング指導員により下肢筋力向上のためのウエイトトレーニングを提供し、下肢筋力評価を定期的に実施している。一方、到達時間が短い（動きが速い）が、血中乳酸濃度が高い選手については、高強度インターバル系のトレーニングを紹介している。このようにバドミントンに対する支援において開発したバドミントン競技特異的テストを用いてバドミントン選手の体力を評価し、トレーニング指導員が選手の現状に合わせてトレーニングに個別性を持たせることにより、「自コートにシャトルを落とさない」ための体力強化の支援を行

っている。

　以上のように、バドミントンでは、運動生理学者やスポーツバイオメカニスト、トレーニング指導員、管理栄養士によるサポートを展開してきた。これらの支援の他、スポーツメンタルトレーニング指導士によるサポートも継続して実施している。このような体制でのサポートは、2022年度からJISSにおいて始まった総合型サポートの先駆けであると言えよう。現在では、上記に加え、映像技術によるバドミントン試合中のパフォーマンス評価も手掛けており、各エクスパートによる総合型サポートのモデルケースになると期待している。

（安藤良介・尾崎宏樹）

［参考文献］

・Abdullahi Y, Coetzee B. Notational singles match analysis of male badminton players who participated in the African Badminton Championships. Int J Perform Anal Sport 17 (1-2)：1-16. doi：10.1080/24748668.2017.1303955, 2017.
・Ando R, Hoshikawa Y, Iizuka T, Suita M, Kameda M, Nakashima H, Ozaki H. Difference in badminton-specific endurance evaluated by a newly developed on-court test between competitive levels: A pilot study of female players. Physiol Rep 12(10)：e16058. doi：10.14814/phy2.16058, 2024.
・Chin MK, Wong AC, So RC, Siu OT, Steininger K, Lo DT. Sport specific fitness testing of elite badminton players. Br J Sports Med 29(3)：153-157, 1995.
・Chino K, Inoue N, Iizuka T, Masuda K, Park JB. Comparison of anthropometric characteristics between elite singles and doubles badminton players. Gazz Med Ital 178 (10)：781-784. doi：10.23736/s0393-3660.18.03960-8, 2019.
・Fu Y, Liu Y, Chen X, Li Y, Li B, Wang X, Shu Y, Shang L. Comparison of Energy Contributions and Workloads in Male and Female Badminton Players During Games Versus Repetitive Practices. Front Physiol 12：640199. doi：10.3389/fphys.2021.640199, 2021.
・Gawin W, Beyer C, Seidler M. A competition analysis of the single and double disciplines in world-class badminton. Int J Perform Anal Sport 15：997-1006, 2015.

・Hattori K, Tatsumi N, Tanaka S. Assessment of body composition by using a new chart method. American Journal of Human Biology 9(5)：573-578, 1997.
・Kuntze G, Mansfield N, Sellers W. A biomechanical analysis of common lunge tasks in badminton. J Sports Sci 28(2)：183-191. doi：10.1080/02640410903428533, 2010.
・Laffaye G, Phomsoupha M, Dor F. Changes in the game characteristics of a badminton match: a longitudinal study through the Olympic Game finals analysis in men's singles. J Sports Sci Med 14(3): 584-590, 2015.
・Madsen CM, Højlyng M, Nybo L. Testing of badminton-specific endurance. J Strength Cond Res 30(9): 2582-2590, 2016.
・Ooi CH, Tan A, Ahmad A, Kwong KW, Sompong R, Ghazali KA, Liew SL, Chai WJ, Thompson MW. Physiological characteristics of elite and sub-elite badminton players. J Sports Sci 27 (14)：1591-1599. doi：10.1080/02640410903352907, 2009.
・Smale KB, McIntosh EI, Vallis LA. Comparison of Bioelectrical Impedance Analysis and Air Displacement Plethysmography in Community-Dwelling Older Adults. Journal of Applied Gerontology 35(5): 474-488. doi：10.1177/0733464813515088, 2016.
・Withers RT, Sherman WM, Miller JM, Costill DL. Specificity of the anaerobic threshold in endurance trained cyclists and runners. Eur J Appl Physiol Occup Physiol 47(1): 93-104, 1981.
・Zera JN, Nagle EF, Connell E, Curtin E, Marget W, Simonson AP, Nagai T, Abt J, Lephart S. Gender Differences and the Influence of Body Composition on Land and Pool-Based Assessments of Anaerobic Power and Capacity. International Journal of Environmental Research and Public Health 19(13). doi：10.3390/ijerph19137902, 2022.
・安藤良介. バドミントンの競技力向上のための科学的支援: 東京オリンピック以降も見据えて. 生体の科学 71(3): 221-225, 2020.
・熊川大介. スピードスケート選手の体力的特性と育成方策. NSCA JAPAN 28(1): 4-12, 2021.
・村松正隆, 星川佳広, 飯田朝美, 井伊希美, 中嶋由晴. 高校生スポーツ選手の大殿筋断面積の競技種目特性. 体育学研究 55: 193-201, 2010.
・飯塚太郎, 井上なぎさ, 千野謙太郎, 平野加奈子, 星川佳広. バドミントン日本代表チームの競技力向上に向けた医・科学データの活用. NSCA JAPAN 26(1): 4-12, 2019.
・飯塚太郎, 平野加奈子, 烏賀陽真末子. バドミントン「スーパーシリーズ」における試合時間の変化-北京及びリオデジャネイロオリンピック出場に向けたポイントレースの比較-. Sports Sci Elite Athlete Support 1: 21-29, 2017.

5．[事例] ノルディックコンバインドにおけるサポートの取り組み

　ノルディックコンバインドは、スキージャンプおよびクロスカントリースキーの2種目の競技を行い、これら2種目の合計得点を競う競技である。それぞれの種目をその所要時間から見てみると、スキージャンプ競技は助走、踏み切り、飛行、着地のすべての時間を合わせても約10秒以内という短い時間で完了する競技である一方、クロスカントリースキー競技は起伏を含んだ10kmのコースを約25分程度で滑走する。このような運動時間の違いを背景に、それぞれの種目で必要とされるパワー発揮は、ジャンプでは瞬発的なパワー、クロスカントリースキーでは持久的なパワーとされており（Sandbakkら，2016）、異なるエネルギー供給系のトレーニングが必要であることがわかる。このような体力的な要素に加え、スキージャンプとクロスカントリースキーではまったく異なる運動様式を有することから、必要とされる技術的要素が異なる。ワールドカップにおける競技成績をスキージャンプとクロスカントリースキーそれぞれの試合ごとのTスコア（偏差値）として求めると（谷中ら，2023）、総合成績上位のグループは両競技の偏差値が高いことが分かる（図3-13）。その一方で同程度の総合成績グループ内では、ジャンプあるいはクロスカントリースキーのどちらかが優位な選手も存在することが分かる。このような偏差値の観点から日本人選手の競技力

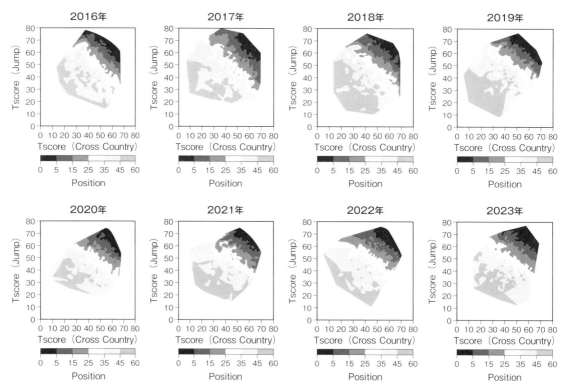

図3-13　ジャンプおよびクロスカントリースキーのTスコア（偏差値）の分布
試合の総合成績をカラー包絡線で着色している（JISS Scrapingアプリ使用）。

を見ると（図3-14）、ジャンプでは例年高い偏差値を示す選手が存在するが、クロスカントリースキーでは上位の成績を残せていないのが現状である（競技成績の偏差値はFISのウエブサイトからJISS Scrapingアプリによって抽出・計算した）。

競技日程に目を向けると、国際スキー連盟（FIS）が冬期に開催しているワールドカップでは、これらの2つの種目を1日のうちに行う方式（グンダーゼン方式）によって、週末の2日間を用いて2試合連続して実施されることが多い。12月初旬から翌年3月上旬までの3カ月程度の期間をほぼ毎週このようなサイクルでヨーロッパを中心とした競技会場を移動し続けるため、長期的な体調維持や試合期における短期的なリカバリーの観点から栄養戦略を検討することも重要である（石橋ら，2019）。

また、いずれの競技においても、スキー、ワックス、ジャンプスーツなどの用具の性能が成績に大きな影響を与えることが知られており（Chowdhuryら，2011）、選手の体力・技術のみならず用具の性能を追求することも重要なことがわかる。

ここではスキージャンプ競技とクロスカントリースキー競技について、それぞれの体力・技術に関わる支援の具体的な取り組みについて紹介する。

1．スキージャンプ

スキージャンプ競技は、その技術的な特徴から分類すると助走、踏み切り、飛行、着地の4局面として捉えることができる。以下ではJISSが実施してきた支援の内容として「助走」「踏み切り」

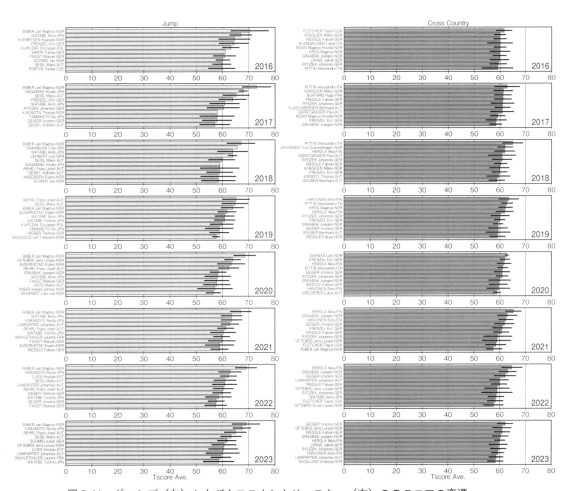

図3-14　ジャンプ（左）およびクロスカントリースキー（右）のTスコアの変遷
個人の冬季ワールドカップ成績の平均値を求め年度ごとに上位10名抽出した（JISS Scrapingアプリ使用）。

そして「飛行」の3局面についてそれぞれ実例を紹介する。いずれの局面においても移動速度が90km/h程度であることから、選手の運動を力学的に決定する要因は選手の身体的な出力のみならず、外力として作用する空気力学的な影響が非常に大きいことに配慮することが必要である（山辺と渡部，2008）。

(1) 助走局面

助走局面の主たる課題は、助走速度を最大化することである。そのためには加速要因である身体質量を増大させる、あるいは減速要因である空気抵抗を減少させることが必要であると考えられる。実際の選手に作用する空気抵抗を知るために風洞を用いた測定を行い、選手の体重を用いた助走速度シミュレーションを行った結果を図3-15に示す。右図に示した通り、体重別の回帰線を見ると体重が大きいほど速度を得やすいことがわかる。また、これらの回帰線の傾きは体重が小さいほど大きいことから、体重の小さい選手ほど空気抵抗（姿勢）の変化による影響を受けやすいことがわかる。これらの結果から、比較的体重の大きい選手は極端に低い助走姿勢をとらなくても助走速度を得やすいことから「高いポジション」の助走姿勢も選択肢の一つになり得るものと考える。その一方で体重の小さい選手は速度を得にくいことから空気抵抗の小さい助走姿勢を取ることが重要になることがわかる。さらに、助走のスタート時に上肢を用いてスタートゲートを押して初速を与えることはわずか（約0.5km/h）ではあるが、助走速度の増大を生み出すことが可能であることが指摘されている（山辺ら，2008）。

(2) 踏み切り局面

踏み切り局面は、その直前の助走局面におけるクローチング姿勢と呼ばれる深くしゃがみ込んだ姿勢からその後の身体を伸展させた飛行姿勢へと移行する局面である。その際に生じた身体重心の上昇速度が大きいほどジャンプ台を飛び出す際の速度ベクトルを上向き（同様に飛行曲線も上向き）にすることから、飛距離を増大させる要因となる。上昇速度の獲得には大きな力積を得ることが重要な課題となる。また、踏み切り動作は約90km/hの速度で滑走しながら、助走路の終端約7mの区間で完了するという時間的制約（約0.3秒）があることを考慮すると、大きなパワー発揮

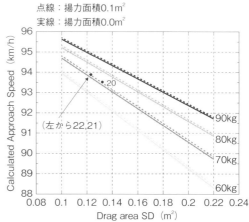

風洞実験で得られた抗力(SD)と揚力(SL)から算出された助走速度

風洞実験室で測定された揚力および抗力に加え、各選手の装備を含んだ重量（体重＋10kg）のデータを用いて助走速度のシミュレーション計算を行った。速度はジャンプ台の先端を通過する際の速度を示している。大倉山ラージヒルのプロファイルを用い、助走距離は90m(26番ゲート)とした。

横軸は空気抵抗の大きさを示しており、右に行くほど助走姿勢中に受ける抗力が大きいことを意味する。逆に左側に自分のデータ（○記号）があるほど良い助走姿勢と考えることができる。

姿勢に加えて、体重（総重量）が助走速度に及ぼす影響は非常に大きい。体重の軽い選手ほど助走姿勢には十分注意する必要がある。

図3-15　風洞実験(助走姿勢)のフィールドバック例
計測風景(左)と得られた抗力面積から助走速度を推定した資料(右)

も必要であることが分かる。日本国内には助走路の終端に長さ10mの床反力計が埋設されたジャンプ台が存在する（NTC競技別強化拠点：白馬村ジャンプ競技場）。JISSではこの施設を利用して踏み切り動作の床反力を計測し、力学的な解析を行ってきた。以下にその例を紹介する。

図3-16は左下から床反力の波形、左上が得られた床反力を積分して求めた上昇速度および上昇速度と床反力との積で求めたパワーの一例を示す。このようにして床反力から得られた指標（床反力および上昇速度の最大値）を選手ごとにプロットすると右のような散布図が得られる（床反力は選手の重量で除した相対値を示す）。この図から、発揮した床反力の最大値が大きいほど大きな上昇速度を獲得していることがわかる。その一方で、同等の床反力であっても上昇速度に差がある選手や、同程度の上昇速度であっても床反力の大きさに差がある選手が見られる。対象を優れたジャンプ選手に限定してもこのような多様な床反力発揮様式によって同程度の上昇速度が獲得できることが指摘されている（山辺と渡部，2002）。このような資料と選手の脚伸展能力の特性とを考慮した上で、選手個々の踏み切り動作の指導が可能となる。

（3）飛行局面

飛行局面においては、飛行経路を鉛直面内と定義した場合、飛行中の選手に働く力は重力(mg)と、空気から受ける揚力(L)、抗力(D)およびピッチングモーメント(M)のみである（図3-17、次頁）。空気力は飛行姿勢によって決定されることを考慮すると、飛距離を最大化するためには、これらの空気力を最適化すべく姿勢制御を行うことが要求される。航空力学では揚力と抗力の比を揚抗比(L/D)と呼び、L/Dが大きいほど同一高度から着地するまでの飛行距離が大きくなることから、L/Dは飛行性能の目安の一つとして利用されている。JISSでは風洞を用いた飛行姿勢のトレーニング環境を構築し、選手が風洞内で空気力をリアルタイムでフィードバックを受けつつ、L/Dを含めた空気力を最適化するトレーニングを行っている（図3-18、次頁）。実際のジャンプ競技場におけるトレーニングでは飛行の滞空時間はせいぜい3～5秒程度であり、多くても1日あたり10本程度しかジャンプを飛ぶことができないことを考慮すると、1日のトレーニングで得られる滞空時間は1分弱と短い。一方で、風洞を用いたトレーニングではおよそ10分程度の連続したトレーニングを1日あたり2～3回実施することで、滞空時間としては1200秒～1800秒（5秒換算で240本～360本の

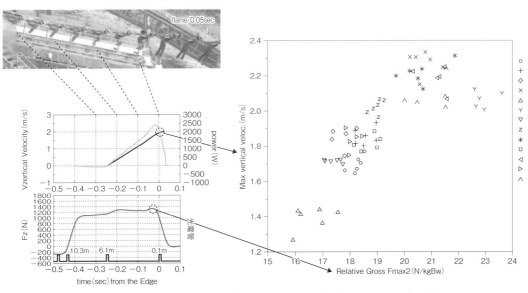

図3-16　NTC白馬村ジャンプ競技場における踏み切り局面の反力分析

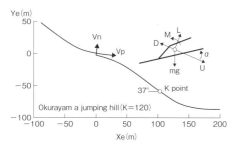

図 3-17 ジャンプ飛行局面における力学要因
Vn と Vp はそれぞれ助走路を飛び出したときの鉛直および進行方向速度を示す。
飛行軌跡が Xe-Ye 平面上に限定した場合、速度(U)で飛行する選手に作用する力は重力(mg)、空気抵抗(D)および揚力(L)であり、これらの作用によって飛行軌跡が決定する。
また重心周りの回転モーメント(M)は選手の姿勢を変化させることで空気力に影響を与える。

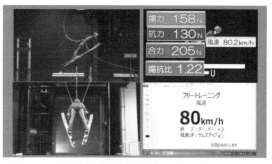

図 3-18 風洞実験(飛行姿勢)におけるリアルタイムフィードバック画面

図 3-19 飛行局面の初期を対象とした映像フィードバックの一例
300fps で撮影した映像を 1/15 秒間隔で表示している(JISS Strobo アプリ使用)。

ジャンプに相当)のトレーニングを実施できる点で効率の高いトレーニングを行うことができる。

また、ジャンプ台において飛行中の姿勢分析も行っている(図3-19)。高速度ビデオカメラによって撮影された映像をJISS Stroboアプリを用いて任意の間隔でストロボ映像(動画と静止画)を作成し、個人内あるいは個人間での比較を容易にしている。

(山辺 芳)

[文献]
- Chowdhury Harun, Alam Firoz, Mainwaring David. Aerodynamic study of ski jumping suits. Procedia Engineering 13:376-381, 2011.
- Sandbakk Øyvind, Rasdal Vegard, Bråten Steinar, Moen Frode, Ettema Gertjan. How Do World-Class Nordic Combined Athletes Differ From Specialized Cross-Country Skiers and Ski Jumpers in Sport-Specific Capacity and Training Characteristics? International Journal of Sports Physiology and Performance 11(7): 899-906, 2016.
- 山辺芳, 渡部和彦. 一流スキージャンプ選手を対象としたスキージャンプ踏切局面における床反力発揮の特徴. バイオメカニクス研究 6(1): 2-14, 2022.
- 山辺芳, 渡部勲, 松尾彰文, 高松潤二, 平野裕一. スキージャンプ助走速度に関するシミュレーション研究-初速度の影響を中心に-. バイオメカニクス研究 12(3): 164-182, 2008.
- 山辺芳, 渡部勲. 空気力学から見たスキージャンプ. バイオメカニクス研究 12(4): 278-288, 2008.
- 石橋彩, 山辺芳, 谷中拓哉, 北村隆, 河野孝典, 石毛勇介, 髙橋英幸. スキー・コンバインドナショナルチーム選手のレースを想定した滑走運動が上腕三頭筋および大腿筋のグリコーゲン含有量に及ぼす影響. トレーニング科学 31(1): 53-60, 2019.
- 谷中拓哉, 河野孝典, 久保貴寛, 薄井良隆, 山本悠介, 三浦智和, 山辺芳, 石毛勇介. ノルディックコンバインド競技における総合成績を決定するスキージャンプ種目とクロスカントリースキー種目の国内外の試合における貢献度の違い. Journal of High Performance Sport 11: 68-78, 2023.

2．クロスカントリースキー

　クロスカントリースキー種目では先述した通り、起伏のある雪上のコースをスキー板とポールを駆使し、いかに早くフィニッシュできるかを競うものである。ノルディックコンバインド競技では、スケーティング走法というスキー板をV字に開いて滑走する方法が用いられており、選手はコースの斜度やレースの速度によって滑走方法を選択する（図3-20　Nillson et al., 2004；Losnegard, 2019）。多くの試合が10kmのコースを滑走するように設定されており、長い距離を滑走するための有酸素性能力および急な上り坂の登坂やフィニッシュ直前のスパートを遂行するための無酸素性能力といったエネルギー供給能力が非常に重要である（Losnegard, 2019）。そのため、JISSのフィットネスチェックでは、大型トレッドミルとローラースキーを用いた漸増負荷試験を定期的に実施し、各選手のエネルギー供給能力を評価し、トレーニングの指標をチームへとフィードバックしてきた。漸増負荷試験のプロトコルは、コンバインドチームからの提案で、クロスカントリースキー種目が強いフィンランドチームが実施しているものを2016年から採用した。具体的なプロトコルは傾斜が5.2％（約3度）に固定されたトレッドミルを、8.0 km/hから1.5 km/hごとに速度を漸増し、疲労困憊になるまで運動を継続するものであった。速度が遅いステージでは選手が滑走しやすい方法を選択させ、速度が12.5 km/hとなるステージ（第4ステージ）からV2スケーティングを行わせた。各ステージは3分間であり、ステージ間に1分間の休憩を設け、その際に指先から採血をし、血中乳酸濃度の測定を行った。この測定では、最大酸素摂取量やLT（Lactate Threshold: 2 mM）とOBLA（Onset Blood Lactate Accumulation: 4 mM）となる運動強度を評価していた。LTやOBLAの評価では、それぞれの血中乳酸濃度となる心拍数を算出し、それらの値をもとにトレーニング強度やそれらが占める割合をチームが選手に対して設定をしていた。LT以下をLIT（Low Intensity Training）、LTとOBLAの間をMIT（Middle Intensity Training）、OBLA以上をHIT（High Intensity Training）として設定し、それぞれのトレーニングの割合をLITが90％、MITが4.5％、HITが5.5％となるようにチームでは、持久系トレーニングを計画、実施していた。

（1）滑走効率の計測

　体力指標について着目すると、有酸素性能力を示す最大酸素摂取量は、海外の選手たち（70.1±3.1ml/kg/min：Sandbakk et al., 2016）と比較すると日本チームの選手たち（64.9～67.7ml/kg/min）は低い傾向にあり、これがクロスカントリースキー種目のパフォーマンスが低い要因の一つであった。しかしながら、日本チームでは国際大会にお

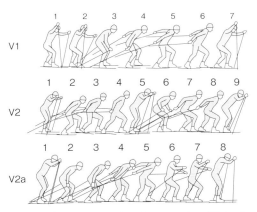 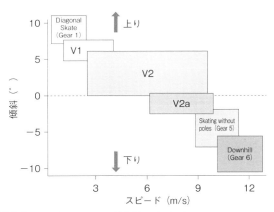

図3-20　左図はクロスカントリースキー種目で主に使用されるスケーティング方法である（Nillson et al., 2004から引用）。右図は斜度と速度それぞれにおいて使用されるスケーティング技術の分布を示しており、縦軸の0°よりも大きければ上りを、0°よりも小さければ下りを表す。V2スケーティングの使用領域が大きいことがわかる（Losnegard, 2019より引用および一部作図）。

いてクロスカントリースキー種目を上位で滑走できる選手(選手A)がいた。選手Aの有酸素性能力も他の日本人選手と同程度であり、海外選手よりも低い値であった。つまり、この選手は有酸素性能力が低くともクロスカントリースキー種目で上位に入っていることが漸増負荷試験の結果から明らかとなった。そのため、選手Aは有酸素性能力ではない要因が他の選手よりも優れていることが考えられ、パフォーマンスの差が生じる要因を有酸素性能力とは異なる視点から探ることとなった。有酸素性運動のパフォーマンスはエネルギー供給能力の高さも重要であるが、エネルギーを効率よく消費することも重要である（Ainegren et al., 2013）。そのため、漸増負荷試験中の滑走効率を算出することとした。漸増負荷試験中の各ステージにおける酸素摂取量や呼吸交換比、血中乳酸濃度から滑走効率を算出した（Tanji et al., 2017；Yanaka et al., 2024）。この指標は体重と移動距離に対するエネルギー消費量を示すもので、値が小さいほど滑走効率が良いことを示すものである。その結果、選手Aはほとんどのステージにおいて、他の選手よりもエネルギー消費量が少なく、滑走効率が良いことが示された（図3-21）。

（2）動作分析

滑走効率を決定する要因として、滑走フォームが挙げられる（Williams and Cavanagh, 1987）。JISSの大型トレッドミルが埋設されている部屋では9台の赤外線カメラが常設されているため、漸増負荷試験中のローラースキーとポールの運動を計測し、各選手のV2スケーティングを定量化する

こととした。各ステージ中盤の10サイクル分の動作を撮影し、サイクルタイム（ポールが接地し、次にポールが接地するまでの時間）やストライド、移動距離や進行方向に対する移動方向の角度を算出した。その結果、選手Aのサイクルタイムやストライドについては、他の選手と比較してサイクルタイムが長く、ストライドが長い傾向にあった（図3-22）。次に、ローラースキーの接地から次のポールが接地するまでの移動距離と進行方向に対する角度の関係について全体の傾向を見ると、速度が増すにつれて、移動距離が大きくなるとともに進行方向に対する角度が小さくなっていた。すなわち、すべての選手について速度が大きくなるにつれて、より直線的に滑走していることが示された（谷中，2022）。選手個々の特徴についてみると（図3-23、次頁）、選手Aを基準した場合、選手Cは選手Aと同程度の移動距離を獲得できているものの、進行方向に対する角度が大きいこと

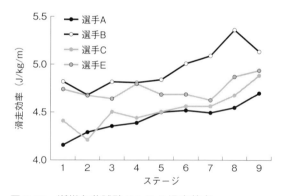

図3-21　漸増負荷試験における滑走効率
横軸はステージ数を表しており、ステージ数が大きくなるほど、トレッドミルの速度が大きい。

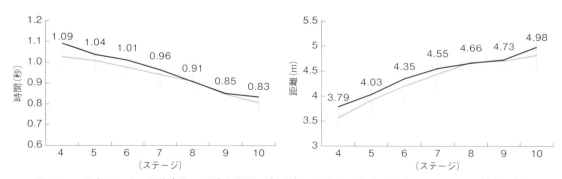

図3-22　日本チームの平均（グレー線）と選手A（実線）のサイクルタイム（左）とストライド（右）の変化
滑走方法が統一されていれる第4ステージからのデータである。

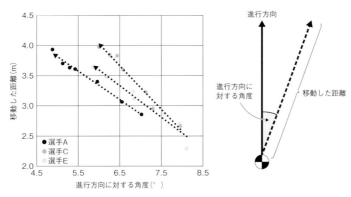

図3-23　ローラースキーが接地してからポールが接地するまでに移動した距離と進行方向に対する角度との関係（左右の平均値を採用）（谷中，2022から引用）
各プロットは第4ステージから10ステージまでの代表値を示し、矢印の先へ向かうほど速いステージであることを表している。

がわかる。進行方向に対する角度が大きいということは、横方向への移動距離が大きくなることを示すものである。選手Cは移動距離が長くとも横方向への移動が長くなっているので、選手Aと比較するとエネルギー消費量が大きくなる可能性がある。また、選手Eは進行方向に対する角度は選手Cよりも小さいものの、移動距離が小さい傾向にあった。これは選手Aと同程度の速度を維持するためにはピッチを高める必要があると考えられる。ピッチを高めるということは身体を高頻度で動かす必要があるため、選手Aと比較してエネルギー消費量が大きくなる可能性がある。この図に記載されている角度や距離は1サイクル分に平均したものであり、その差はわずかなものであると考えられるが、実際の10kmのレースでは選手はこのサイクルを高回数行うこととなる（Sakurai et al., 2016）。そのため、この1サイクル分の差は無視できない差になるものと推察される。選手C、Eとの比較から、選手Aは速度変化に応じて、横方向の移動が少なく、長い距離を進んでいることが示され、エネルギー消費量が少ない、すなわち滑走効率が良い滑走をしていることが示唆された。

（3）実践的なプログラム

漸増負荷試験では、斜度が一定で滑走方法も統一されていたため、エネルギー供給能力を評価する上では、V2スケーティングのみという限定的な評価であった。前述した通り、クロスカントリースキーでは斜度が様々なコースを様々な滑走方法を用いて、フィニッシュを目指す必要がある。そのため、大型トレッドミルの斜度や速度を変化させて、様々な滑走方法を用いて滑走させる実践的なプログラムを作成し、その際の血中乳酸濃度を測定し、エネルギー供給能力の比較を行った（谷中ら，2020）。ノルディックコンバインドの10kmのレースでは2.5kmのコースを4周するように設定されており、おおよそのレースが1周6分程度であった。そのため、6分間のプロトコルを作成し、それを4セット行うこととし、セットを重ねるごとに強度を高くなるようにした。セット間に血中乳酸濃度を測定し、運動強度に合わせてどのように変化するかを観察した（図3-24、次頁）。滑走方法は、斜度や速度に合わせて選手自身に選択させた。その結果、多くの選手が1セット目から4mMを超え、最終セットでは6mM以上になっていた。一方で、選手Aの血中乳酸濃度は1セット目で2mM程度であり、最終セットにおいても4mM程度であった（図3-25、次頁）。心拍数の変化を観察しても、選手Aが他の選手と比較して低く推移していることがわかる。この結果は、選手Aにとってはこのプログラム自体の運動強度が低かったことを示すものであり、エネルギー消費が少なく滑走できていたこととなる。選手Aは漸増負荷試験においてV2スケーティングの滑走効率が良かったことに加えて、実践的なプログラムで用いたV1やV2aでも他の選手と比較し

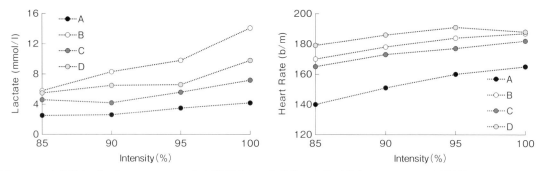

図 3-24 実践的なプログラムの内容（谷中，2022 から引用）
各セットにおける斜度は同じように変化するようにし，速度は 4 セット目のものを 100% とし，1 セット目が 85%，2 セット目が 90%，3 セット目が 95% となるように設定した。なお，トレッドミルでは下りを再現することができなかったので，「rest」として，速度を極端に落としたステージを設けた。

図 3-25 実践的なプロトコルにおける血中乳酸濃度と心拍数の変化（谷中ら，2020 から引用）

て滑走効率が良いことが示唆される結果であった。

これまでに測定されていた有酸素性能力と実際のパフォーマンスとの関連があまりみられなかったことから，滑走効率や動作といった別の要因に着目するようになった。これらのパラメータについてはV2スケーティングに関するものしか算出していないため，他の滑走方法についても滑走効率や動作を分析することで，パフォーマンス向上のための方策を提案できると考えている。これらについては今後の検討課題としていきたい。

（谷中拓哉）

[文献]

- Ainegren M, Carlsson P, Tinnsten M, Laaksonen MS. Skiing economy and efficiency in recreational and elite cross-country skiers. Journal of Strength and Conditioning Research, 27：1239-1252, 2013.
- Losnegard T. Energy system contribution during competitive cross-country skiing. European Journal of Applied Physiology, 119(8)：1675-1690, 2019.
- Nillson J, Tveit P, Eikrehagen O. Effects of speed on temporal patterns in classical style and freestyle cross-country skiing. Sport Biomechanics, 3(1)：85-107, 2004.
- Sandbakk Ø, Rasdal V, Bråten S, Moen F, Ettema G. How do world-class Nordic combined athletes differ from specialized cross-country skier and ski jumpers in sport-specific capacity and training characteristic? International journal of Sports Physiology and Performance, 11(7)：899-906, 2016.
- Sakurai Y, Fujita Z, Ishige Y. Automatic identification of subtechniques in skating-style roller skiing using inertial sensors. Sensors, 16：473, 2016.
- Tanji F, Shirai Y, Tsuji T, Shimizu W, Nabekura Y. Relationship between 1500m running performance and running economy during high intensity running well-trained distance runners. Journal of Physical Fitness and Sports Medicine, 6：41-48, 2017.
- 谷中拓哉，河田絹一郎，河野孝典，石毛勇介．ノルディックコンバインドワールドカップのクロスカントリースキー種目を対象としたレース分析と日本人トップ選手の体力的特徴〜2018-2019年シーズンを対象として〜．Journal of High performance Sports, 5：152-166, 2020.
- 谷中拓哉．ノルディックコンバインド競技における測定と評価〜クロスカントリースキー種目を対象として〜．ストレングス＆コンディショニングジャーナル，29(9)：14-18, 2022.
- Yanaka T, Nakamura M, Yamanobe K, Ishige Y. Changes in roller skiing economy among Nordic combined athletes leading up to the competition season. Frontiers in Sports and Active Living, 6：1320698, 2024.
- Williams KR, Cavanagh PR. Relationship between distance running mechanics, running economy, and performance. Journal of Applied Physiology, 63：1236-1245, 1987.

コラム13
ハイパフォーマンススポーツのための映像・ITアカデミー　DiTS

NFの映像・ITに関する情報収集や活用の促進および人材育成の一助となり、競技力向上に貢献することを目的として、コーチ・スタッフ・選手等を対象に、HPSCの映像・ITスタッフが支援現場において蓄積してきたその知識や活用技術を、ワークショップ形式で提供する「ハイパフォーマンススポーツのための映像・ITアカデミー－DiTS（Digital imaging Technology for Sports）」（以下、DiTS）を開講している。

〈受講者の知識・習熟度に合わせた開講講座〉

DiTSでは、受講者の知識・経験レベルやニーズに合わせて多様な講習を提供できるよう、講義内容のレベルを基礎（BASIC）と応用（ADVANCE）に大別し開講している。講義内容においても映像撮影から保存、編集、分析、フィードバックなど、実際の競技現場で必要とされる技術を体系的に習得することができる機会としてい

る。加えて、座学だけではく実技も多く取り入れられており、より実践的な体験の提供に取り組んでいる。

〈講座の発展とその評価〉

2021年度より現在の実施形態にて開講している本講座では、2023年度末までに延べ111名が受講している。年に複数回開講することで、希望者が受講しやすいタイミングを選択できるよう工夫されている。これは夏季・冬季競技のシーズンや、主要国際大会等のスケジュールで繁忙期が様々に異なる競技団体に対して、技術習得や人材育成を支援する上で重要な視点であると考えられる。受講者は開講を重ねるごとに増加傾向にあるとともに、BASIC受講者がADVANCEへの受講にステップアップし、より技術習得レベルを向上させる機会として活用されている。また、パラリンピック競技団体からの受講者も3割ほどあり、「他の競技団体の方と知り合えたこと、情報交換できたことは大変良かった」など、講義の場を通してオリパラ間の人材交流の機会としても有益だったとの感想も多かった。さらに、「新しい知識を得る場として非常に有意義であった。」「入門から専門的なことまで知ることができた。」「すぐに強化現場で活用したい。」「情報技術の進歩とともに変化していく分野で、定期的に学ぶ場があることはとてもありがたい。」などの評価が得られている。

表1　2023年度におけるDiTS開講例

Level.BASIC（2日間　各講義90分）
映像・IT技術の初学者・未経験者を対象とし、サポート実施に必要な基礎の習得を目指す
【講座】 ①映像サポート入門Ⅰ～準備から始まる映像サポート～ ②映像サポート入門Ⅱ～実技から学ぶ撮影テクニック～ ③映像サポート入門Ⅲ～映像データを活かすノウハウ～ ④動作分析～PCソフトを使った簡易動作分析～ ⑤ゲーム分析～スマホアプリを使った簡易ゲーム分析～ ⑥データ分析～量的データの解読＆競技現場への活用法～
Level.ADVANCE（各講義1日間）
映像・IT技術を用いたサポートの経験者を対象とし、より高度かつ応用的な実践技術の習得を目指す
【講座】 ①ゲーム分析講座～分析の計画からフィードバックまで～ ②スポーツ映像編集講座～編集基礎技術の習得～ ③モチベーションビデオ作成講座～編集技術の実践活用～
Level.プログラミングBASIC（毎週90分×5回）
プログラミングが初めての方に向けた初級講義。実際に手を動かしながらのプログラミングスキルを学ぶ
【講座】 ゼロから学ぶPythonプログラミング入門
Level.プログラミングADVANCE（2日間）
情報収集ツールとしてのウェブスクレイピングについて、実際にプログラミングしながら学ぶ
【講座】 実践で学ぶWebスクレイピング

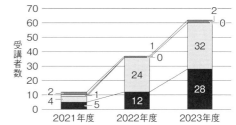

▲ DiTS受講者の年別推移

▲ DiTSの様子

〈今後の展望〉

近年はNFにおいての映像スタッフ配置は進んでいるものの、他の支援分野と比較するとまだ不足している。だからこそ、本講習会を通して人材育成を促進させ、より良い支援環境の構築に貢献していきたい。

（永尾雄一・三浦智和）

6. スポーツ科学系学部・大学におけるサポートの取り組み

1．日本体育大学における支援の実際

日本体育大学（以下、日体大）では、東京オリンピック・パラリンピック競技大会（東京2020大会）に向けた学内の選手強化の中心的役割を果たす重要な組織として2017年4月にアスレティックデパートメント（以下、AD）が発足した。これは、継続的な強化を図りトップアスリートを輩出し続けることにより、日体大スポーツの価値を高め、その魅力を広めることで大学スポーツの振興に寄与することを目指す基盤組織である。現在、2030年のADの将来像とそれを実現するための基本的な戦略とともに2022～2025年度の4年間に実施すべき具体的な施策を定めたADビジョン2030に基づき、様々な内部組織が稼働している。その取り組みを推進する内部組織が「ハイパフォーマンスセンター」「コーチングエクセレンスセンター」「スポーツ・トレーニングセンター」であり、3つのセンターが連携し包括的にアスリートの資質の涵養と競技力向上の支援を行っている（図3-26）。

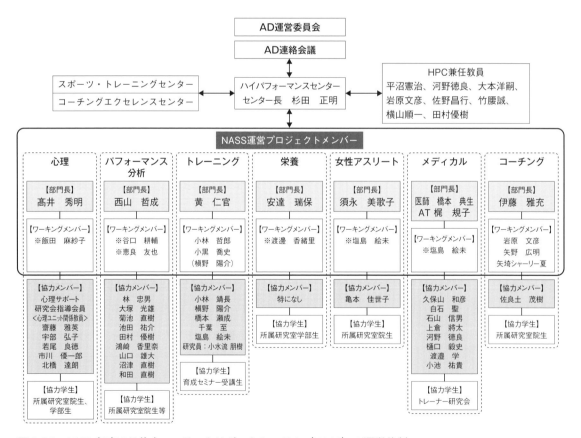

図3-26　2023年度の日体大アスリートサポートシステム（NASS）の運営体制

（1）日本体育大学ハイパフォーマンスセンターの役割

ハイパフォーマンスセンター（以下、HPC）では、その名の通りアスリートの競技力向上に特化する組織であり、東京2020大会での「本学学生及び卒業生を合わせた70名のオリンピアン・パラリンピアンの輩出」を達成するために2014年度より学内で試行されてきた日体大アスリートサポートシステム（Nittaidai Athlete Support System：NASS）が2017年度からHPCの主な機能として位置づくかたちで本格運用されている。HPCには、センター長以下5名の助教が在籍し、NASSのシステム構築とその運用、医・科学サポートの実施とハイパフォーマンスに関する教育・研究およびADとの連携事業を担っている。

（2）日体大アスリートサポートシステム

日体大アスリートサポートシステム（NASS）は、本学の全学生を対象に競技力向上を目的とした本学独自の学生アスリート支援システムである。医・科学サポート（6部門）とコーチングサポートの計7部門から構成されている。HPC、コーチングエクセレンスセンターおよびスポーツ・トレーニングセンターが連携し、またHPC兼任教員、各部門を構成する教員、助教、協力メンバーらによってNASSは運営され、各部門長を中心に幅広い知識を持つ専門家が学生アスリートの可能性を

広げるための支援を実施している（図3-26）。オール日体大体制による組織的な医・科学サポート活動は、HPCの中心事業であり、競技レベルに応じたサポートが展開されている。

NASSでは、全学生を対象に競技レベルに応じたランク（A〜F）を設け、ランク上位者から優先的に希望するサポートを受けることができる（表3-7）。これまで、オリ・パラ・国際プロジェクト（A〜D）、日体大生競技力向上プロジェクト（E〜F）を展開しており、オリ・パラ・国際プロジェクトにおいては本学卒業生もサポート対象としている。2022年度からAD重点強化種目プロジェクトとして、ADが選定した重点強化種目のクラブを対象に、オリ・パラ・国際プロジェクト（A・B）と同等の支援が提供されている。現在は陸上競技部駅伝ブロック（男子、女子）に包括的なサポートが展開されている（図3-27、次頁）。

NASS利用のための手続きとしては、翌年度のサポート申請を前年度12月〜1月末までにクラブ単位で行うこととなっている。申請されたサポートの決定プロセスは、「オリ・パラ・国際プロジェクト」を優先的に決定し、その後、「日体大生競技力向上プロジェクト」を検討する手順である。申請後に各部門長・助教によるクラブへのヒアリングで課題を抽出し、サポート内容などをコンサルテーションしながら検討し、クラブへの提案・調整を経て、3月末に決定通知書を送付する

表3-7　競技レベル（NASSランク A〜F）に応じた医科学サポート内容

サポート内容 NASSランク	パフォーマンス分析			トレーニング		メディカル	心理	栄養	女性アスリート
	フィットネスチェック	映像・情報技術		ストレングス	フィットネス	アスレティックトレーニング	個別サポート	個別サポート	個別サポート
		戦術分析	動作分析						
Ⓐオリンピック・パラリンピックレベル	○	○	○	○	○	○	○	○	○
Ⓑ国際レベル （世界選手権、ワールドカップ）	○	○	○	○	○	○	○	○	○
Ⓒ国内トップレベル	△	△	△	△	△	△	△	△	△
Ⓓ国内学生トップレベル	△	△	△	△	△	△	△	△	△

※○：サポート実施可　△：A、Bランクへのサポート実施件数によりサポート実施の可否や内容を検討

サポート内容 NASSランク	パフォーマンス分析			トレーニング	メディカル		心理		栄養	女性アスリート
	フィットネスチェック	機器貸出し	セミナー（育成含む）	セミナー（育成含む）	セミナー	学生トレーナー派遣	セミナー	カウンセリング	セミナー	セミナー
Ⓔ学友会クラブ参加レベル	○	○	○	○	○	○	○	○	○	○
Ⓕ一般学生	○	○	○	○	○	—	○	—	○	○

※○：サポート実施可

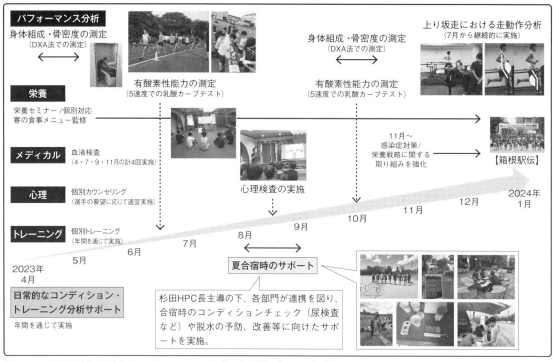

図 3-27 男子駅伝を対象とした NASS のサポート活動（2023 年度）

流れとなっている。オリ・パラ・国際プロジェクトではできる限りクラブ側のニーズを汲み取り、クラブのシーズンスケジュールに合わせて必要な時期に必要なサポートが展開できるよう細やかに対応している。

以下に具体的なNASSサポートの部門別の内容について紹介する。

〈心理〉

スポーツ心理学や臨床心理学の専門家が選手の特性や状況に合わせて心理サポートを提供している。カウンセリングでは、選手の特性や心理的な課題に焦点を当て、個別に心理的な指導・助言を行う。また、心拍数や脳波、血圧、唾液コルチゾールといった生理指標を測定して分析することにより、客観的なデータをもとに自己理解を深めることも実施している。また、チームに必要なメンタルトレーニングに関する基礎知識や心理技法を提供するセミナーを実施している。

〈パフォーマンス分析〉

アスリートの体力や技術、実際の競技における戦術等に関して評価・把握するために、定量化できる側面からの分析サポートを行う。フィットネスチェックの実施項目例としては、持久力測定（最大酸素摂取量、競技会・トレーニング中の心拍数・血中乳酸濃度、Yo-Yoテスト）、筋力測定（等速性筋力、垂直跳び、握力、背筋力）、身体組成測定（Inbody）、骨密度測定（DXA）など、要望に応じた項目を実施し、映像・情報技術では、試合などでのゲームパフォーマンス分析（試合分析）や動作分析データの提供を行っている。フィットネスチェックで使用する測定機器やゲームパフォーマンス分析（試合分析）ができる分析ソフト（ダートフィッシュ、スポーツコード）の貸出しも行っている。また、フィットネスチェックや映像・情報技術サポートに関する学内セミナーを開催し、科学的データの活用方法や分析ソフトの使用方法などを学べる機会を提供し、学生スタッフの養成にも力を入れている。

〈トレーニング〉

スポーツ・トレーニングセンターを中心にトレーニングに精通する研究室が連携し、競技種目の特性やクラブの強化目標に応じてパフォーマンス向上に必要な体力を養うためのトレーニングプログラムを提案、提供している。ストレングスコー

チを目指す学生に向けた学生指導スタッフ育成セミナーも開催している。

〈栄養〉

競技目標を達成するために自ら適切な栄養管理ができるよう、食事の状況だけではなく、身体組成など「アセスメント」により栄養状態を確認し、アセスメントの結果から目標を確認し、改善のための「計画」を立て、その計画を実践・継続できるよう実施状況を確認し、情報提供等の継続的なサポートを行っている。また、大学生アスリートに必要な栄養の基本的な情報や、競技種目の特徴を踏まえた栄養管理、試合期やトレーニング期といった期分けに応じた栄養管理など、各クラブの要望を踏まえたセミナーも実施している。

〈女子アスリート支援〉

女性特有の課題に対応したプログラム構築のための支援を行う。女性の生理的・心理的特性を考慮したコンディショニングやトレーニングプログラムを取り入れ、競技力向上を目指している。女性アスリートの三主徴に関するアセスメントや専門家による個別面談および女性アスリートが発症しやすい障害や疾患の予防、月経周期に応じたコンディショニングに関するセミナーも実施している。

〈メディカル〉

スポーツ医学、アスレティックトレーニングに関係する教員と、ADのスポーツ医・科学サポートスタッフ（トレーナー）、日体大クリニックとの連携・協力により、スポーツ外傷・障害の予防やリハビリテーションなどのアスレティックトレーニングサポートと血液検査などを行っている。学友会トレーナー研究会の協力の下、学生トレーナーを現場へ派遣し、テーピングやアイシングなど簡単なケアも担当している。競技力向上と外傷・障害予防を目的に、コンディションを調整するための基礎知識や方法に関するセミナーも行っている。

〈コーチング〉

コーチングエクセレンスセンターが中心となり、クラブの学生首脳陣や学生コーチ、または将来コーチを目指す学生を対象とし、サポート希望があったクラブが課題として挙げたチーム力向上に焦点をあてたコーチングスキルの開発支援を実施している。

（3）これまでの成果と今後の課題

これまでのNASSの利用状況を表3-8、表3-9に示した。NASSによる本格的なサポート活動が開始されてから5年以上が経過し、利用者数は年々増加傾向にあるが、サポートの件数は飽和状態にあるとも言える。日体大在学生および卒業生の東京2020大会の出場選手は69名（うち59名がオリンピック）、そのうちNASSを利用していた選手は36名（メダル獲得：金3、銀3、銅2）であった。NASSのサポートを受けている選手399名、指導者33名を対象に実施したアンケート調査（2021年度）によれば、選手、指導者ともに、NASSによるサポートは競技力向上に役立っている（約95％）と認識されており、今後もNASSのサポート継続をほぼ全員が望んでおり、サポート

表3-8　これまでの NASS サポートの実績

	NASSランク	2018年度	2019年度	2020年度	2021年度	2022年度	2023年度
オリ・パラ・国際 プロジェクト（人）	A	44	49	56	46	45	51
	B	40	36	28	44	28	32
	C	24	34	27	47	56	45
	D	30	26	28	48	55	59
	計	138	145	139	185	184	187
日体大生競技力向上 プロジェクト（団体）	E〜F	21	33	39	39	40	38

表3-9　2023 年度の NASS の利用実績（各部門）

オリ・パラ・国際プロジェクト	パフォーマンス分析	トレーニング	メディカル	心理	栄養	女性アスリート支援	コーチング
利用者数（人）　187	157	149	121	86	103	67	——

日体大生競技力向上プロジェクト	パフォーマンス分析	トレーニング	メディカル	心理	栄養	女性アスリート支援	コーチング
利用団体数　38	20	27	17	18	26	19	11

の頻度やスタッフを増やして欲しいとの要望（約35%）もみられた。NASSのサポートは、直接的な選手のパフォーマンス向上だけではなく、選手の分析力や考察力の向上（約67%）、選手間や選手とスタッフ間のコミュニケーション活性化にも繋がり（約42%）、チームづくりに貢献している効果も生み出していることも明らかとなった。東京2020大会で活躍できる本学学生の医科学サポートを目的として設置されたNASSは、学内で高い評価とニーズを得ており、東京2020大会以降も益々の発展が期待されている。しかしながら、サポートの質向上と頻度の増加、NASS活用のためのフォローアップの改善が課題であり、今後のより充実したNASSの活動を可能とするため、学内の近接する専門領域（ユニット）やJSC（JISS）との連携による協力体制を構築すること、学内研究員、大学院生などの人材（財）を育成・活用すること、各クラブで支援学生・スタッフを育成・配備し、支える人材の育成、体制構築を整えることに着手し始めているところである。本学学生がスポーツ医・科学のより手厚い支援を受けられる環境づくりに努めつつ、ハイパフォーマンススポーツを支える人材の育成にも尽力していく予定である。

(杉田正明)

[文献]
・日本体育大学アスレティックデパートメント. 日体大アスリートサポートシステム. 2017.
・日本体育大学. アスレティックデパートメント. 2022.
　https://www.nittai.ac.jp/about/approach/ad.html（参照日2023年12月23日）
・日本体育大学. 2017年度ハイパフォーマンスセンター報告書. 2018.
・日本体育大学. 2018年度ハイパフォーマンスセンター報告書. 2019.
・日本体育大学. 2019年度ハイパフォーマンスセンター報告書. 2020.
・日本体育大学. 2020年度ハイパフォーマンスセンター報告書. 2021.
・日本体育大学. 2021年度ハイパフォーマンスセンター報告書. 2022.
・日本体育大学. 2022年度ハイパフォーマンスセンター報告書. 2023.

２．大阪体育大学における支援の実際

（１）大阪体育大学スポーツ科学センターの概要

　大阪体育大学の附置施設である「スポーツ科学センター」（以下、本センター）は、2000年に前身である「体力トレーニングセンター」として設立された。その後、「トレーニング科学センター」に改称され、本学の競技クラブに対する支援を行ってきている。2016年には「スポーツ科学センター」に名称変更と改組を行い、専門スタッフの配置や支援体制の整備などを推進してきている。

　本センターの活動指針は、本学教員の専門的研究や知見を活用し、また最新の科学研究の成果などを参照しながら、常に科学的な支援を行うことである。また、活動指針の中でもう一つ特に重視しているのは、学生の主体性を育むことである。2021年には本センターの活動方針を委員会内で協議の上策定しているが、その一つに、支援事業を通じて「スポーツ科学の知見に基づいた競技力向上施策を自主的・主体的に行うことができる、『自立した学生』を育成することを目指します。」という一節がある。

　本学は46の競技クラブがあり、本センターはそれらに対する支援を行うのに十分な支援スタッフが揃っているとは言えない。後述するが、各部門に１～２名の専門職員が配置されているものの、例えば一つのクラブに対して合宿や試合などに帯同して継続的に支援するような体制を持続していくことは困難であると言える。そうしたことからも、本センターからの知識提供によって学生自身で課題を発見し、自ら必要な支援を考え、そのための支援要請を自発的にできる学生を育成していくことが本センターの目指す姿として策定されている。

（２）本センターの組織と人員および活動拠点

　本センターは「アスレティックトレーニング（以下、AT）」「ストレングス＆コンディショニング（以下、S&C）」「心理」「栄養」「測定評価」の５つの部門によって構成されている（図3-28）。

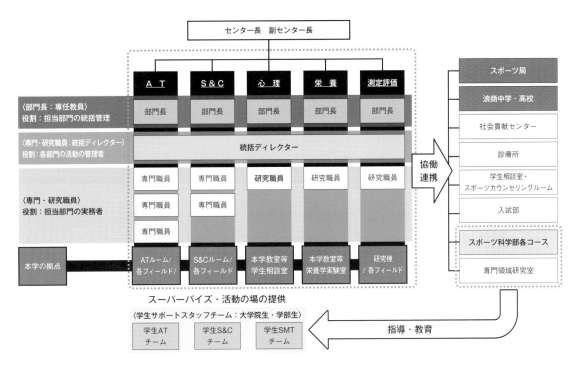

図 3-28　大阪体育大学スポーツ科学センターの組織図（令和 6 年度）

　各部門にはそれぞれの専門性をもつ本学専任教員が部門長として配置されており、部門全体の活動を統括している。

　各部門には専門職員あるいは研究職員が配置されており、これらの専門スタッフが実際に学生アスリートの支援や研究活動などを行う実践者となっている。各部門の専門スタッフは、それぞれの領域における競技者支援の資格保有を条件として採用しており、また部門によっては学術業績なども採用条件として設定している。特に「専任」の職員は"ディレクター"と呼称され、特に高い知識と経験を持つスタッフが支援を担当している。また、支援の要請が多いAT部門とS&C部門には、資格を保持しているスタッフを配置しており、十分とは言えないまでも、極力幅広く支援活動が展開できるような態勢を整えつつある。

　こうした組織を統括する執行部として、センター長・副センター長は専任教員が担い、さらに各部門のスタッフの勤怠を含めた活動全体を管理する統括ディレクターを配置している。

　本学には「ATルーム」と「S&Cルーム」（図3-29、次頁）が設置されており、両部門のサポートはそれらの施設が主な活動拠点となっている。両ルームは授業期間のみならず、長期休暇の期間も開館時間を設定して、チームあるいは個人として利用する学生の支援を行っている。心理部門では、本学の「学生相談室・スポーツカウンセリングルーム」との連携のもと、個別相談などの対応はカウンセリングルームを活動の場として利用している。栄養部門では、本学学生食堂などでの情報提供のほか、Webコンテンツなどを作成して学生が情報を得られるようなシステムを構築している。心理・栄養部門は講習会の依頼も多くあり、それらは本学の教室を利用している。測定評価部門では、専門スタッフの専門性を活用しながら、各専門領域研究室の専任教員とも協力するなどして、各クラブからの要望に合わせた測定の実施および研究活動を行っている。

（3）学内機関との連携と学生教育との接点

　また、図3-28に示されている通り、本センターは様々な学内機関や学生教育とも接点を持っている。図中右側に連携する機関が列記されているが、付属校や2018年に設置されたスポーツ

図 3-29　大阪体育大学　S&C ルーム

局などが代表的なものである。スポーツ局は本学の競技力向上のための様々な施策をつかさどる部局であり、本センターとは特に様々な事業で連携を行っている。専門領域研究室は、本センターのスタッフの資源のみならず、専任教員の研究室において行っている研究・実践活動と連携することで、各クラブからの要望に対応できるように、連携を進めている。また、入試部からの依頼に基づいて、例えば本学への進学実績のある高等学校などからの「出前授業」の要望に応えるために、専門スタッフを派遣するといった形で連携を行っている。

また、図中下部には学生組織が図示されている。各部門の学生スタッフは、部門の専門スタッフによるスーパーバイズ的な関与によって、その支援の質の担保をしつつ、本学の教育カリキュラムにおける教育課程としての、学部のコースや大学院、教員のゼミ活動などとも連携するシステムを構築しつつある。現在では図中右側にある「専門領域研究室」の活動とも関連づけていきながら、学生教育との接点を摸索している。2024年4月に新たにスタートした本学「スポーツ科学部」の新たな教育カリキュラムと関連させて、学生の学びと本センターの支援活動をより充実させていくことが求められている。

（4）本学におけるスポーツ科学支援のシステム

本センターにおけるスポーツ科学支援は、原則として大学が強化を指定した各強化クラブにおける支援の要望を前提としてスタートする。各クラブからの申請書の提出以降の流れは以下の通りである。

①科学支援申請書の提出

支援を希望するクラブから本センターに対して、希望する支援内容を記入した科学支援申請書を提出してもらう。申請においては常に年間の試合や合宿などを含めて強化計画を策定してもらい、その中で支援の必要性なども、申請者に想定した上で申請をしていただいている。

②センター内における申請内容の精査

支援を希望するクラブから提出された申請書の内容を当センターで精査して、各部門の支援申請件数やその内容について整理する。

③各クラブに対するサポート受託の連絡

内容の精査および要望の確認を経て、サポートの可否を判断し、申請をいただいた各クラブへ受託通知をする。

④ヒアリングによる要望の確認

　申請書を提出した各クラブに対して、各部門の担当者が各クラブの指導者（部長、監督、コーチ等）と実際のサポート実施に向けたヒアリングを行い、サポート計画を話し合う。ヒアリングによって支援の詳細な時期や内容、狙いなどの確認を行う。

　各部門の専門スタッフはヒアリングによって確認した申請内容をもとに、部門長と支援内容や時期について相談し、スタッフ配置などの計画を立てる。

⑤サポートの実施

　上記の手続きを経て立てられた計画に基づき、支援を実施する。支援は専門スタッフや、部門によっては先述の通り各専門領域の本学専任教員や大学院生・学生などの協力も得ながら支援を遂行している。

⑥中間および終了後の報告書の提出

　各支援事業においては、各支援対象クラブの担当者から、その事業の期間中に一度、そしてサポート終了後に再度、報告書を提出していただいている。

（5）DASH（Daitaidai Athlete Support & High Performance）プロジェクト

　本学に在籍する、あるいはOBも含めた、オリンピックなどの国際競技会に参加できるようなトップアスリートを対象とし、総合的なサポートを実施するプロジェクトとして、「DASHプロジェクト」を遂行している。DASHプロジェクトは、先述の申請ベースのスポーツ科学支援とは異なり、大学として上記のようなトップアスリートを選出して、積極的に支援を行うシステムとなっている。

　総合的な支援とは、「ハイパフォーマンスサポート」「キャリアサポート」「アカデミックサポート」「ライフスキルサポート」となっている。こうした総合的な支援を行うことで、国内外の合宿や競技会への参加などの多忙な活動を多方面から支える体制を構築しつつある。

　その中で本センターが関わるものとしては、「ハイパフォーマンスサポート」となる。DASH

選抜アスリートに指定されたアスリートからの要望に従い、各部門に対する支援依頼が本センターに上がってくる。本センターの専門スタッフはオフィスアワーを設定しており、DASHアスリートの対応は基本的にはその時間帯に対応することとなる。本学の中期計画やビジョンにおいては「競技力向上」は重要な施策として常に位置づけられており、本センターに大きな期待が寄せられている。

（6）本センターにおけるプロジェクト

　本センターでは上述のような実践的支援活動のみならず、プロジェクトとして研究活動も推進している。2021年から2023年にかけては、本学の「特色ある研究プロジェクト」として「スポーツ科学センターのアスリートサポートシステムの構築と展開」と題したプロジェクト研究を行った。このプロジェクトの目的は、本学の競技クラブの中から一つのクラブを選定し、本センターの各部門の支援を提供することによって、クラブの競技力向上を目指しながら、本センターの支援システムを確立していくことも同時に目指すものであった。さらに、3年間の支援の実施によって培われたノウハウから、他クラブへの支援システムに転用し、さらにはそうした支援がチームに根付いていくことを意図している。

　前述の通り、本センターの支援は基本的には「自立した学生」を育成していくことを目指して活動を行っている。したがって本プロジェクトにおいて常に確認していたことは、例えばプロや実業団などのスタッフのように、各専門スタッフがチームや選手個人に密着してサポートを行うことを目的としないことであった。あくまでもプロジェクトの目的はシステムの構築であり、プロジェクトの終了後にはそうした専門分野のサポートが「文化として」チームに根付くようにしていくことを目指している。支援の実施にあたっては専門スタッフが相互に集って定期的に情報の共有を行い、より効果的な支援のシステムについて議論を重ねている。

　こうした研究活動において得られたデータは各専門スタッフによって整理され、いくつもの学会

で研究成果として公表している。学会での発表を通じて様々な領域からのフィードバックを得ることで、本学の支援システムをより洗練させることが可能となる。

今後は本センターを取り巻く環境や、大学の中期計画/ビジョンなどの動向も視野に入れながら、改めて研究テーマを選定してプロジェクトとしての研究活動を推進していく予定である。

（7）今後の活動展望

上述の通り、本学のスポーツ科学支援のシステムは、まだまだ改善の余地はあるものの、おおむね固まりつつある。今後の活動の展望として望まれるのは、本センターの支援活動を成果として学外に公表したり、学外の様々な機関と連携することなどを通して、関西地区、あるいは我が国のスポーツ界における競技力向上に貢献するための施策を検討していくことであろう。

本学はJISSや他の体育系学部を持つ大学と連携協定を結んでいる。また、関西地区における大学や府県のスポーツ科学センターと協働しながら、関西地区のアスリートを支援する体制の構築に参加することを企図している。本学において整備を進めてきた支援システムを、学外の諸機関と連携してより多様なアスリートを支援できるようなシステムに成長させていくことが求められていくと考えられる。

こうした学外機関との連携は、支援対象となるアスリートの拡大という効果をもたらすと考えられる。しかしそのような一次的効果のみならず、本学学生の教育上の効果も期待できる。先述の学生スタッフの学びの場の提供に繋げていくことは、本学のカリキュラムを整理、構築していく上でも重要な視点と言えるであろう。これまで本学で培ってきた知見を活かし、今後はより外部との連携を強化して、我が国の競技力向上施策に貢献することを考えていきたいと考えている。

（菅生貴之）

参考文献
・梅林薫, 足立哲司, 藪中佑樹, 丸谷賢弘. 大阪体育大学スポーツ科学センター20周年シンポジウム報告書. 大阪体育大学スポーツ科学センター, 2019.

・梅林薫, 鶴池政明. 大阪体育大学トレーニングルーム活動報告書. 大阪体育大学トレーニングルーム小委員会, 1999.
・渡邊有実, 前島悦子, 足立哲司, 有吉晃平, 石川昌紀, 植木章三, 岡村浩嗣, 貴嶋孝太, 木村 彩, 菅生貴之, 曽根純也, 曽根裕二, 髙本恵美, 友金明香, 中井俊行, 藤井 均, 松田基子, 三島隆章, 梅林 薫. 2016年度大阪体育大学スポーツ科学センター活動報告. 大阪体育大学紀要, 48：125-136, 2017.
・中山亜未, 菅生貴之, 今堀美樹, 髙橋幸治, 二宮幸大, 前林清和, 土田幸男, 土屋裕睦. 2021年度　大阪体育大学学生相談室・スポーツカウンセリングルーム活動報告. 大阪体育大学紀要, 54：47-62, 2023.

3．鹿屋体育大学の実践するスポーツパフォーマンス研究を基にしたアスリートサポート

鹿屋体育大学は2050年をターゲットイヤーとしたビジョン「NIFS NEXT30」を2022年に策定した（鹿屋体育大学, online）。その中ではミッションの一つとして「国際大会で活躍するアスリートの育成」を掲げ、そのための短期的なアクションプランの一つとして「スポーツにおける実践活動・競技力向上に直接寄与するスポーツパフォーマンス研究を実施するとともに、研究成果をもとにしたアスリートサポートを行う」としている。

ここではこのスポーツパフォーマンス研究を基にしたアスリートサポートの展開について紹介することで、研究と実践の往還に関する実例の体感となり、読者の現場における実践につながることを期待する。

（1）スポーツパフォーマンス研究とは

「スポーツパフォーマンス研究」とは、日本スポーツパフォーマンス学会が発行するオンラインジャーナルの呼称である。本項ではこのオンラインジャーナルの発刊の背景にある「医学界では臨床例の研究論文は数多く存在し、新しい医学の進歩に大いに貢献している。スポーツの研究領域においても、競技スポーツや健康スポーツあるいは教養スポーツの現場における数多くの実践例（後略）」（福永, online）に関する研究を「スポーツパフォーマンス研究」として論を展開する。

上記の通り、スポーツパフォーマンス研究とは各種のスポーツの現場における実践例を研究（論

文）としてまとめていくものである。そして、その方法論はスポーツにおける専門性を考慮した上で、従来の親科学の方法論に限定されない形で、専門家が共有できる実践知や身体知を創造、蓄積していく作業となる（福永, online）。

つまりスポーツパフォーマンス研究を行うためには、スポーツの実践の現場が不可欠なのである。スポーツの実践の現場において日々行われている選手や指導者など実践者による試行錯誤の過程こそが、実践者の有する実践知、身体知であることから、これを言語化して共有していくという営み自体がスポーツパフォーマンス研究の目指しているところであると言える。

このスポーツパフォーマンス研究の成果として具現化された一つ一つの論文こそが、いわばアスリートサポートの実践例である。本項ではこれらの研究事例を紹介しつつ、それらの事例から大学におけるアスリートサポートが目指すものについて論じる。

（2）スポーツパフォーマンス研究を基にしたアスリートサポートの実例

〈テニスにおけるアスリートサポート〉

テニスにおけるアスリートサポートとして、本学テニス部ではおよそ半年おきにサービスの打球測定を行っている。打球測定にはトラックマンテニスレーダー（図3-30、以下、トラックマン：トラックマン社）を用いている。

トラックマンはテニスコートの後方に設置することで、設置された側のコートからの打球に関する様々なパラメータを測定できる。本学では特に打球のスピードと回転数に注目して測定を行っている。村上ほか（2016）によれば、サービスにおいて打球のスピードと回転数はトレードオフの関係にあり、競技レベルが高い選手ほど同じスピードでより多い回転数を、また同じ回転数でより速いスピードを示すとしている。本学テニス部で実施しているサービスのパフォーマンステストにおいては、単純にスピードが速くなることや回転数が多くなることだけでなく、スピードと回転数との関係も含めた評価を行うことで、サービスの打球の向上が図られているかどうかを判断すること

図3-30　トラックマン

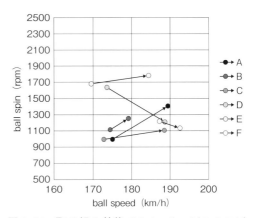

図3-31　取り組み前後での1stサービスのスピードと回転数の変化（村上ほか, 2020）

ができる。

このパフォーマンステストを活用した成果として、村上ほか（2020）や髙橋ほか（2022）の事例がある。村上ほか（2020）では、男子選手6名を対象にサービスのパフォーマンス向上のためのおよそ4カ月の取り組みを詳述している。ここではサービスのパフォーマンス向上のための特異的なトレーニングではなく、指導者によるコーチングを主体として選手のサービスに対する意識の変化を図り、それによるサービスのパフォーマンスの変化を検討している。その結果として、1stサービスのスピードの向上と試合におけるサービスが関わったポイントの増加という改善点が見られた（図3-31）。特に先行研究の知見から選手にレクチャーした「ダブルフォールトはサービスゲームの取得と直接の関連はないので、ダブルフォールトを恐れないこと」「サービスによって得点に繋がるよう『威力』を増すこと」などの意識の変化に

関わる要因がこれらの改善に影響したと考えられた。

髙橋ほか（2022）は、女子選手1名を対象にしたサービスのパフォーマンス向上の取り組みを報告したものである。およそ5カ月の取り組みの中で、スイングスピードの向上やラケットのボールに対する当て方など、主に技術面での改善を目指した。その結果1stサービスのスピードの向上、2ndサービスの回転数の向上が認められた。特にこの選手の場合は女子としては身長が高いことから、トスの位置を修正して打点を低くすることがスピードの向上に影響したと考えられた。また回転数の向上には技術面の影響が強いことも示唆された。

以上の例のように、テニスにおけるアスリートサポートでは先行研究などで明らかになった知見から指導者がそのエッセンスを抽出し、指導の現場で取り組みやすい形に解釈した上で選手に還元していると言える。さらにテニスは個人競技であることから、個々の選手にフィットした形でのサポートを行う必要がある。そのためには身体的・心理的・技術的特徴を含めた個々の選手のバックグラウンドを理解した上で、そのバックグラウンドに応じてアプローチの方法を柔軟に変えることも必要と言えるだろう。

〈野球におけるアスリートサポート〉

野球は選手に求められる技術の幅が広いと言える。少なくとも投げる、打つ、走る、捕るという4つの基本的な技術を備えるとともに、それらの能力を多様な状況に応じて発揮することが求められる。本学の野球部においては、SPORTECスポーツパフォーマンス研究センターを活用した定期的なパフォーマンステストを実施し、基本的な技術を量的な側面から評価することを目指している。

藤井ほか（2020a）は投げる能力の中でも「速さ」と「正確性」を評価するためのスローイングテストを開発し、指導者の主観的評価との関係を検討した。スローイングテストはホームベース上に設置したターゲットに向かって平地から投球するもので、セットポジションの体勢から行う（図3-32）。およそ10秒間隔で15球投げるものとし、

図3-32　スローイングテストの様子

図3-33　打撃パフォーマンステストの様子

その際の投球速度ならびにターゲットから到達位置までの距離（ターゲットからの誤差）の平均値を選手の値とした。これらの値は野球用のボールトラッキングシステム トラックマンを用いて測定した。

その結果、4名の指導者による各選手に対する主観的評価と各選手の投球速度ならびにターゲットからの誤差の値には有意な高い相関関係が確認された。つまり、指導者による主観的評価は一定の精度で選手の能力を正確に評価できていると言える。さらにトラックマンなどのトラッキングシステムを用いて実際の値を知ることは、具体的な目標値の設定に繋がることが期待される。

藤井ほか（2020b）は、打つことを評価するための打撃パフォーマンステストと試合での打撃成績との関係について検討している。打撃パフォーマンステストではピッチングマシンから投球される球速120km/hのストレートを打球するものとし、選手一人あたり合計60球程度のデータが得られる

まで行った（図3-33）。打撃に関するデータは打球速度、打球角度、打球飛距離とし、Rapsodo Baseball Hitting（Rapsodo社）を用いて測定した。

3名の対象者についての打撃パフォーマンステストと試合での打撃成績との関係を詳細に検討したところ、打球速度の平均値や変動係数と打率との間に関係がみられ、打球角度から長打率や打球傾向（フライを打つ傾向にあるなど）を推測できることが考えられた。

以上のように、パフォーマンスに関わる要素が多岐にわたる野球のような競技においても、いくつかの要素を取り上げて選手が持つ能力を客観化することは、選手にとっては目標値の設定に繋がり、指導者にとっては選手に対する評価の確証度を高められるなど、一定の価値があると言える。一方で能力の客観化をするためには、テストの環境を限定的にする必要がある。本項で示したスローイングテストではセットポジションで行っていることや、打撃パフォーマンステストでは120km/hのストレートを打球する形で行っているなど、実際の試合環境とは異なる面も多い。テストの結果の解釈にあたっては、これらの面も考慮に入れながら、選手の様々な能力も勘案して注意深く行わなければならないと言えるだろう。

図3-34 iPodの映像とスカウティングレポートを確認している様子（森重ほか，2010）

図3-35 描き込みされた映像（木葉ほか，2021）

〈バスケットボールにおけるアスリートサポート〉

本学バスケットボール部においては、以前から学生アナリストによる映像を活用したゲームパフォーマンス分析を行っている。

森重ほか（2010）は、男子バスケットボール部を対象に、映像分析ソフトウェアであるSportsCode（Hudl社：当時はSportstec社）を用いたゲームパフォーマンス分析のサポート事例を報告している。ここでは学生アナリストがSportsCodeを用いてゲーム映像の分析から編集・加工を行うとともに、分析結果から相手チームのスカウティングレポートを作成、また編集・加工した映像をiPodに移して選手に配布するなど、その当時の学生アナリストが行うことが可能だった様々なサポート活動を行っている。

この事例からは、目標とした試合や対戦相手に対してこれらのサポートが有効に働いたことが伺える場合と、サポートの作業を行う上での時間的な余裕がなく、十分なサポートが行えなかった場合とがあったことが示されている。このサポート活動の振り返りから、学生アナリストによるサポートの内容がその経験を積むことでより洗練されたものになっていくことに加え、指導者やチームスタッフとコミュニケーションを取りながらサポート活動を進めることの必要性についても指摘されている。

さらに、木葉ほか（2021）は女子バスケットボール部を対象に、ゲームパフォーマンス分析ツールSPLYZA Teams（株式会社SPLYZA）を導入した実践活動を報告している。およそ4カ月の実践期間の中で、177本の映像がSPLYZA Teamsにアップロードされ、各映像に対するタグ付けや描き込みなどが22名の選手によって継続的に行われた。タグ付けや描き込みは、特にチームの課題と

して改善を目指して取り組んだ練習の映像などで
より多く行われ、チーム全体で取り組むべき課題
についての理解を促進していたと考えられる。

　この実践期間を振り返ったアンケートの結果か
らは、選手の戦術の理解度を深めることに一定の
効果があるものと考えられた。また、戦術の理解
度を深めた要因としては、アナリストだけでなく
多くの選手が映像に対するタグ付けや描き込みと
いう作業を能動的に行ったことが考えられた。こ
れはこれらの作業自体が時間や手間のかかるもの
であるが、映像を観察しながらの作業になること
から必然的に対象となる映像を注意深く、また繰
り返し観察することになる。これはアナリストに
より編集された映像を観察する場合に比べて、質
的にはより深く、量的にはより長い時間映像を観
察することになり、アナリストが作業を行ってい
る状態に近いものと考えられる。つまりこれらの
作業を行いながら映像を観察することによって、
映像から得られる情報が増え、戦術に関する理解
が深まったのではないかと考えられる。

　バスケットボールのようなチーム競技において
は、戦術の遂行にあたって選手間の共通理解が重
要な要素になってくる。そういった共通理解を育
む過程において、選手自身が分析の作業に参加す
ることや、分析ツールを通じてのディスカッショ
ンやコミュニケーションを図ることは、特に学生
アスリートの競技力向上にとっては有効な手段と
言えるかもしれない。

（3）大学におけるアスリートサポートが
　　　目指すもの

　そもそも大学スポーツの位置づけについては多
様な意見があるが、筆者は少なくとも各大学の理
念や教育目標に沿った位置づけにあるべきものと
考えている。鹿屋体育大学は「NIFS NEXT30」
の中で「スポーツ、武道、体育及び健康づくりの
各領域における中核的・リーダー的人材の育成」
をミッションとして掲げている。つまり、鹿屋体
育大学におけるスポーツ活動の目標は、スポーツ
分野における中核的・リーダー的人材の育成とい
うことに尽きる。となると本項で紹介したような
各部活動におけるスポーツパフォーマンス研究を

基にしたアスリートサポートについても、究極的
には中核的・リーダー的人材の育成に繋がる活動
であるべきと考えている。

　そういった意味で、これらのアスリートサポー
トには選手である学生自身が主体的・能動的に関
わる形で行われることが必要である。バスケット
ボールの例で示したように、選手が能動的に映像
分析の作業に携わることによって、必然的に対象
となる映像を注意深く、また繰り返し観察するこ
とになり、結果的に戦術に関する理解が深まると
いった結果が得られた。つまりアスリートサポー
トの活動自体を専門的に高度化していくことを目
指すよりは、これらのアスリートサポートに学生
が主体的に関わりながら専門的な知識を身につ
け、部活動という実際の現場での活動を通じてそ
の現場で直面する課題の解決に取り組みながら、
科学的知見を踏まえたアスリートサポートを行え
る人材に育っていくことを目指すことが、大学に
おけるアスリートサポートのあるべき姿と言える
のではないだろうか。

　テニスや野球の例からも、パフォーマンステス
トの結果の解釈や、そこから考えられる課題の解
決に向けては、個々の選手が持つ特性やバックグ
ラウンドも踏まえて考える必要があることが指摘
できる。そのためには現場で得られる実践知や経
験知のみならず、科学的知見も活用した上で解決
策を考案していくことが求められる。そしてその
解決策を考案、実践した事例をスポーツパフォー
マンス研究として蓄積していくことで、スポーツ
の現場と研究との往還が確立していくと考えてい
る。このような形で大学スポーツにおけるアスリ
ートサポートを通じて、スポーツ分野の中核的・
リーダー的人材の育成に貢献していくことが、鹿
屋体育大学の使命と言えるのかもしれない。

（髙橋仁大）

[文献]
・藤井雅文, 鈴木智晴, 小松崇志, 前田明. トラッキングシステム
　を用いたスローイングテストの実用性の検討. 鹿屋体育大学学
　術研究紀要. 58：81-86, 2020a.
・藤井雅文, 鈴木智晴, 佐藤伸之, 前田明. トラッキングシステム
　データを用いた打者評価の検討. スポーツパフォーマンス研究.
　12：276-286, 2020b.
・福永哲夫（online）スポーツパフォーマンス研究発刊の目的.
　https://sports-performance.jp/purpose/（参照日　2023年9月

- 21日).
- 鹿屋体育大学（online）大学ビジョン「NIFS NEXT30」．https://www.nifs-k.ac.jp/outline/summary/next30/ （参照日2023年10月19日).
- 木葉一総，和田智仁，髙橋仁大．K-大学女子バスケットボール部へのゲームパフォーマンス分析ツールの導入とその効果：個人技術と戦術の理解に着目して．鹿屋体育大学学術研究紀要．59：37-46．2021.
- 森重貴裕，石原雅彦，西中間恵，髙橋仁大，清水信行．バスケットボールにおけるゲーム分析サポートの実践事例．スポーツパフォーマンス研究．2：207-219．2010.
- 村上俊祐，髙橋仁大，村松憲，佐藤文平，佐藤雅幸，小屋菜穂子，北村哲，前田明．ボール挙動測定器を用いたテニスのサービスのボール速度とボール回転数の解析の可能性．スポーツパフォーマンス研究．8：361-374．2016.
- 村上俊祐，柏木涼吾，岩永信哉，沼田薫樹，髙橋仁大．テニスにおけるサービスのパフォーマンス向上に向けた取り組みとその効果．スポーツパフォーマンス研究．12：606-621．2020.
- 髙橋仁大，柏木涼吾，岡村修平，大澤啓亮，村上俊祐．大学女子テニス選手を対象としたサービスのパフォーマンス向上の取り組み事例．スポーツパフォーマンス研究．14：267-276．2022.

4．早稲田大学における支援の実際

（1）早稲田大学スポーツ科学部医科学クリニックの概要

〈目的〉

　早稲田大学スポーツ医科学クリニック（以下、スポーツ医科学クリニック）注）は、早稲田大学スポーツ科学部生および早稲田大学体育各部に所属する学生アスリートを主対象にした支援、教育、研究組織である。早稲田大学には男女合わせて44の体育各部に加えて、スポーツ科学部生が参加する数多くの運動系サークルがあり、これらの学生アスリートを対象に直接的な支援を行っている。また、アスレティックトレーナーやストレングス＆コンディショニングスペシャリストなど、アスリートを支えるための実践的知識や技能を学び、学生トレーナーとして活動する学生への教育を通じ、間接的にも学生アスリートを支援している。医科学クリニックは、これらの「するスポーツ、ささえるスポーツ」に関する学びや実践および研究活動を支援することを目的に活動をしている。

〈組織構成と大学内での位置づけ〉

　スポーツ医科学クリニックは、整形外科、内科、メンタル、ニュートリション、コンディショニング、リコンディショニングの6部門で構成されている。学生アスリートを対象とした相談業務や、学生トレーナーが実践的知識や技能を修得するためのオブザーバー制度を通じて、専任教員や非常勤教員そして有資格者である大学院生がティーチングアシスタントとして支援や教育に当たっている（図3-36）。スポーツ医科学クリニックは早稲田大学スポーツ科学学術院内の組織であり、全学組織として大学に在籍するすべての学生の医療的な支援を行う早稲田大学保健センター（以下、保健センター）、体育各部を統括・支援して早稲田大学のスポーツ振興に資する競技スポーツセンター、そして体育各部と協力しながら活動している（図3-37）。

図3-36　スポーツ医科学クリニックのリーフレット

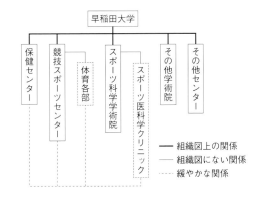

図3-37　スポーツ医科学クリニックの大学組織内の位置づけ

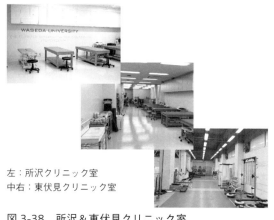

左：所沢クリニック室
中右：東伏見クリニック室

図 3-38　所沢＆東伏見クリニック室

図 3-39　研修資料（表紙＋目次）

〈施設〉

　スポーツ医科学クリニックの活動は、所沢と東伏見の両キャンパスにある専有施設（クリニック室）（図3-38）を主とし、ウエイトトレーニングルームやグラウンド、各種相談室やオンラインシステムを活用して行っている。クリニック室では整形外科相談やリコンディショニング相談が主に行われており、運動介入を中心としたパフォーマンス回復と再発予防のための体づくりの支援がなされている。

〈医療的対応における保健センターとの連携〉

　スポーツ医科学クリニックはあくまでも支援、教育、研究組織であり、医療施設ではない。そのため、整形外科、内科、メンタル相談において医療的な介入が必要とされた場合には、学内の保健センターや学外の医療機関を交えた支援が必要不可欠となる。なお、スポーツ医科学クリニックで支援にあたる医師は保健センターでの活動を兼任し、医療的介入、各種処方、他機関への医療情報提供書の発行などを保健センターにて実施している。

〈オブザーバー制度（クリニック実習）〉

　早稲田大学スポーツ科学部にはコンディショニングやリコンディショニングを専門的に学びたいという学生がいる。そのような学生が実践的な知識や技能を修得する機会として、スポーツ医科学クリニックではオブザーバー制度を運用している。主に整形外科部門・リコンディショニング部門とコンディショニング部門で運用しており、オブザーバーとしての活動を希望する学生は、各学期の初頭にオブザーバー研修資料（図3-39）をもとに研修を受け、知識や技能の習得レベルに応じて見学や実践を行う。本研修はクリニック実習として単位認定もなされる。

（2）各部門の活動内容（支援活動と教育活動）

〈整形外科部門〉

　スポーツ整形外科医により、医療機関とは異なる組織としてアスリートの運動器のコンディションに対する評価やコンディション向上のためのアドバイスを行うとともに、アスリートに帯同している学生トレーナーへの教育を念頭に相談支援を行っている。具体的には急性外傷への応急対応と治癒までの方針作成、慢性障害からの回復や再発予防に必要な考え方の教育などであり、これらの支援や教育をリコンディショニング部門と連携して行っている。医療を必要とする損傷に対しては学内の保健センターや学外の医療機関を受診するように勧めている。また、オブザーバーとして活動している学部生が、運動器損傷の競技特性や評価、管理方針に関する理解を深めるための実習教育も同時に担っている。

〈内科部門〉

　専任教員で内科系診療の実績を持つ医師が担当し、主に以下の5つの活動を行っている。

1）保健センターが新年度に実施する健康相談の事後措置への協力。特に競技スポーツセンターと協力して実施する体育各部1年生部員の

血液検査の結果の判定と結果に問題があった者の相談および医療機関への紹介
2）不調を訴える体育各部部員の相談と医療機関への紹介
3）貧血や肝障害などの内科的慢性障害のフォローアップ
4）体育各部部員の治療薬についてのアンチ・ドーピング相談
5）体育各部のコンディション管理への協力や血液検査結果の解釈へのアドバイス

　内科相談は、症状の原因となる疾患の有無を確認するためには臨床検査が必要となるため、医療機関である保健センターの診療に繋げることが多い。

〈メンタル部門〉
　「メンタルヘルス相談」「パフォーマンス向上目的のメンタルトレーニング」「チームビルディングに関する相談」の3つの支援を行っている。
　メンタルヘルス相談については、スポーツドクターでもある精神科医が初期評価を行い、学内でのカウンセリングや医療機関への橋渡しを行っている。パフォーマンス向上目的のメンタルトレーニングにおいては、スポーツ心理学を専門とする心理師が相談業務を担っている。チームビルディングに関する相談には、チームスポーツについての心理学の専門家でもある専任教員が相談に当たっている。本部門の利用者の多くが学生アスリートであるが、近年では学生トレーナーからのメンタルヘルス相談もみられる。スポーツ領域でのメンタルヘルス意識の高まりやコロナ禍の影響、オンライン面談導入によりスケジュール調整が容易になったという変化もあり、本部門の利用者は漸増傾向にある。心理相談だけでなく、学生、指導者への教育活動も行っており、定期的にメンタルヘルス関連の講演を行っている。

〈ニュートリション部門〉
　競技力やコンディションの維持・向上を目的とした栄養・食事面のアドバイスを公認スポーツ栄養士の資格を有する教員が行っている。支援内容は主に「個別栄養相談」と「チームサポート」の

図3-40　セミナー＆個別相談風景

2つであり、必要に応じて他部門の教員（スポーツドクターやアスレティックトレーナーら）と連携して支援にあたっている（図3-40）。個別栄養相談では、アセスメント結果をもとに具体的な行動計画を提案することにより、目標達成に向けた支援を行う。相談内容は多岐に渡るが、ウエイトコントロール（増量や減量）や一人暮らしの食事の取り方に関するものが多い。チームサポートでは、個別栄養相談に加え、栄養セミナーの実施や寮・合宿所の食環境整備と献立作成、合宿・遠征時の食事調整などを担っている。相談時に学生トレーナーが同席することが多く、栄養・食事面での課題を共有し、改善に向けた取り組みについて実践的に学べる教育の場にもなっている。

〈コンディショニング部門〉
　パフォーマンス向上と外傷・障害予防を目的として、各種トレーニングを中心としたコンディショニング指導を行っている。支援形態として個人サポートとチームサポートがあり、個人やチームのニーズ分析とパフォーマンス分析を行った上で、個々に最適化されたトレーニング・コンディショニングプログラムの提供と指導を行っている。個人サポートでは、学内のトレーニングルームを使って、姿勢・動作改善のためのトレーニングや、ストレングストレーニング、エンデュランストレーニングを中心に指導している。チームサポートでは、各部活の活動場所に赴いてサポートをする場合もあり、これらのほかに、フィールドを使ったウォームアップやクールダウン、スピー

ド・アジリティトレーニング等の提供・指導も行っている。また、オブザーバー制度により、学生がコンディショニングに関する専門知識や技術だけでなく、指導者としてとるべき態度も身につけられるように段階的に教育を進めている（図3-41）。

〈リコンディショニング部門〉

外傷・障害受傷後に医師から運動許可が得られたものを対象にして、機能や動作評価をもとにした運動介入を通じた競技復帰や、個々にあった動作スキルの獲得を通じて再発予防の支援と教育を行っている。また、必要に応じた物理的刺激（温熱、電気、圧＋転がりなど）の活用や、テーピング指導やインソール作成を通じた動作変容の効率化などの取り組みも行っている。これらの支援を整形外科部門と連携して行うとともに、栄養面での改善やより高い運動能力の獲得が必要になるケースでは、ニュートリション部門やコンディショニング部門と連携して支援にあたる。また、学生アスリートによっては外部の医療機関でも支援を受けている場合があるため、支援内容全体を学生とともに整理しながら、オーバーワークにならないような週間スケジュールの調整も行う。また、本部門ではオブザーバー教育を積極的に行っており、研修資料だけでなく、実例をもとにしたリコンディショニングの実践的知識、技能、思考、態度を身につけられるように教育活動を行っている（図3-42）。

（3）支援と教育活動における関連組織との連携の実際

〈体育各部の部長・監督との対話と現地での支援〉

体育各部との連携を緊密にするために、体育各部へのアンケート調査や部長あるいは監督との個別懇談にてニーズアナリシスを行った。このような対話を通じて得らえた各部からのニーズに応える形で、ラーニングアシスタント（以下、クリニックLA）制度として有資格者で現場経験があるアスレティックトレーナーが練習や試合現場にて学生アスリートや学生トレーナーの支援や教育に携わっている。この活動を通じて、競技力向上や外傷・障害発生率低下などに貢献している。またクリニックLAの活動報告会では、学生トレーナーや学生アスリートの専門知識を深めるとともに、学生たちのロールモデルとなって学習意欲の向上に貢献している。

〈競技スポーツセンターと連携した学生アスリートへのセルフコンディショニング教育〉

競技スポーツセンターと連携して『早稲田アスリートプログラム：大学でスポーツをするということ』[1]を通じたセルフコンディショニングに関する実践的知識の伝達を行っている。また、新入生の入部式にて医科学クリニックの活動紹介とともにセルフコンディショニングの重要性を伝え、外傷・障害・疾病の予防や効果的なトレーニング、そして適切なライフスタイルの確立を通じて競技生活を豊かにできるように教育活動を行っている。

図3-41　トレーニング指導風景

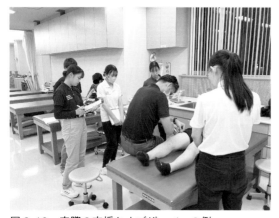

図3-42　実際の支援とオブザーバーの例

〈学部と連携した学部学生へのフィジカルリテラシー教育〉

スポーツ科学部に在籍する学生に対して広く医科学クリニックでの活動を周知し、外傷・障害・疾病予防やパフォーマンス向上への科学的なアプローチへの関心を惹起するために、一年生の必修科目である教養演習にて、スポーツ医科学クリニックスタッフがセルフコンディショニング教育を行っている。このような活動を通じて、スポーツをする学生やささえる学生たちのフィジカルリテラシーを高めることを意図している。

〈学部と連携したオープンキャンパスでのアウトリーチ活動〉

大学のオープンキャンパスではテーピング実習企画を通じて、高校生をはじめとした参加者にセルフコンディショニングを主としたフィジカルリテラシー教育活動を行っている。テーピングという手技を切り口にして、自身の体の動きを機能解剖学的に考えたり、スポーツ外傷・障害予防に関する気づきを得る機会をつくるだけでなく、「ささえるスポーツ」への理解を深めるなど、スポーツ科学への関心を誘うことに貢献している。

〈研究と現場の懸け橋〉

スポーツ医科学クリニックでは、支援や教育活動を通じた臨床研究や、インソール作成による障害予防への貢献や暑熱馴化トレーニングサポートなど、教員の研究成果を実際の支援に生かす取り組みも行われている。近年では、体育各部の支援現場で得たデータをもとに障害発症リスクを検討した取り組みが国内外の学会で高い評価を得るなど、一定の成果が得られつつある。これらの活動が研究と現場を繋ぐロールモデルとなり、卒業後にも学生たちが継続して日本のスポーツやスポーツ医・科学の発展に貢献する人材に成長することを期待している。

(広瀬統一)

注：2023年10月現在、次年度以降に向けた組織名の改称を検討中。

［参考文献］
・早稲田大学競技スポーツセンター. 早稲田アスリートプログラム

大学でスポーツをするということ. BookWay. 2019.

5．筑波大学における支援の実際

（1）筑波大学のスポーツ・医科学における環境

筑波大学体育専門学群は、1878（明治11）年に日本では初めての体育の研究および教員養成を目的に設立された体操伝習所を前身として、体操伝習所から高等師範学校（後の東京高等師範学校）、東京教育大学、そして現在の筑波大学となる系譜の中で発展してきた。高等師範学校で長く校長を務めた嘉納治五郎の精神「文武不岐」を受け継ぎ、最新の体育・スポーツ・健康体力・コーチングに関する研究成果を活用した指導者の養成を目指している。このことは、指導者は教育・研究・競技活動といったそれぞれの側面を行うだけではなく、優れた運動技能と幅広い運動経験を持ち、指導力と活力に富む豊かな人間性を兼ね備える必要があることを意味している[1]。この精神は、教育組織としての筑波大学体育系でも踏襲されており、3分野（体育・スポーツ学分野、健康体力学分野、コーチング学分野）・39研究領域が連携し、教育、研究、競技、社会貢献の4つの側面の強化を図っている。また、筑波大学の広大なキャンパスには、各運動施設や実験実習室が配置されており、スポーツ現場に密接した研究に取り組める環境が整っている[2]

（2）医学系と体育系の連携

本学は医学と体育の専門学群を有する国立総合大学であり、教育、研究、競技、社会貢献における多くの場面で連携を図っている。ここでは、体育会運動部に所属する学生が怪我を生じた際の医科学的支援を担うスポーツクリニックを中心とした組織体制およびアスレティックトレーナーの養成システムを中心に紹介する。

〈スポーツクリニック〉

スポーツクリニックは、スポーツ活動時に発生した心身の外傷・障害の治療、リコンディショニ

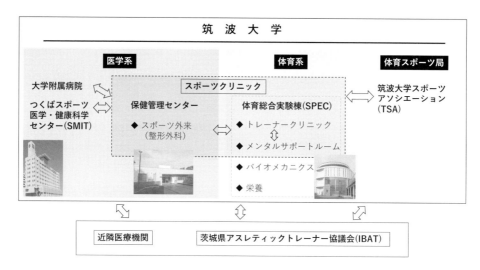

図3-43　スポーツクリニックを中心とするスポーツ・医科学支援環境

ング、トレーニングおよび外傷・障害の予防を目的とした組織である。スポーツクリニックとして、平成4年度より筑波大学保健管理センターが担当する「スポーツ外来（整形外科）」と体育系が担当する「トレーニング・クリニック（現トレーナークリニック）」が始まり、平成30年より「メンタルクリニック（現アスリートメンタルサポートルーム）」が加わった（図3-43）。3部門が相互に連携を図りながら学生アスリートの健康面でのサポートを行っている[3]。

〈保健管理センター；スポーツ外来（整形外科）〉

保健管理センターは本学の学生および教職員の心身の健康の維持および増進を図ることを目的として、昭和48年に筑波大学の開学に合わせて内科、精神科、整形外科および歯科が設置された。昭和50年に眼科（～平成元年度）、昭和57年には婦人科（～平成8年度）が開設され、昭和63年には体育会運動部の学生を主に対象としてスポーツ外傷・障害の治療・リハビリテーション・コンディショニングなど、事前予約の上でスポーツドクターに相談するスポーツ外来が始まった。保健管理センターの有料化に伴いスポーツ外来は平成31年に幕を閉じ、現在はその役割を整形外科で担っている。令和5年現在、保健管理センターでは学生・教職員の定期健康診断をはじめ、応急診療として内科、整形外科、精神保健相談として精神科の診療を月・火・木曜日の午前に行っている。令和3年度の利用者実績は、内科1,510名、整形外科781名、精神科2,210名である[4]。

〈トレーナークリニック〉

トレーナークリニックは体育総合実験棟（Sport Performance and Clinic Lab.：SPEC）内にあり、週6日間、月～金曜日の午後、土曜日の午前に開室している。トレーナークリニックでは、体育スポーツ関連教員、国家医療従事者、日本スポーツ協会アスレティックトレーナー（JSPO-AT）、海外のアスレティックトレーナー関連資格を所有する者の監督下で、大学院生がスポーツ外傷・障害のリコンディショニング、物理療法、トレーニング指導などをJSPO-ATで求められる実習の一環として行っている（図3-44：物理療法実験室、水治療実験室、運動機能測定実験室、マシーン・リハビリトレーニング実験室）。利用者は保健管理センター、または、大学附属病院や大学近隣クリニックを受診し、ドクターの指示（紹介状）を得て利用することとなる。令和4年度の利用状況として、22名の学生トレーナーが運営を担い、総開室日数は226日、利用者数は542名（総利用回数4,443回）であった[3]。

〈アスリートメンタルサポートルーム〉

アスリートメンタルサポートルームは、競技者

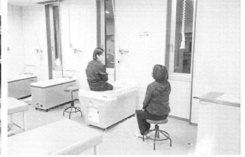

図 3-44　コンディショニング実験ゾーンでの実習風景

として心の側面から自分をレベルアップさせたい、競技生活のストレスや問題を解決したい学生や指導者を対象に心理サポートを行う。利用者は事前に予約をした上で、原則火〜木曜日の18〜20時、土曜日の11〜16時にSPEC内カウンセリングルームに来室し、公認心理師や臨床心理士などの資格を有する者が対応する。サポート内容として、個人を対象としたパフォーマンスの課題（競技力向上、あがり、スランプなど）に対するスポーツメンタルトレーニング、および、健康・生活面の課題（対人関係のトラブル、バーンアウト、オーバートレーニング、キャリア相談など）解決に向けたスポーツカウンセリングを行う。また、運動部単位でメンタルトレーニング講習会や心理サポートなども実施している。令和4年度の利用状況として、利用者数は44名（総利用回数283回）であった[3]。

〈スポーツクリニックを中心とする近隣医療機関との連携〉

　スポーツ活動で受傷した学生は、大学構内にある保健管理センターを受診して、部位の診察・処置や相談などを行う。整形外科の診療は月・火・木曜日の午前であり、必要に応じて大学附属病院や近隣医療機関への紹介を受ける[4]。受診した体育会に所属する学生でリコンディショニングが必要と判断されると、トレーナークリニックへの紹介状が作成される。保健管理センターの医師は本学体育系と医学系の教員か専門職員であるので、その後のリコンディショニングを担うトレーナークリニックと連携しやすい体制となっている（図3-43）。一方で、運動部が練習を行う夕方以降や週末には保健管理センターが開室していないことがある。そこで、怪我が発生した直後に医療機関への受診が求められる際には、大学近隣にある病院やクリニックを受診する。なお、緊急性の高い重症外傷が想定される場合には、原則として大学附属病院に搬送される。近隣医療機関にもトレーナークリニックの存在と意義について理解していただいており、必要に応じて学生アスリートがトレーナークリニックに紹介される体制となっている[4]。こうした地域医療を取り巻く環境は、本学でドクターとトレーナーが密に連携してきたからこその体制といえる。また、平成27年にトップアスリートのスポーツ外傷・障害の受傷から復帰までを一貫してサポートするつくばスポーツ医学・健康科学センターを大学附属病院内に開設し、トレーナークリニックと連携して学生アスリートの

安全なスポーツ復帰を目指している（図3-43）。

（3）体育総合実験棟（SPEC）での スポーツ医・科学支援

スポーツでは、昔から心・技・体の調和を図ることの重要性が問われている。SPECでは、3階建ての各フロアでスポーツにおける心・技・体を科学的に捉え、最新の研究設備とスポーツ医・科学の情報を用いて研究と現場を結びつける実践的な活動を行っている。1階の多目的実験ゾーンでは、各種スポーツの動作解析や指導法の検証を行っている（図3-45）。2階のコンディショニング実験ゾーンでは、様々なスポーツ外傷・障害からの復帰を目指すリコンディショニングがトレーナークリニックで行われている（図3-44、前頁）。3階の体育系共通ゾーンでは、アスリートの心や栄養の相談が行われる。SPECの特徴として、フロア完結型のスポーツ医科学サポートではなく、各フロアでの専門家がアスリートの抱える問題を共有し、協力して課題解決に取り組むサポートの場となっている[5]。

（4）筑波大学スポーツアソシエーション（TSA）におけるスポーツ医・科学支援

本学では、体育系の理念を実現するためにTSAを立ち上げ、図3-46に示す5つの事業に取り組んでいる。TSAは学内運動部の強化・育成のみに焦点を当てるのではなく、本学のスポーツ医・科学および教育・研究資源が健全な社会形成に寄与することを目的として活動している。TSAは全学で公認された組織（本学学長傘下の組織）であり、本学運動部やスポーツを応援するすべての学生・教職員（OB・OGを含む）のみならず、学外者で本趣旨に賛同する者も対象にしており、こうした活動に賛同いただく個人・企業・団体の方からの支援を受けながら推進している[6]。以下に、これらの事業の中で実施しているトレーナー養成・育成、および、トレーナー派遣を通したスポーツ医・科学支援について説明する。

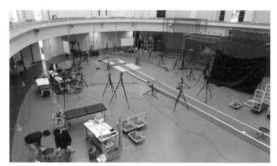

図3-45　多目的実験ゾーンでの動作解析

図3-46　筑波大学スポーツアソシエーション（TSA）の取り組み

表 3-10　TSA トレーナー養成システム

段階	呼称	対象	認定を受けるための条件				認定審査
			受講科目	CPR	資格	現場経験	
I	エントリーレベル-E (Entry level)	すべての学内者	TSAトレーナーセミナー	×	−	−	修了
II	トレーニングレベル-T (Training level)	エントリーレベル (以下の対象を除く)	スポーツケア*1	△	−	3ヶ月の実習 TSA認定競技会サポート	書類
		体育学学位プログラムAC*2コース	JSPO-AT関連授業を履修していることが望ましい				
III	スキルドレベル-S (Skilled level)	トレーニングレベル (以下の対象を除く)	水曜勉強会*3に出席していることが望ましい	○	−	2年以上	試験 (筆記&実技)
		体育学学位プログラムACコース	JSPO-AT関連授業を履修していることが望ましい			1年以上	
		トレーナークリニックスタッフ	−			トレーナークリニック研修	書類
IV	アドバンストレベル-A (Advanced level)	スキルドレベル (以下の対象を除く)	−	○	JSPO-AT・その他関連資格	3年以上	書類
		教職員					
	【協力トレーナー】Sレベル相当	学外者	TSAトレーナーセミナーの講師・補助者として参加 TSAトレーナー育成に参画				書類

*1 筑波大学に所属する全学生が選択できる授業
*2 AC：アスレティックコンディショニングコース
*3 水曜日の夜に開設するアスレティック…の通称

〈アスレティックトレーナーの養成〉

　本学の大学院はJSPO-AT養成機関として認定されており、アスレティックトレーナーを目指す学生は最低6年間の修学期間を要する。その教育方針として、学群（部）生としての大学4年間は運動部に所属して選手、あるいは選手兼トレーナーとして活動することを推奨しており、後述する本学独自のアスレティックトレーナー養成システムに紐づいた幅広い体育・スポーツ学分野の学びを深めている。大学院生になると、より専門的なアスレティックトレーニング学の知識や技術の習得を深め、スポーツ現場でトレーナーとして実践することを重要視している。したがって、多くの大学院生は、運動部でスタッフとして関わりながら研究活動を行っている。また、大学院博士後期課程の学生でJSPO-ATを有する者を大学で雇用し、各運動部に帯同する大学院生や学群生のアドバイザー的存在となっている。アスレティックトレーナーとしての現場経験を積みながら、研究成果が実際の現場で有益なものかを検証している。このように、スポーツ現場での活動と教育・研究活動を連携させ、専門学群から大学院博士課程まで一貫した指導体制で取り組んでいる。

〈アスリートサポート事業におけるトレーナー養成〉

　TSAでは、筑波大学独自のトレーナー（以下、TSAトレーナー）認定制度を設置し、本学運動部に学生トレーナーを派遣して学生アスリートをサポートする体制を整えている。TSAトレーナーに所属する学生の中には、体育学を専門としないがトレーナーサポートに興味のある一般学生から、将来的にプロレベルで働きたい学生までが存在する。こうした学生からの幅広いニーズに対応するために、学生の知識・技術・経験などを評価の基準として4段階の資格認定を設けている（表3-10）[7]。上位資格になるにつれて筆記試験・実技試験と、より高度な現場実習が課せられ、定期的に認定レベルのランクアップテストを実施している。各レベルに応じた目標能力を設定し、対応する授業や講習会などの参加を指定している。活動現場では、上位資格者の下で下位資格者が経験を積み、上位資格者も指導の気づきを得る相互学習ができる仕組になっている。また、TSAトレーナーは月に1回、最近のトピックや参加者のニーズに対応した勉強会を開催している。さらに、スポーツ現場で働くトレーナーをはじめ関連職種の専門家によるTSAセミナーを年に2回設けている[7]。

〈社会貢献事業におけるトレーナー派遣〉

　TSAトレーナー活動では、スポーツ環境の安全で安心なサポート体制がスポーツを通した地域

との連携に貢献すること、およびトレーナーの発展を目的に有償でトレーナー派遣を行い、年間を通した県内の高校部活動、地域のスポーツイベント、競技団体主催の大会サポートを実施している[7]。派遣されるトレーナーは、TSAトレーナーのアドバンストレベルであり、現場経験が3年以上あることが要件となる。また、スポーツイベントのサポートにTSAトレーナーの現場実習を兼ねており、多くの学生が学外でのトレーナーサポートにも参加している。さらに、学外でのトレーナー派遣前には、競技特性を踏まえた勉強会を開催しており、スポーツ医・科学の学びと実践の場が一体となっていることが本学ならではの特徴と言える。

（福田崇・髙橋英幸）

［引用文献］
1）学群長挨拶, 筑波大学体育専門学群ウェブサイト
　　https://spehss.taiiku.tsukuba.ac.jp/about/greeting/（参照日2023年11月30日）
2）系長からの体育系紹介とメッセージ, 筑波大学体育系ウェブサイト
　　https://www.taiiku.tsukuba.ac.jp/jp/about/message.html（参照日　2023年11月30日）
3）令和4年度 筑波大学トレーナークリニック活動報告書
4）筑波大学保健管理センター　保健管理センター業務報告書（2021年度版）
　　https://www.hokekan.tsukuba.ac.jp/tu_healthcenter/wp-content/uploads/report2021.pdf（参照日　2023年11月30日）
5）筑波大学体育総合実験棟
　　https://www.taiiku.tsukuba.ac.jp/spec/（参照日　2023年11月30日）
6）筑波大学運動部ポータルサイト　つくばスポーツOnline
　　https://tsa.tsukuba.ac.jp/（参照日　2023年11月30日）
7）筑波大学TSAトレーナーチーム
　　https://tsa.tsukuba.ac.jp/trainers/（参照日　2023年11月30日）

6．立命館大学におけるアスリート支援に関わる教育・研究・実践・実装

　立命館大学は、「立命館スポーツ宣言」（2014年制定）に基づき、我が国のスポーツの振興と発展に積極的に貢献してきた。とりわけアスリート支援に関わっては、立命館大学スポーツ健康科学部および同大学院スポーツ健康科学研究科（以下、本学部・本研究科）による教育と研究を融合した

科学的支援、スポーツ強化センターを中心とした現場実践的支援、スポーツ健康科学総合研究所を起点とした社会実装的支援が三位一体となって推進されている。ここではそのいくつかを紹介する。

（1）本学部・研究科のアスリート支援に関わる教育・研究・実践

〈教育・研究・実践プログラムの特長〉

　本学部・本研究科では、「ヒト・ひと・人を科学し、プロフェッショナルとして未来を拓く」をビジョンに掲げている。このビジョンに基づき、ヒト・ひと・人を対象とするミクロからマクロまでの学問領域を網羅した総合的・学際的な教育の充実とそれを基軸とした研究活動を推進しており、広範かつ多種多様な視点からアプローチできる人財の育成を目指している。このような人財育成の1つとして、アスリート支援に携わるための確かな理論と優れた実践能力を現場で活用できる機会をこれまで広く提供してきた。とりわけ、スポーツ科学分野で常用されている研究機器のみならず、3テスラー磁気共鳴装置（2018年度に設置）などの大型研究機器が現有していることを強みとして、最先端のスポーツ科学技術を用いたアスリート研究が盛んであり、その研究成果に基づく科学的支援を積極的に行っている。

〈トレーニング科学からのアスリート支援〉

　本学部・本研究では、これまでアスリートの競技パフォーマンスを高めるトレーニングプログラムの構築や開発を精力的に行ってきた。とりわけ、高強度インターバルトレーニング（通称、TABATAトレーニング）や低酸素トレーニングといった本学部・本研究科が世界的に研究を先導し、その科学的効果を証明してきたトレーニングを競技現場に積極的に導入してきた実績は、周知のことである。次項では、本項のスペースの制約上、低酸素トレーニングに絞って、その活用事例を紹介する。

〈低酸素トレーニングの活用事例〉

　本学部・研究科には、酸素濃度や温度・湿度を調整できる低酸素実験室（2部屋）が現有してい

る。従来は長距離種目の持久的なパフォーマンスを向上させるために活用されてきた低酸素トレーニングが、短距離種目（陸上短距離走選手や球技スポーツ選手）の瞬発的なパフォーマンスも向上させることを明らかにしてきた。この研究成果を活用し、研究だけではなく、教育や現場実践的な観点に立脚し、長距離種目から短距離種目までを含む、様々な競技・種目のアスリートのパフォーマンス向上の科学的支援を行ってきた。主な活用事例としては、東京2020パラリンピック競技大会に向けた日本代表選手2名に対する低酸素トレーニングを用いたパフォーマンス向上支援が挙げられる。また、当該競技大会は、暑熱下での大会になることが想定されたことから、低酸素トレーニングに暑熱順化トレーニングも併合し、日本代表選手2名の銀メダルおよび銅メダルの獲得に貢献した。その他では、2023年に開催された国際大学スポーツ連盟（FISU）ワールドユニバーシティーゲームズ（中国・成都）や第19回世界陸上競技選手権大会（ハンガリー・ブダペスト）の日本代表に選出された女子陸上競技部所属の長距離走選手に対する低酸素トレーニングを用いたパフォーマンス向上支援などが挙げられる。

〈スポーツバイオメカニクスからのアスリート支援〉

　本学部・本研究科には、24台の赤外線カメラを有する光学式モーションキャプチャシステムや埋め込み型のフォースプレートが設置されているスポーツパフォーマンス測定室を現有している。これまでに陸上競技選手や球技スポーツ選手などを対象とし、その競技・種目に特化した動作のバイオメカニクス的解析に基づき、パフォーマンス向上の動作方略や動作戦略を研究してきた。その中でも、バイオメカニクス解析と、磁気共鳴画像法や超音波画像法を用いた筋形態解析を併合し、種目・競技特異的に発達する筋や競技パフォーマンスに貢献する筋を精力的に明らかにしてきた。例えば、短距離走選手では大腰筋や大臀筋が特異的に発達しており、それらが大きいほどスプリントパフォーマンスを高めることに有益であることや、野球競技選手では腹斜筋群が特異的に発達しており、それが大きいほどバットスイング速度を

高めることに有益であることなどの研究成果を現場実践的な観点からアスリートにフィードバックし、個別特性に応じた効果的なトレーニングプログラム策定などの科学的支援に活用している。

〈スポーツ栄養学からのアスリート支援〉

　本学部・本研究科には、「食育」実践を行う場としても活用可能な栄養調理実習室（RecO STUDIO）が現有している。本研究科の「スポーツ栄養学特論」では、実際にアスリートに特化した食事メニューを立案し、その調理・試食を行う実践的な講義が開講されている。また、近隣の滋賀・京都などの中学校や高校でスポーツ競技を行うジュニアアスリートに栄養サポートを継続的に行っている。さらに、ジュニアアスリートを指導する教員や指導者がスポーツ栄養学を学ぶ機会として、「食とスポーツを育む会」を定期的に開催し、スポーツ栄養学の観点から、アスリートの食育改善と競技パフォーマンス向上に尽力している。加えて、企業と提携し、アスリート向けの補給食の開発や、競技・種目に特化した食事メニューやレシピの作製も精力的に行っており、教育・研究・実践に留まらず、実装も含めて広くアスリート支援を行っている。

〈GATプログラム〉

　本学部の特長の1つとして、グローバル・アスレティックトレーニング（Global Athletic Training：GAT）プログラムがある。GATプログラムは、アスレティックトレーニング教育認定委員会に認可されたアスレティックトレーニング教育プログラムを保有する米国の大学院への進学・留学を目指し、最終的にアスレティックトレーナーの資格取得を積極的に支援する本学部独自のプログラムである。このプログラムは、従来の個人で進学・留学する場合と比較し、短い期間（最短で5年5ヶ月：ただし、早期卒業制度を利用することで。さらに短縮される場合がある）で、本学部入学から米国の大学院で修士号を取得し、アスレティックトレーナーの資格認定試験の受験資格を得ることができる。このプログラムの特筆する点として、参加学生が計画的かつ段階的

に英語運用能力を向上させることができるとともに、アスレティックトレーニングに関する専門的知識やスキルを身につけることができ、体系的かつ手厚い支援を行っている。また、アスレティックトレーナーという専門職の理解を促すことを目的とし、アスレティックトレーニング研修制度を設けて、短期留学を実施している。さらに、インターンシップとして、実際の競技現場でアスリート支援を実践する。これまでに複数のGATプログラムの卒業生がアスレティックトレーナーの資格を取得し、日本のみならず海外を拠点として、アスリートの支援と安全を守るために活躍している。

（2）スポーツ強化センターによるアスリート支援

〈重点強化による指導者支援〉

　立命館大学スポーツ強化センターは、1997年に大学におけるスポーツを文化として高め、学生の人間的な成長を図ることを目的として発足した。当該センターによる主な活動実績は、①重点強化パートにおける専従指導者の配置と雇用、②アスレティックトレーナーとストレングス＆コンディニングコーチの雇用と配置、③各クラブの中長期的強化およびアスリート育成方針とスポーツ特別選抜制度の整合性確保、④学業ガイドラインの設定と公式戦出場の基準の明確化など多岐にわたる。とりわけ重点強化パートにおける専従指導者、アスレティックトレーナー、ストレングス＆コンディニングコーチの配置と雇用を積極的に促進したことによって、アメリカンフットボール部（PANTHERS）や陸上競技部の女子駅伝チームが全国一に輝いことに貢献したことは言うまでもなく、立命館大学におけるスポーツの発展を現場実践的立場から支えている。

〈R-SCATによるアスリート支援〉

　立命館大学で専従雇用されているストレングス＆コンディショニングコーチおよびアスレティックトレーナのチーム（R-SCAT）は、学生（アスリート）が課外自主活動（スポーツ）に安心して取り組むことができる安全な環境整備を提供することを目的とし、その課題解決を担うことができ

る専門的かつ経験豊富なアスレティックトレーナーとストレングス＆コンディニングコーチがチームを組んで、各クラブのアスリート支援を行う本学独自のアスリート支援体制である。とりわけ、スポーツ傷害後の競技復帰に向けたリハビリテーションやパフォーマンス向上のためのトレーニング指導を行うだけでなく、例えば、コンタクトスポーツで多く発生する脳震盪への取り組みとして、一般的に使用されている脳震盪の評価ツールに加えて、脳震盪直後の認知機能テスト（ImPACT）を積極的に導入し、アスリートが安全に学業や競技へ復帰できる支援体制や環境整備を担っている。また、既述のGATプログラムは、高い英語運用能力や所定の単位・成績の取得が求められることから、志半ばでプログラムの継続を断念する学生もいるが、そのような学生がアスレティックトレーニング分野の主体的な学びを継続し、新たな進路選択を考える機会の場も積極的に提供している。さらに、附属校の各校にアスレティックトレーナーが巡回指導を行っており、学園全体で包摂したアスリートの一体化支援を目指した取り組みも進めている。

（3）スポーツ健康科学総合研究所によるアスリート支援およびスポーツ庁事業との連携

〈スポーツ健康科学部総合研究所〉

　スポーツ健康科学総合研究所は、2022年度にスポーツ・健康・ウェルフェア分野の総合研究拠点として開設した。当該研究所は、あらゆる人の身体的・精神的・社会的健康の実現に取り組み、多様性と包摂性に優れ、誰もが健康的な生活を送ることのできる社会の実現に貢献することを目指している。主な研究ターゲットとして、「健康・長寿の実現」「スポーツを通じたQOLの向上」「まち・社会の健康の実現」を設定している。アスリート支援（パフォーマンス向上・スポーツ傷害予防）は、「スポーツを通じたQOLの向上」に組み込んでおり、スポーツ庁委託事業『先端的スポーツ医・科学研究推進事業』や『女性アスリートの育成・支援プロジェクト』とも連携を図りながら、基礎研究から開発・実証、社会実装までを一気通貫で推進する先駆的な取り組みを進めている。

〈先端的スポーツ医・科学研究推進事業〉

　立命館大学は、2022年度にスポーツ庁委託事業『先端的スポーツ医・科学研究推進事業』に採択された。この事業は、スポーツにおける「医学分野」「情報分野」「工学分野」等に関する先端的な研究ならびに次世代の中核を担う若手研究者の育成を継続的に行う機関を「先端的スポーツ医・科学研究拠点」として指定し、ハイパフォーマンススポーツセンター（HPSC）と連携することで、我が国のスポーツ医・科学研究を推進することを趣旨としている。立命館大学では、本学部・本研究科が中心となり、理工学部、情報理工学部、生命科学部、薬学部の理工系4学部との共同研究を行い、スポーツ科学における世界最先端の現場実践的および社会実装的な研究成果や研究シーズを創出することを目指している。

　HPSCとの連携においては、2016年度に本研究科とJISSの教育研究協力に関する協定を締結し、これまで様々な共同研究を進めてきた。これを端緒とした上で、立命館大学とHPSCのさらなる連携により、我が国の国際競技力向上に貢献する「ハイパフォーマンス・アスリート極限支援研究拠点」の設置を進めている。当該拠点では、主にコンディショニング、トレーニング、パフォーマンス向上の3つの研究テーマを柱として進めている。例えば、コンディショニング研究では、睡眠を中心とした概日リズムや女性アスリートの性周期に着目し、アスリートが自身の生体リズムを把握できるような研究開発を進めている。トレーニング研究では、アスリートの血液、唾液、尿などの生体試料をバイオマーカーとして、トレーニング効果を可視化・予測できる研究開発を進めている。パフォーマンス向上研究では、広視野を高精度で撮影できる全天球カメラを用いて、アスリートのマーカーレス動作解析や顔面表情解析などの情報処理技術を組み合わせることで、試合中のパフォーマンスの評価だけでなく心身のコンディションをリアルタイムに分析できる技術の研究開発を進めている。

　スポーツ科学の先端的研究者の育成においては、ハイパフォーマンス・アスリートを支えるコアな科学者を『ハイパフォーマンス・コア・サイエンティスト』と位置づけ、HPSCと連携し、まずはスポーツ科学に興味を持ってもらうところから開始し、最終的には本学部・本研究科やHPSC・JISSでアスリート支援に特化したプロフェッショナルな研究者として活躍できるまで一貫した体系的かつ手厚い人財育成プログラムを構築する。

〈女性アスリートの育成・支援プロジェクト〉

　立命館大学は、2018年度〜2023年度の3期（第1期：2018年度〜2019年度、第2期：2020年度〜2021年度、第3期：2022年度〜2023年度）にわたって、スポーツ庁委託事業『女性アスリートの育成・支援プロジェクト』に採択され、女性アスリートに特化したコンディショニング、トレーニング、パフォーマンス向上などの現場実践的および社会実装的な支援を継続的に行っている。

　第1期は、女子バスケットボール選手に多い下肢傷害予防を目的とし、高校生や大学生を対象に整形外科的な要因に加えて、スポーツ栄養学・生理学・遺伝学などを包括した測定から、測定結果の個別フィードバックやテーラーメイド型プレシジョン傷害予防プログラムを提供した。

　第2期は、双方向型オンライントレーニング指導システム（O-TIS）を構築し、現場でトレーニングを指導する派遣指導員とO-TISを活用できる次世代型指導員（コンシェルジュ）の養成による現場指導者の先駆的な支援を行った。

　第3期は、ジュニア期の女性アスリートとその現場指導者へのニーズ調査やインタビュー調査を行い、これまでのプロジェクトの一連の成果として、女性アスリート特有の健康課題やセルフケア、健康維持・増進や体調管理のためのエクササイズ、女性ならではのTIPSなどに関する情報や動画を提供・発信するポータルサイト（https://athlab.ritsumei.ac.jp/）とLINEボット（https://line.me/R/ti/p/@640nxobz）を開設した。これらは、女性アスリートのみならず男性アスリート、さらにはアスリートでない方にも有益な情報がふんだんに盛り込まれている。また、利用者が女性アスリート特有の健康課題やコンディショニングに関する自身の知識レベルを評価できる「女

性アスリート検定」などの楽しく学べるシステム
も組み込んでおり、スポーツ科学に興味のある学
生にも利用していただけるような様々な工夫を凝
らしている。本書をお読みの方々にも是非ご活用
いただきたい。

＊

　今般、スポーツ競技の高度化や多様化が進む中
で、それに対応するためにスポーツ科学も日々発
展している。しかしながら、ヒト・ひと・人、そ
してアスリートの「身」と「心」は、複雑で未解
明な課題は尽きることはない。したがって、パフ
ォーマンス向上やスポーツ傷害予防を含む、アス
リート支援を高度に推進するためには、教育・研
究・実践・実装を一体化した上で、着実に「知」
を積み上げていくしかない。2030年に向けて立命
館学園は、『学園ビジョンR2030』として「挑戦
をもっと自由に」を掲げ、それを大学から附属高

等学校・中学校・小学校を包含する共通のビジョ
ンとしている。このような一貫教育や総合学園と
しての強みを活かし、ジュニア期からの確かなア
スリート支援と領域横断的研究をさらに促進する
ことで、スポーツ科学研究における最先端拠点と
して、より一層我が国のスポーツの振興と発展に
積極的に貢献していくことに挑戦し続ける。

　最後に、本項では、本学部・本研究科、スポー
ツ強化センター、そして、スポーツ健康科学総合
研究所のアスリート支援を紹介させていただい
た。しかしながら、今日の立命館大学におけるス
ポーツの発展と推進は、本項では紹介しきれなか
った様々な取り組みとそれに尽力していただいた
多くの学生・教職員・校友・関係者による成果の
賜物であることを申し添えておきたい。

（伊坂忠夫）

コラム14
個別サポート

〈個別サポートの概要〉

JISS個別サポートはJOCおよびJPC強化指定選手を対象に実施している。栄養・心理・トレーニング・リハビリテーションがコンディショニングチームになり、システムとして総合的に競技者を支援していくことを目標に2019年に設置された。これまではJISS内の個人のつながりで対応していたところを、チームの課題として連携をとりながら、競技力向上を目指した活動を行っている。

〈栄養サポート〉

栄養サポートは、スポーツクリニック内の栄養相談室やコンディショニングスペースでの対面式での相談を基本とし、必要に応じてメール、電話、オンラインでも実施している。外傷・障害の回復に向けて連携するトータル・コンディショニングサポート（TCSP）、パフォーマンス発揮を目的に複数分野で連携するコンバインド・コンディショニングサポート（CCSP）のほか、栄養分野のみで行う食事分析、体組成管理、栄養情報提供を中心とした栄養サポートも実施している。

相談内容は、減量、増量、体組成の改善といったウエイトコントロールに関する相談が多い。HPSC内の資源をできる限り活用した選手サポートを行っており、選手はアスリートカードと連携したHPSC内複数個所に設置がされている体組成計を活用し、適時適所にて体重および体組成測定を行っている。その結果を選手本人はもちろん、サポート担当スタッフも即時にデータを確認し、栄養サポートに活用している。近年パラリンピック選手の個別栄養サポート件数も多く、今後より一層障害の種類に対応したサポート方法が必要になるだろう。選手により有益で効果的なサポート方法の確立について検討が必要である。

〈心理サポート〉

心理サポートは、基本的には、選手個人が個別サポートを希求し、自発的に申し込むものである。また、指導者やチーム関係者、JISSスタッフ（他分野）からの紹介で来談する場合もある。

申し込み後は、最初にインテーク（初回）面接を行い、選手の主訴や希望、来談の経緯等を詳しく聴（訊）く。その後、インテークカンファレンスを開き、サポート担当者を決める。JISSスタッフは、スポーツメンタルトレーニング指導士（日本スポーツ心理学会認定）、臨床心理士（日本臨床心理士資格認定協会認定）、公認心理師（国家資格）などの資格を有し、選手の主訴や希望に合うスタッフが担当する。担当者は、選手に寄り添いながらサポートを行っていくが、多様な心理的問題・課題を抱えているため、最初の担当者のサポート範囲を超えるようなこともある。そのような場合には、他の心理スタッフと連携をとり、一人の選手を二者、三者でサポートするケースもある。また、医師の診察が必要な場合には、JISSの心療内科（診療日／月2回）を受診することもある。JISS・心理グループのサポートは、選手の様々な訴えや要望にも対応できるスタッフを備えており、このような施設は、日本では他に類を見ないものである。

〈トレーニングサポート〉

トレーニングサポートでは、課題の抽出/目標設定/プログラム策定/トレーニング指導/進捗確認とデータの蓄積/課題検討を実施している。課題抽出にあたっては、依頼のあったアスリートやそのコーチからの要望を聞き取り、パフォーマンスを分析し依頼者の体力の特性から課題を検討している。この過程では、既知の文献や研究者の意見を取り入れながら依頼者の同意の下、トレーニングプログラムを策定する。トレーニング指導では、マンツーマンで指導員が対応している。怪我からの復帰や除脂肪重量の増量といった他の専門的な知識を要する課題に対しては各分野の専門家（ドクター・リハビリ・栄養・心理…）と連携してサポートにあたる。トレーニングの進捗確認については、フィールドでの測定や、専門家と連携して専門的で精度の高い機器を用いてデータを取得している。これらを参考にしながらサポートに役立てるとともに、貴重なデータとして専用のシステムに保存している。これらのデータを活用して、依頼者だけでなく他のデータと比較することで競技種目としての課題や次世代アスリートに役立てられるような取り組みを行っている。

（亀井明子・立谷泰久・田村尚之）

7. 地域の医科学センターや大学、専門家との連携

1. JISSが行うスポーツ医・科学支援の課題

　JISSは2001年の開所以来、アスリートの国際競技力向上のための様々な支援を担ってきた。特にスポーツ医・科学支援事業では、国際競技力向上のため、各中央競技団体（以下、NF）が抱える課題に対し、スポーツ医・科学、情報の各側面から継続的な支援を行ってきた。一方で、降雪地域でトレーニングする「冬季競技」、海洋や河川などでトレーニングする「海洋・水辺系競技」など、JISSがあるハイパフォーマンススポーツセンター（以下、HPSC）での競技トレーニングが困難な競技に対しては、十分に医・科学的な支援を提供することができなかった。特に、JISSで実施する体力測定（以下、フィットネスチェック）では、強化現場がJISSから遠いNFは、フィットネスチェックのためにトレーニングのスケジュールを調整し、トレーニング拠点からJISSへ移動する必要があるため、頻繁に測定できない、あるいは効果的な時期に測定ができないといった課題がある。また、新型コロナウイルス感染症による移動制限など、不測の事態に陥った場合に定期的な体力測定が行えないこともある。このような状況を改善するため、地域のスポーツ医・科学センター、ナショナルトレーニングセンター競技別強化拠点、体育・スポーツ系大学、地域の専門家等との連携により、フィットネスチェックだけでなく、JISSがこれまでにアスリートに対して提供してきた様々な支援を、地域の各機関が利用しやすいようにまとめるなど、地域でアスリートを支援する体制を整備していく必要性が高まった。

2. ハイパフォーマンススポーツセンターネットワークの構築

　地域の各機関がJISSで実施する医・科学支援と一貫した支援を提供するためには、JISSがあるHPSCからの十分な情報提供とアスリート支援体制の整備が必要であった。そこで、HPSCを中核とした新たなアスリート支援ネットワークの構築を目的として、2018年に「ハイパフォーマンススポーツセンターネットワークの構築」事業が始まった。現在では、「HPSCネットワークを通じた医・科学、情報サポートの展開」事業（以下HPSCネットワーク事業）という名称で、事業が進められている（図3-47）。

3. 地域でのHPSC機能の利活用

　我が国には、体育・スポーツ系大学や地方公共団体等が設置するスポーツ医・科学センターが既に多くの地域にある。また、各NFが定めるトップアスリートの強化拠点も同様に、全国に点在している。これらの機関が、各地域で効果的に連携することができれば、ジュニア世代を含む選手が日常的にトレーニングを行う地域において、JISSと一貫した支援を受けるための体制整備が進むと考えられる。特に体力測定では、これまでに数多くのアスリートがフィットネスチェックを受け、そのデータはJISSの体力測定データベース（アスリートチェックシステム、以下ACS）に登録されている。このように、アスリートが地域において体力測定を受け、その結果をJISSにある過去の測定データと比較するためには、地域においてもJISS同様に測定を実施する必要がある。そこで

図 3-47　HPSC ネットワーク事業の概念図

HPSCネットワーク事業では、全国各地の大学、スポーツ医・科学センター等を対象に、JISSが定める方法により、アスリートに対して体力測定を実施できる機関を連携機関（アスリート支援：体力測定。以下、連携機関）として指定する枠組みを定めた。連携機関への指定には、測定機器の保有だけでなく、アスリートを対象とした測定実績や、測定マニュアルの整備などの要件を満たすことを各連携機関に求めている。また、指定の対象となる測定項目には、①形態、②身体組成、③筋力、④有酸素性能力、の４つを設け、測定項目ごとに、HPSCとのデータ共有が可能な測定機器を定めている。このようにして、これまでに、全国で17の機関が連携機関として指定されており、地域におけるアスリートの体力測定を担っている（図3-48、次頁）。

4．測定データの管理

JISSでは、フィットネスチェックによって得られたアスリートの測定データを、ACSに蓄積し、アスリートへの支援だけでなく、スポーツ科学の発展に資する研究に利用してきた。連携機関における体力測定においても、アスリートの利便性を考え、必要な測定データをACSで一元的に管理することとしている。これにより、アスリートはJISSだけでなく、どの連携機関で測定を行っても、自身の過去の測定値を参照することが可能となる。一方で、個人情報であるアスリートの測定データを授受、管理するためにはHPSC、連携機関、NFおよびアスリートの間でのデータの相互提供に関する同意と、適切なデータ授受の仕組みが必要となる。HPSCネットワーク事業では、アスリートがどの連携機関で測定を実施しても、適切に個人情報が保護され、かつ適切に測定データが共有されるよう、同意書や覚書等の必要な書面等の手続きを整備した。また、具体のデータ授受に関しては、JISSが運用するデータ共有サービスであるJISS shareを用いることで、安全かつ適時にデータの授受が可能となっている（図3-49、次頁）。

5．「HPSCパッケージ」を活用した連携機関や地域の専門家との連携

選手の競技力向上を目的とした支援では、現場での課題を解決するためのトレーニングを行う。一般的にはそれらのトレーニング前後で選手の状態を測り、トレーニングの効果を検証する。このようなプロセスの中で体力測定は重要な役割を担う。一方で、選手の競技力向上を阻害する課題は体力的な要因だけではない。日々のコンディションを良好に保つための栄養指導や適切な身体姿勢、IoTを活用した動作の見える化など、その支援の方法は多岐にわたる。HPSCでは、これまでJISS

No.	機関名	エリア	所在地	測定項目				
				形態	身体組成	筋力	有酸素性能力	FAAB
1	北海道立総合体育センター 北海きたえーる	北海道	北海道 札幌市		○		○	
2	北翔大学	北海道	北海道 江別市		○	○	○	
3	青森県スポーツ科学センター	東北	青森県 青森市			○	○	
4	とちぎスポーツ医科学センター	関東	栃木県 宇都宮市		○	○	○	
5	千葉県総合スポーツセンター	関東	千葉県 千葉市			○	○	○
6	国際武道大学	関東	千葉県 勝浦市		○	○		
7	帝京大学スポーツ医科学センター	関東	東京都 八王子市		○		○	
8	横浜市スポーツ医科学センター	関東	神奈川県 横浜市			○	○	
9	山梨学院大学 スポーツ科学部	関東	山梨県 甲府市		○	○	○	
10	新潟県健康づくり・スポーツ医科学センター	北信越	新潟県 新潟市		○	○	○	
11	富山県総合体育センター	北信越	富山県 富山市			○	○	○
12	びわこ成蹊スポーツ大学	近畿	滋賀県 大津市			○	○	○
13	立命館大学スポーツ健康科学部	近畿	滋賀県 草津市		○	○	○	○
14	京都トレーニングセンター	近畿	京都府 京丹波町		○	○		○
15	大阪体育大学	近畿	大阪府 熊取町			○	○	
16	和歌山県立医科大学みらい医療推進センターげんき開発研究所	近畿	和歌山県 和歌山市		○	○		○
17	高知県スポーツ科学センター	四国	高知県 高知市		○	○	○	

（2023 年 11 月現在）

図 3-48　HPSC ネットワーク連携機関（アスリート支援：体力測定）一覧（左）とその所在地（右）

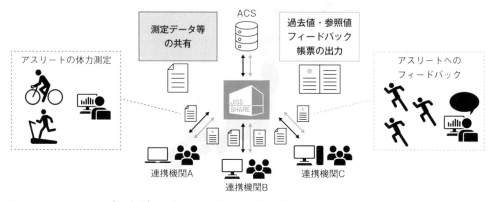

図 3-49　JISS share（図中央）を介した測定データ等の授受の方法を示した模式図

が行ってきた支援のうち、フィットネスチェック、スポーツ栄養指導、障害予防の姿勢チェックなど、スポーツ医・科学、情報に関する支援のコンテンツ（マニュアルやスライドなど）をパッケージ化し、HPSCスタッフによる研修プログラムとセットにして、地域の専門家に活用してもらう仕組みを整えた。この仕組みを通じて、JISSに来ることができない選手もJISSが行う支援の一部を受けることができるようになった。HPSCパッケージには、「個人型」と「機関型」の２つの区分がある。事前に研修を受けた地域の専門家が利用できる「個人型」のパッケージには、栄養や心理に関する講習会などがある。「機関型」のパッケージには、各連携機関活用できる、スポーツ外傷・障害予防（姿勢チェック）や映像・情報技術がある。

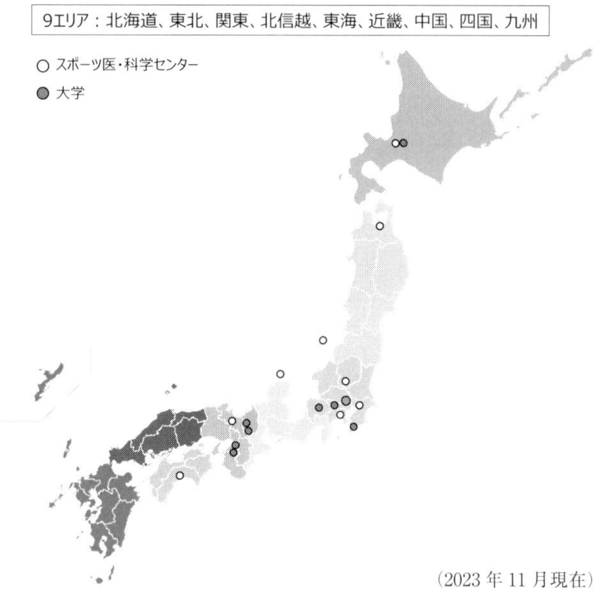

6．地域とのネットワークの今後

アスリートの主な目的は競技力の向上である。今後は、連携機関による体力測定だけでなく、様々な医・科学支援をアスリートに届けるための支援のスペシャリストを育成し、地域に配置する必要があろう。このような支援のスペシャリストが、連携機関や地域の専門家、研究者と適切に連携し、アスリートの競技力向上の制限要因を見つけ、それを克服するための適切なトレーニング計画を立案、実施、検証することができるようになれば、より多くのアスリートがスポーツ医・科学支援の恩恵を享受することができる。

（尾崎宏樹）

コラム15

日本陸上競技連盟における医・科学支援

日本陸上競技連盟における科学委員会では、東京2020オリンピック競技大会（以下、東京2020大会）開催決定後は、強化体制のターゲット種目設定に伴い、ターゲット種目ごとに担当者を配置し、強化現場とのスピード感のある双方向のやり取りによって、現場のニーズに寄り添いながら個別的、実践的なデータ収集と即時フィードバックに重点を置いた活動を行ってきた。

委員会メンバーは、2016年度当時は27名であったが、東京2020大会に向けて43名と増員し、バイオメカニクス、運動生理学、心理学、栄養学および社会学などの諸科学的な観点からのアプローチとエビデンスに基づく支援や外的要因である気象、情報（海外）の専門家をも加え委員を充実させるとともに、幅広い活動を展開してきた（現在では20名と再編）。

現在の科学委員会の主な活動は以下の内容となる。

①パフォーマンス分析支援活動（競技会や合宿などでの競技パフォーマンス分析・データフィードバックなど）

②国際総合競技会へ向けた準備・支援活動

③コンディション・暑さ対策（主にマラソン、競歩）に関する支援活動

④ジュニア選手への調査研究活動（障害や栄養、心理面および育成環境等の調査、体力測定）

⑤科学的データ普及支援活動（研修会やセミナー、オンライン活動報告会開催）

⑥成果公表物の刊行（陸上競技研究紀要での活動報告書）など

⑦その他（戦略的な考えに基づく諸活動）

特にターゲットアスリートへの重点的、科学的支援として、競技会などで得られた分析結果などの情報をできるだけ早く強化委員長、強化担当者、情報戦略部、科学委員長、事務局担当者らへ同時にメール配信し、情報共有を重ねてきた。強化担当者とデータの見方や活用に関する意見交換だけでなく、支援要請や相談が直接、担当委員に入るようになり、科学的根拠に基づく改善のためのアイディア、方策を導き出すことに役立てられている。

今では当たり前となっている日本陸上競技連盟の医科学支援活動を語るには歴代の科学委員長を務めた小林寛道先生、阿江通良先生の足跡を振り返る必要がある。小林先生が1989年に同連盟・科学部長に就任した当時は、「スポーツ科学は、測定はするが測定しても結果が現場に役立たない」とスポーツ関係者の中にも批判的な意見があり、このような議論の中で、世間一般のスポーツ科学への認識を高めるためにも、「勝つためのスポーツ科学」を構築しなければならないとの使命感を持った。そのためには総合的な力が必要と考え、科学部（後に科学委員会）の初期の構成メンバーは、運動生理学、バイオメカニクス、医学、栄養学、心理学を専門とする若手研究者で構成し、研究業績にこだわらず、陸上を強くすることに情熱を持つ人、できる人（能力のある人）を集め、そして、①競技に直結する医・科学に基づいたサポートの実行、②実際の競技現場での医・科学研究の遂行、③競技力向上に寄与する基礎的、応用的研究、④医・科学に基づいた戦略、のもとで以下のような精力的な活動を展開したのである。

1991年の第3回世界陸上東京大会は、我が国における陸上競技の本格的なパフォーマンス分析研究の発端となる大会であり、阿江先生を実行班長とするバイオメカニクス研究特別班総勢79名が燃えるが如く活動し、世界一流選手の技術に関する多くの知見を得ることができた。この一大プロジェクトはその後の日本陸上界の発展に大きく貢献し、また多くの研究者が育つ契機となった活動でもあり、筆者もその1人である。この時、小林先生が主導したマラソン選手への暑さ対策サポート活動の結果、日本男子初の金メダルを谷口浩美選手が獲得し、ゴール直後のインタビューにおいて谷口選手が科学サポートへの感謝の言葉を忘れなかったことは「勝つためのスポーツ科学」が結実した瞬間でもあった。また、高地トレーニングを積極的に推奨し、その先駆的なコンディションサポート活動は、浅利純子選手の1993年第4回世界陸上大会における日本女子初のマラソン金メダル獲得という輝かしい結果に結びついた。さらに、栄養サポートについて1990年から開始した「日本陸連高地トレーニング合宿」において、徹底した食事管理と支援を実施し、これが現在の栄養サポートのひな形となったのである。このような今では当たり前となっている医・科学サポートの諸活動は、当時、周囲の反対を押し切って『他の連盟の活動のモデルになるんだ。波及効果が大きいから頑張ってやろう。陸上界が頑張ると、日本のスポーツ科学がどんどん良くなる』という先人の方々の気概に満ちた挑戦と敢行のおかげで実現できていることを忘れてはならない。それが基盤となり、陸上界だけでなく様々な形で我が国のスポーツ界に波及し貢献していると言える。　（杉田正明）

■文献

・阿江通良. 基調講演 陸上競技のバイオメカニクスとサポートのこれまでと今後への期待：1991年ごろから. 陸上競技学会誌21：88-97. 2023.

・小林寛道. 基調講演 陸上競技の科学研究・医科学サポートのこれまでと今後に向けて～1988年から2004年までの活動を踏まえて～. 陸上競技学会誌21：77-87. 2023.

7．地域の医科学センターでの取り組み

（1）とちぎスポーツ医科学センターにおける医・科学支援

〈とちぎスポーツ医科学センターの概要〉

とちぎスポーツ医科学センター（Tochigi Institute of Medicine & Science 以下、TIS）は、2022年いちご一会とちぎ国体・とちぎ大会に向けた競技者の支援体制強化のために2020年に開所した。TISの理念は「体育・スポーツ実践で人々を幸せに」とし、目標に向かって、自らの力で課題を解決できる競技者の養成、すなわち、競技力向上のための「知恵の開発」を目指した施設となっている。

〈提供している支援のメニュー〉

支援のメニューは、形態・体力測定および各種サポートの2つに大別される。形態測定では、身長、体重、体組成、肢長および周径囲を評価している。また、体力測定では、各種体力要因（筋力、無酸素性パワー、無酸素性および有酸素性持久力、調整力、柔軟性）を評価する項目を、一般的、専門的および試合的運動に分類し、評価している。測定後の即時フィードバックでは、各成績の関係に基づいて、個々人に現状把握、課題抽出、段階的・最終的目標値の設定、ギャップを埋めるための課題設定などについて学習させ、その後の活動に役立ててもらっている。一方、各種サポートは、パフォーマンス分析サポート（動作分析、レース・ゲーム分析、映像技術サポート）に加え、トレーニング、心理および栄養サポート、医事相談を実施している。

〈サポートの実施体制およびサポート対象者の特徴〉
①サポートの実施体制

TISにおけるサポート体制は、パフォーマンス分野、トレーニング分野およびコンディショニング分野の3つから構成されており、各サポート分野には諸科学の専門家を配置し、プロジェクト的で包括的なサポートを実施している。TISの常勤スタッフが10名（事務3名、専門7名）であることから、そのマンパワーを補うために、非常勤スタッフとしてトレーニング6名、心理4名、栄養7名および医師5名の計22名、またさらに、TIS独自の養成課程を修了した協力スタッフとして、測定11名およびトレーニング4名の計15名が実務に係わっている。

②サポート対象者の特色

開所してから3年間の利用者数は、高校生以下の競技者（15,621名）が、成人競技者（9,409名）と比較して多い傾向にあった。サポート対象者の特色として、開所当初は国体候補競技者の利用が中心であったが、徐々に一般競技者（個人、チーム）、日本代表レベルの競技者、プロの競技者などの利用が増加してきた。

〈支援の具体例〉
①トレーニング総合サポート

高校女子バドミントン競技者10名を対象に、年間を通したトレーニング総合サポートを実施した。定期的な形態・体力測定のデータに加え、トレーニングセッション中に得られるデータ（バーベルの挙上速度、自転車ペダリングのパワー値、運動後の心拍数および血中乳酸濃度）、血液検査データなどを活用し、トレーニングの負荷構成を個別に調整し、最適化させた。競技者のトレーニングに対する理解、指導者のサポートに対する理解も相まって、成功事例の1つとなった。サポートの具体的な内容は、ゲーム分析、各種トレーニング（筋力、動作・安定性、持久力）、血液検査結果に基づいた栄養指導、コンディションのモニタリング、酸素カプセルによる疲労回復および医事相談であった。その結果、2022〜2023年シーズ

図3-50　トレーニング総合サポートの様子

ンにおける国内主要大会での入賞、2023年ジュニアナショナルチームに1名選出などの成績を残した。

②栄養サポート：女性アスリートサポート事業

県内の国スポ候補競技者に対して採血を行い、ヘモグロビン＜12.0 g/dL、フェリチン＜20.0 ng/mLを示した者に対して鉄欠乏状態を改善させるための個別栄養サポートを行った。介入期間は3か月とし、毎月1週間の食事調査を行った。その結果に基づき、競技者および保護者に対する栄養指導、また、オンラインおよびSNS（LINE）を用いた補助サポートも実施した。1人の競技者に対して1人の管理栄養士が対応することで、より具体的で継続的なサポートが実施できた。その結果、食生活および食行動の改善がみられ、ヘモグロビン値および血清フェリチン値が増加する傾向にあった。

③学校との連携事業

県内の某高校を対象に、体育・スポーツにおける総合サポートの地域展開を実施している。具体的内容として、【体育授業サポート】1年生の

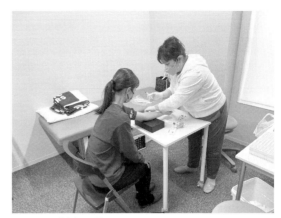

図3-51 採血の様子

「体育（体つくり運動）」、3年生の「選択体育（学校のトレーニング環境を利用したトレーニング講習会の開催）」を担当、【運動部活動サポート】各部活からの要望およびTISからの提案を基に総合サポートを実施、【女性アスリートサポート】部活動の女性アスリートおよび顧問に対して講習会を開催、などが挙げられる。体育・スポーツを通して課題解決のできる自立した生徒を養成するために、今後、同様な取り組みを他校へ展開していく予定である。

（池田達昭）

●とちぎスポーツ医科学センター

住所　〒321-0152　宇都宮市西川田4-1-1
　　　（カンセキスタジアムとちぎ 内）
TEL　028-645-2080（代）
FAX　028-645-2030
URL　https://tis.or.jp/

とちぎスポーツ医科学センターは、2020年5月に開所し、現在は公益財団法人栃木県スポーツ協会が指定管理者として運営を行っている。

主な施設として、アスリートルーム（多目的）、パフォーマンスルーム（各種測定）、トレーニングルーム、コンディショニングルーム、カウンセリングルーム、メディカルルームなどを備えている。

栃木県が設置した施設だが、他県の方も利用可能である。

（2）千葉県総合スポーツセンターにおける医・科学支援

千葉県では、令和4年4月からスポーツに関する行政所管課が千葉県環境生活部文化スポーツ局競技スポーツ振興課に所管変更となり、「第13次千葉県体育・スポーツ推進計画」を令和4年3月に策定した。その中でも、アスリートの競技力向上を支援する計画として、「第4期千葉県競技力向上推進総合計画」が競技力向上推進本部で策定され、活動目標として、以下の3つが掲げられた。

① 国民体育大会（現 国民スポーツ大会）上位入賞
② 未来のアスリート発掘・育成・強化
③ 世界で活躍する選手の強化・支援

競技団体・行政・大学・医療機関・職能団体等が連携して、主に県内アスリートへの支援体制を確立し支援活動を実施している。

〈体力測定にかかわる事業〉

千葉県総合スポーツセンターでは、スポーツ選手の競技力向上を支援するために、体力を科学的に測定・分析し、結果をフィードバックし、希望に応じてトレーニング指導・アドバイスを行う「スポーツ選手体力測定相談事業」を平成11年から実施している。

表3-11 スポーツ選手体力測定者数（直近10年）

年度	男性	女性	計
H24年度	754	491	1,245
H25年度	730	575	1,305
H26年度	690	545	1,235
H27年度	645	452	1,097
H28年度	750	491	1,241
H29年度	647	326	973
H30年度	609	343	952
R元年度	668	386	1,054
R2年度	183	88	271
R3年度	280	146	426
R4年度	174	134	308

体力測定に関する事業は、スポーツ選手が対象となる当該事業のほか、どなたでも参加いただける「県民健康体力測定相談事業」の大きく2種類の事業を実施しており、スポーツ選手体力測定相談事業は年間約1,000人のアスリートの体力測定

図3-52 センター内の施設

を実施している（表3-11）。

さらに、競技力向上推進本部と協働で実施する国民スポーツ大会選手強化事業に係る体力測定では、同日にドーピング防止講習会（県内薬剤師会）や栄養相談講習会（スポーツ栄養士）、メンタル指導講習会（スポーツ心理学の専攻教授）、デンタル講習会（歯科医師）などを実施し、県内連携機関の協力を得ながら、マルチサポート体制を整え支援を実施している。

〈ハイパフォーマンススポーツセンターとの連携〉

千葉県総合スポーツセンターは、指定管理者制度が導入され、千葉県スポーツ協会・まちづくり公社グループが管理運営を行っている。ハイパフォーマンススポーツセンター（以下、HPSC）ネットワーク構築事業には、当初より職員の出向も含め協働する環境を整備していくことができたため、令和4年度に体力測定に関する連携機関の登録認定を受けることができた。今後、この連携を通じて、中央競技団体の支援から得た最先端の知見を、県内指導者やアスリートに還元することで、さらなる支援体制の充実を図っていくことができると考えている。

〈支援体制の展望〉

千葉県は多くの競技施設と競技に求められる自然環境が整う場所が点在し多様なスポーツ環境に恵まれている。隣接する都県からのアクセシビリティや国際空港の存在も相まって、多くのプロスポーツチームや実業団、スポーツ系学部を有する大学も多く、スポーツに関しては非常に高いポテ

ンシャルを有している。

　一方で、県と競技力向上推進本部が共同で進めてきた競技力向上事業は、平成22年に行われた第65回国民体育大会（ゆめ半島千葉国体）に向け多くの連携実績が成果をもたらしたが、事業継続や拡大には抱える課題も多く、昨今の社会的状況もあり足踏み状態の状況が続いている。

　また、地域のスポーツ科学センターではトップアスリートのみならず、競技力向上を目指すアスリートへの効果的な支援を届けることと併せて、日常的に一般の方へのスポーツを通じた健康の維持・増進支援に関する事業継続が責務となる。スポーツ庁に設置された「地域におけるスポーツ医・科学支援の在り方に関する検討会議」の答申の中でも『支援の質の向上と対象の拡大を両輪で進める』という方向性が示され、地域のスポーツ科学センターにしかできない、バランスの取れたアスリート支援と健康増進支援の体制確立と充実が求められてており、地域におけるスポーツ振興の現状を鑑みると、HPSCで得られた知見や情報を県内アスリートへ還元できることは、大きな起

図 3-53　研修会等を通じた最新知見や情報の共有

爆剤となると考えている。

　今後、HPSCや国の機関との連携を基に、県内の優れたリソースをさらに活用し、より多くのアスリートや県民に対して、シームレスに支援を届けるために、スポーツ科学センターに資源やノウハウを共有できる仕組みを整えながら、効果的なスポーツ支援機能を充実・発展させていきたいと考えている。

（河田絹一郎）

●千葉県総合スポーツセンター

一般財団法人千葉県まちづくり公社
総合スポーツセンター管理事務所
住所　〒263-0011　千葉市稲毛区天台町323
TEL　043-290-8501
FAX　043-207-1021
URL　https://www.cue-net.or.jp/kouen/sportscenter/index.html

　昭和48年開催の国民体育大会（若潮国体）のメイン会場として整備されて以来、千葉県の中核的スポーツ施設として各種県大会をはじめ、国際・全国・関東大会等を開催してきた。平成11年にはスポーツ科学センターが完成し、スポーツ科学支援が開始された。

　敷地内には、スポーツ科学センター、陸上競技場、第2陸上競技場、硬式野球場、庭球場、軟式野球場、ソフトボール場、サッカー・ラグビー場、体育館、弓道場、武道館、研修所、12の施設を有しており、敷地面積全体では、県内有数の敷地面積を有する県立都市公園としての機能も有している。

　千葉県スポーツの普及・推進の中心としての役割を担っている。

（3）横浜市スポーツ医科学センターにおける医・科学支援

〈アスリートの医・科学支援〉

横浜市や神奈川県内・近隣地域にはプロや実業団などハイレベルなチームが数多くあり、横浜市スポーツ医科学センターの開設当初から様々な形で利用されている。また本格的に競技に取り組むジュニアや学生、マスターズや市民大会に参加するなど競技志向でスポーツを行う中・高年齢層も支援している。

支援内容は大きく分けると「メディカルチェック」「フィットネスチェック」「運動器疾患の診断および治療（リハビリテーション）」の３つである。「メディカルチェック」「フィットネスチェック」については、対象者の競技種目・年齢・人数・チェックしたい内容などにより実施項目が多岐にわたるため、各チーム・競技団体等の依頼内容を確認し、項目や実施方法を詳細に協議・調整している。

「メディカルチェック」は、基本項目パッケージをベースに、依頼に応じて血液検査の項目や心臓超音波検査などを追加している。また、貧血検査など特定の内容に絞って年に複数回行うといったケースもある。

「フィットネスチェック」は、競技特性やチームの意向などに応じて項目設定を行っている。総合的なチェックを行う場合もあれば、筋力・全身持久力など特定の項目のみの場合もある。主な測定機器として、HPSCネットワーク連携機関の指定要件となっている等速性筋力測定装置・呼吸代謝分析装置をはじめ、体組成計・自転車エルゴメータ・フォースプレート・大型トレッドミル・乳酸分析装置などを備えている。特定競技（ローイング、カヌー、自転車など）用のエルゴメータを用いた測定（主に全身持久力）を希望する場合、搬入・設置が可能であれば持ち込みにも対応している。これまでに対応実績のある競技種目は、市内にプロチームがあるサッカー・野球・バスケットボールをはじめ、陸上・水泳・バレーボール・ラグビー・テニス・バドミントン・卓球・ゴルフ・体操・柔道・空手・スキー・スケート・セーリング・モータースポーツなどがある。パラアスリートも積極的に受け入れており、ゴールボール・柔道（視覚障害）、陸上・スキー（肢体障害）などの実績がある。

運動器疾患には各種のスポーツ疾患が含まれ、その診断および治療は、医療保険による外来診療により対応している。スポーツに精通した医師や理学療法士（アスレティックトレーナー資格保有者含む）に加え、看護師、臨床検査技師、診療放射線技師、管理栄養士等の医療専門職を常勤で配置し、様々なスポーツ種目・レベルのアスリートの競技復帰をサポートしている。

またセンター外での連携活動も精力的に行っており、市内プロスポーツチームへのメディカルスタッフの派遣、大学・高校の運動部学生へのサポート（怪我予防の相談や運動指導・トレーナー教

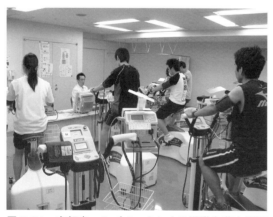

図 3-54　自転車エルゴメータによる運動負荷心電図検査

図 3-55　トレッドミルによる最大酸素摂取量の測定

育)、ナショナルチームの遠征帯同、国際総合競技大会へのスタッフ派遣など数多くの実績がある。

〈一般市民の医・科学支援〉

当センターの設置目的には「市民の健康づくり」が最初に掲げられており、利用者数で見てもアスリートより一般市民のほうが多く、20〜90代まで非常に幅広い年齢層に利用されている。アスリートと同様に「メディカルチェック」「フィットネスチェック」「疾患の診断および治療」を実施しているほか、センター内の運動施設を活用した「スポーツ教室」や「運動療法コース」などを展開し、運動習慣の確立・継続や日常生活の支障改善を支援している。「現状の把握 → 適切な運動実践や治療 → 改善状況のチェック」というサイクルはアスリートの競技力向上にも通ずるものであり、アスリートへの支援経験やノウハウも活用しながら市民のライフパフォーマンス向上に取り組んでいる。

(吉久武志)

図 3-56　運動療法コース

●横浜市スポーツ医科学センター

管理運営　公益財団法人 横浜市スポーツ協会
住所　〒222-0036　神奈川県横浜市港北区小机町3302-5（日産スタジアム内）
TEL　045-477-5050
FAX　045-477-5052
URL　https://www.yspc-ysmc.jp/index.html

横浜市民の「健康づくりの推進」「スポーツの振興」「競技選手の競技力の向上」を図ることを目的として、1998年に開設された。東京2020オリンピック（サッカー競技）等の舞台となった日産スタジアム（横浜国際総合競技場）のバックスタンド下に設置されており、管理運営は公益財団法人横浜市スポーツ協会が行っている。

主な施設として、診療所（内科・整形外科・リハビリテーション科）、各種検査・測定室（画像診断・検体検査・生理検査・体力測定など）、運動施設（トレーニングルーム・25mプール・大小アリーナ）、研修・会議スペースなどを備えている。

横浜市が設置した施設だが、市民以外の方も利用可能である。

（4）新潟県健康づくり・スポーツ医科学センターにおける医・科学支援

　新潟県健康づくり・スポーツ医科学センターの主な事業は、スポーツ科学、スポーツ医学、健康づくり、施設利用である。

　スポーツ医学・科学事業は、本文の支援内容を参照のこと。健康づくり事業は、3カ月の生活習慣しっかり改善コース等の実施、および健康づくり指導者研修である。施設利用は、トレーニングルーム利用や会議で利用できる大・中・小研修室、栄養実習室、運動フロアの貸出である。

〈主な支援内容〉

　医学的な支援では、診療所による内科、整形外科、リハビリテーション科において外来診療を実施している。内科では、一般内科に加え、呼吸器内科により運動誘発性気管支喘息（運動喘息）の精査と治療を行っている。整形外科・リハビリテーション科では、スポーツ障害・外傷等による運動器疾患を治療している。

　スポーツ科学事業において、体力測定は、医学検査を行った上で、基礎的測定（握力・背筋力・垂直跳び・上体起こし・長座位体前屈・全身反応時間・ディップス測定）、等速性脚筋力、ローパワー（最大酸素摂取量、乳酸性作業閾値）、ミドルパワー（40秒パワー）、ハイパワー（最大無酸素パワー）および間欠的パワーを測定・評価している。体力測定前の医学検査において、既往歴や障害の確認を行い、完治していない等の問題がある場合には、当センター診療所の内科・整形外科を受診または近隣病院と連携し、専門科へ紹介する。貧血、心電図異常の運動負荷試験・24時間心電図の再検、運動性喘息の検査、膝前十字靭帯損傷後のケア等で、選手の障害の状態を確認し対応する。

　体力測定の結果から競技力との関係を明らかにし、体力目標値の設定、体力レベル、発育・発達、トレーニング状況および体力特性（筋力・瞬発力または持久力優位等）を把握し、障害予防を含めたトレーニングの方向性を提示している。

　動作分析は、高速度ビデオカメラ、スピードガン、モーションキャプチャ（VICON）、フォースプレートおよび筋電計等を用いて、様々な競技種目のアスリートの動作を詳細に分析している。また、ボールを使用する競技種目では速度・回転等を可視化している。

　競技力向上相談として、トレーニング指導、メンタルサポート、栄養サポートを行っている。トレーニング指導は、体力レベル、発育・発達、ト

図3-58　等速性脚筋力（バイオデックス）の測定

図3-57　体力測定におけるローパワー測定

図3-59　ハイ・ミドル・間欠的パワーの測定（左）とディップス測定（右）

図 3-60　スキージャンプにおけるシミュレーションジャンプ動作分析

図 3-61　スキージャンプにおける動作分析の様子

図 3-62　高速度カメラを用いたアルペンスキーにおける映像を重ね合わせ加工

［文献］

- 三浦哲. ジュニア選手における体力からみたエリートへの身体的条件. トレーニング科学, 29（4）：287-293, 2018.
- 三浦哲. スキージャンプにおけるシミュレーションジャンプのバイオメカニカルサポートの試み. 日本スキー学会誌, 15（1）：79-84, 2005.
- 三浦哲, 阿久津菜摘, 喜屋武陽介. 男女クロスカントリースキー選手におけるディップス測定と競技力の関係－成年・高校・中学の年代別分析－. 日本スキー学会第33回大会講演論文集：31-34, 2023.
- 三浦哲, 阿部杏奈, 近藤一麻, 西野勝敏. 男女アルペンスキー選手におけるディップス測定と競技力の関係－成年・高校・中学の年代別分析－. 日本スキー学会2023年秋季大会講演論文集：29-32, 2023.

レーニング状況やトレーニング期・試合期の期分けを考慮し、競技種目の特性に合わせたトレーニングプログラムを提供し、実施している。

　これらの支援により、2009年に地元の新潟県で開催された国民体育大会の総合優勝および冬季大会スキー競技会天皇・皇后杯でそれぞれ優勝・準優勝2回へ貢献した。地域の医科学センターとして、中学・高校時代から利用したアスリートが、日本代表選手へと育ち、延べ35名がオリンピック・パラリンピックに出場した。現在、JISS・HPSC連携機関に指定され、さらに連携した支援を推進する段階にある。

（三浦 哲）

●新潟県健康づくり・スポーツ医科学センター

- 住所　〒950-0933　新潟市中央区清五郎67-12（デンカビッグスワンスタジアム内。バックスタンド側1F）
- TEL　025-287-8806
- FAX　025-287-8807
- URL　https://ken-supo.jp/

　新潟県健康づくり・スポーツ医科学センターは、2002年8月に開所し、現在は公益財団法人新潟県スポーツ協会が指定管理者として、20年を超える運営を行っている。

（5）京都トレーニングセンターにおける医・科学支援

京都トレーニングセンターは、京都府が京都府中部にある京都府立丹波自然運動公園内に「ジュニアアスリートの育成・強化拠点」として整備した施設であり、2016年に開所した。ジュニアアスリートの育成・強化拠点という位置づけではあるが、ジュニアアスリートのみならず、地域の方々における健康体力維持増進や競技性の高い障がい者スポーツ実践者に対する支援も行っている。

〈支援メニュー〉

表に示した8つの支援メニューを提供している。各支援メニューは、事前予約制となっている。

表3-12　支援メニュー

メニュー	内　容			
相談	健康体力相談	栄養相談	スポーツメンタル相談	スポーツドクターアドバイス
測定	筋力測定 ・膝関節測定 ・股関節測定 ・その他関節測定	体力測定 ・体組成測定 ・基礎体力測定 ・オリジナル測定	能力検定 ・血中乳酸測定 ・運動時心拍測定 ・乳酸カーブ測定	
トレーニング	個別サポート	集団サポート	プログラム作成	ワンポイントアドバイス
コンディショニング	個別サポート	集団サポート	プログラム作成	ワンポイントアドバイス
栄養	栄養チェック	栄養個人面談	団体講習会	
スポーツメンタル	心理チェック	メンタル個人相談	団体講習会	
メディカル	団体講習会			
映像サポート	動作撮影	加工 （合成・残像）	加工 （軌跡・角度）	ゲーム分析 （1試合）

〈実施体制〉

実施体制は、京都トレーニングセンターに各専門領域のスタッフが常駐し対応している。「メディカル」については、京都府立医科大学の協力を得て、月1回京都トレーニングセンターへ医師を派遣いただいており、日頃より京都府立医科大学の医師と連絡・連携を図っている。

対象者の特色としては、約70％がジュニアアスリートである小学生・中学生・高校生となっており、残り約30％は一般の方となっている。

支援メニューにおける割合としては、「トレーニング」が約40％、「コンディショニング」が約30％、続いて「測定」「スポーツメンタル」「栄養」となっている。

支援メニューの実施は、原則として京都トレーニングセンターで行うが、依頼内容や状況に応じて出張対応も行っている。

〈具体例①　府立高校体育系1年生合同研修会でのスポーツ医・科学講義の実施〉

京都府には京都府立高等学校の6校に体育系学科・コースが設置されている。この6校が一同に集まり、高校間の親睦を深め、さらに上のレベルで競い合う心構えや取り組む姿勢等を学ぶために実施されている。この合同研修会は1985年頃から開始され、2017年からは京都トレーニングセンターで実施となり、京都トレーニングセンターのスタッフが講師となりスポーツ医・科学講義を行っている。このスポーツ医・科学講義は、「トレーニング（スクワット・サーキット）」「スポーツメンタル」「栄養」「スポーツ傷害の予防」等をパッケージ化して実施している。

〈具体例②　京丹波町教育委員会との連携〉

・小中学校へ訪問し体育授業の実施

小中学校からの依頼を町教育委員会が取りまとめ、町教育委員会と京都トレーニングセンターにて実施内容を検討し、さらに、依頼があった小中学校の担当教諭と事前に打合せを行い、体育授業の一部を京都トレーニングセンタースタッフが担っている。

・中学校部活動に対するスポーツ医・科学支援

中学校部活動からの依頼を受け、部活動に対してストレッチ指導やトレーニング・コンディショニング指導、場合によっては大会帯同等を通してスポーツ医・科学支援を行っている。

・こども園における園児・保護者に対する指導

園児・保護者を対象に「親子で楽しく体を動かす講座」として実施している。

・健康・体力づくりサポート講座の実施

　18歳以上を対象として、体力測定、栄養講習、トレーニング講習を実施。栄養講習は京都トレーニングセンターの管理栄養士が監修した昼食を摂りながら実施。測定結果を当日に返却し、測定結果に基づいたトレーニング講習を実施している。

〈具体例③　京都府施策の実施機関〉

　京都府総合計画に基づく、施策の実施機関として行政と連携を図り、事業を推進している。京都府は、京都府の中央に位置する亀岡市、南丹市、京丹波町を「南丹地域」という行政区分としている。この南丹地域において「南丹地域スポーツ＆ウェルネス＆ニューライフ広域連携プロジェクト」および「産業創造リーディングゾーン（ヘルス・スポ産業）」を展開している。この取り組みは、産学公連携により「スポーツやウェルネス」をテーマとするイノベーションに取り組む企業の集積を図り、新産業を創出する仕組みづくりを目指すものであり、京都トレーニングセンターは、この取り組みの中核拠点のひとつを担っている。

〈具体例④　関西経済連合会との連携〉

　関西経済連合会は関西におけるスポーツ振興の方向性と、その目指す姿として2018年に「関西スポーツ振興ビジョン」を策定した。目指す姿を達成するため、①生涯スポーツの振興、②トップアスリートの育成、③スポーツイベントの招致、④スポーツ産業の振興、を４本の柱として位置づけている。その中で、京都トレーニングセンターは、立命館大学、大阪大学、大阪体育大学、びわこ成蹊スポーツ大学、和歌山県立医科大学みらい医療推進センターげんき開発研究所と共に、②のトップアスリートの育成事業に参画している。取り組み内容としては、医科学相談窓口の設置、医科学測定会の実施、医科学サポートプログラムの実施を行っている。関西２府４県（大阪府、京都府、滋賀県、奈良県、兵庫県、和歌山県）の体育／スポーツ協会に協力いただき、本取組について選手やチームへ情報提供いただいている。

〈具体例⑤〉

Kyoto Sport Science Project（KSSP）

　スポーツ医・科学をもっと身近に感じていただけるようにKyoto Sports Science Project（KSSP）として、基礎的な体力測定の地域展開を実施している。小中学校の体育館等で実施でき、かつ、文部科学省新体力テストとは異なる測定項目を選定し実施している。測定結果は後日返却するが、可能な限り対面にて測定結果の説明を含めて行っている。また、測定結果に基づいたトレーニングやコンディショニングの指導も依頼に応じて対応している。

（馬渕博行）

● 京都トレーニングセンター

住所　〒622-0232　京都府船井郡京丹波町曽根崩下代110-7（京都府立丹波自然運動公園内）
TEL　0771-82-2460
FAX　0771-82-0480
URL　http://www.kyoto-tc.com/

　当センターは、京都府のほぼ中央に位置する京丹波町にある京都府立の都市公園「京都府立丹波自然運動公園」に2016年開所された京都府内最大級の木造公共施設である。丹波自然運動公園には、全天候型２種公認の陸上競技場をはじめ、体育館、テニスコート（オムニ16面、クレー２面）などの運動施設のほか、プール（夏季営業）、パターゴルフ場といったレクリエーション施設も充実している。当センターはトレーニングセンター棟と宿泊棟の２棟にて構成されており、宿泊棟は300名収容でき、研修室もある。アスリートのみならず、ご家族、地域の交流、スポーツの拠点として幅広くご利用いただいている。

コラム16

日本スケート連盟(スピードスケート)における医・科学支援

スピードスケートの競技種目は500mから10000m、マススタート、チームパシュートがあり、競技時間は35秒〜14分前後となる。選手は競技の間、1回の脚伸展動作における大きな力発揮とそれを競技開始からゴールまで持続させる能力が必要とされ、そのエネルギーを幅約1mm程度のスケートブレードを操作しながら効率よく氷に伝達し続ける能力も求められる。また、利用可能なエネルギーを最適に配分しながら自身にあったペース設定を組み立てることも勝敗を分ける要因になる。

このように、スピードスケートの競技パフォーマンスは性質の異なる複数の要因が複雑に絡み合うことで構成されているため、科学サポートの内容も多岐にわたる。現在では、フィットネス測定、レース分析、映像、栄養、心理を柱とするサポートをノービスからシニア世代の各強化カテゴリーに展開している。本項ではその一部を紹介する。

〈フィットネス測定〉

フィットネス測定では、継続的・定期的に運動強度別のパワー発揮能力や身体の生理学的応答を測定し、各測定値における縦断的変化とトレーニング強度をフィードバックしている。スピードスケートは冬季に競技会が集中するため、春から夏、秋期へと徐々にトレーニング強度を高めてゆくピリオダイゼーションが基本となる。したがって、各期において高めるべき体力要素に適切な負荷がかかるように、フィットネス測定結果に基づいてトレーニングの強度設定がなされる。また、フィットネス測定は、ノービスを除く全強化カテゴリーで共通のプロトコルを実施している。これにより、ジュニア世代の選手にとってはシニアと比較することで、"いつまでに、どの体力要素を、どこまで伸ばす必要があるか"、という目標値を示すことができている。さらに、スピードスケートでは長年にわたりジュニア世代から「研修合宿」を取り入れており、そこでスポーツ科学に基づく測定評価の意義や結果の解釈の仕方、トレーニング理論や方法などを教育した上で自身のフィットネス測定結果を評価し、実践に移すサイクルを循環させている。

このような取り組みによる成果として、選手の精神的な成熟をサポート現場で実感することが多い。測定前は長い時間をかけて入念に準備をし、レースの時とほぼ同水準の高い緊張感を持って測定に臨む。また測定結果に一喜一憂せず、これまでのトレーニングを振り返り自身の感覚と測定結果をすり合わせる。そしてコーチ・スタッフと次のステージの目標を定めるためのディスカッションを必ず行う。選手が高い意識をもって測定に取り組めるのは、トレーニングサイクルの中での測定の位置づけを十分に理解しているからである。特に競技レベルが高い選手ほど、長期的な目標を見失わず理性的な自己評価ができると感じる。

〈映像・レース分析サポート〉

氷上トレーニングおよび競技会では、映像を基にしたサポートが中心となる。国内では8月から氷上トレーニングが開始され、練習時やタイムトライアル、レース時における映像の提供を行う。競技会では、滑走動作を追従撮影し、各区間(ストレートおよびカーブ)の所要時間を求め、滑走スピードを算出する。これを選手横断的に、また個人の過去のレースと比較した帳票を作成してフィードバックを行っている。さらに、一部の競技会場では選手の位置情報を記録することで滑走軌跡、総滑走距離、滑走スピードの変化、カーブとストレートそれぞれの速度変化量やコースロスなどを算出している。競技会における滑走速度は種目によって最高60km/hにも達する。ストレート滑走とカーブ滑走を通じて、薄いスケートブレードを操作しながら自力でこのような高い速度を獲得する必要があるため、わずかなブレード操作や姿勢の変化、力発揮の大きさや方向の違いにより滑走速度が大きく影響を受ける。したがって、競技成績の要因を検討するためには、精度の高い分析技術、特徴を見出す観察力、映像・レース分析で得られた結果に対して複数の解釈を持つこと、そして何より選手の感覚的な情報が不可欠になる。そこで、レース後には複数分野の専門知識を有する科学スタッフがレースで起きた特徴的な事象を抽出し、多角的な要因分析を行った上で、対面式のデータフィードバックを取り入れている。直接対話をする事で、レース時の感覚やこれまでの取り組み、課題を確認しながら要因の検討ができる。そして選手にもサポートでできることとその限界を理解してもらった上でデータを解釈してもらえるようになる。そこから新たなサポートのアイデアも浮かぶ。したがって、データフィードバックは選手にとってもサポートスタッフとっても大変重要な位置づけであると考えている。

この感覚と実際の徹底的なすり合わせこそが、科学サポートをブラッシュアップさせることになり、選手が競技力向上の戦略を検討するためのより良い判断材料の提供に繋がるのだと実感している。

(熊川大介)

コラム17
全日本スキー連盟（スノーボードスロープスタイル・ビッグエア）における医・科学支援

「なぜ日本の選手はスピードが出ないのか？」　スノーボードスロープスタイル・ビッグエアチームのスポーツ科学はこの疑問から始まった。なぜなら、スピードが出ないとジャンプ台を十分に飛び越えることができず戦えないからである。

「体重が軽いからなのか？」という指導現場の通説は頭から崩された。力学上は重さによる速度の違いはなく、空気抵抗が減速に作用するというのだ。選手が小柄であれば空気抵抗も小さいはずだ。比較的小柄な日本の選手がスピードを出せないことの理由にはならない。

だとしたらと次に思いついたのは「板の踏み方？」という疑問である。医・科学支援によって、センサー付きインソールでキッカーのアプローチから踏切までの足圧分布を可視化した。上り斜面となる踏切手前は重心を斜面に垂直に保つために体勢は後ろに傾くように見えるが、足圧分布では前足のほうが踏みが強いことが分かった。これは意外な発見だった。

それでは「踏切のポップで理想の高さの放物線を描くためには？」「その上で回転数を上げるには？」「体幹の回旋に貢献するのは腕の振りか脚の伸展か、その手前のライン取りは…？」等々。指導現場のコーチの肌感の疑問が科学者とのセッションで次々に答え合わせされ、時には経験則の過ちに気づく機会となった。

効果的に確実な成果を上げるために、チームは「そもそも」にこだわった。間違った問いに答えるロスを減らすため、課題と思う根本の問題は何なのか、それを探り当てながら仮説展開を繰り返していく。そこで有効だったのが、ジャッジ視点に着目した評価ポイントに対するパフォーマンス構造分析である。採点基準に紐づく動作のフェーズや要素のマッピングは、現場の疑問を「そもそも」にたどり着かせる大きなサポートとなった。

パフォーマンス構造分析で要素や課題を可視化するとさらに仮説が深化する。「なぜスピードが出ないのか？」の「スピード」とは単純にスタート台からキッカーへ滑り降りてくるアプローチでの加速度合いと思いがちだが、実は踏切手前の上り斜面での減速度合いに差があり、結果的に飛び出し時の速度が遅くなっていることに気づいた。このように、加速と減速という真逆の視点が入れ替わることにより、課題も「どのように加速すべきか」から「どのように減速しないようにすべきか」に振り替わる。そして「減速しないように」の視点では、単に「踏切のポップで理想の高さの放物線を描く」ことを求めるのではなく、技の種類により飛び出し角度の傾向が変わることや、滞空時間と角速度の関係も見えてきた。それらの数値により選手たちの個別的なスタイルを分類することができた。

視点の逆転ということでは、冬季種目でありながら夏季のエアマットジャンプ施設での技術練習の反復が、持久力のトレーニングにも一石二鳥の効果を上げていることへの気づきもあった。であれば、冬季の雪上練習時のコンディショニングにのみフォーカスするのではなく、夏季の練習時の効果を上げるための必要な取り組み、暑熱対策なども強化をしていくべきだ。直に体に作用する冷却を実行すると、選手の意識が日々のコンディショニングでもより自分の体、体調そのものに向かうようになると期待する。飛距離が25mプールを跳び越すようなジャンプでは怪我のリスクは高く、怪我をしてしまった時の代償はかなり大きい。トップ選手は年齢に関係なく主体的に自己管理ができ、かつ自身のパフォーマンスに責任ある行動がとれる者が多い。結果的に「あとからついてくる結果」を得ることになるのである。

このように、スポーツ科学の活用は現場のハテナ？から始まるものである。なのでコーチはいかにシンプルに疑問を持つか、疑問を持つほど日頃から競技の追求をしているか、そして経験のプライドに縛られることなく科学的実態を受け入れられるか。逆に科学者は現場の疑問にいかに耳を傾けられるか。コーチの感覚を尊重し科学的実態との間に存在するものに興味が持てるかが重要であり、双方が強みを柔軟に融合させることが疑問の解明へと繋がる。

いろいろ追求していくと新たな疑問が浮かんだり、欲しい情報が追加されたり、仮説は常に変化するため、自身の考え方や捉え方、発想も変化し続けなくてはならない。目下、「スピード」の課題は解決途上であるが、現在も追及する活動が進行中である。　　（上島しのぶ）

合宿中に、アスリートやコーチ、JISSのバイオメカニスト、S&Cコーチらが、測定した足圧分布や動画を見ながら板の踏み方について議論している様子。このようなセッションを重ねることで、コーチだけでなく科学者にとっても多くの学びの場となっていた。（写真：JISS提供）

索引

欧文

DASHプロジェクト ・・・・・・・・・・・・・・・・・・・・・・・・・ 97

Deterministic model ・・・・・・・・・・・・⇒　決定論的モデル

HPG ・・・・・・・・・・・・・・・・・⇒　ハイパフォーマンス・ジム

HPSC ・・・・・⇒　ハイパフォーマンススポーツセンター

HPSCネットワーク事業 ・・・・・・・・・・・・・・・・・・ 118, 119

HPSCパッケージ ・・・・・・・・・・・・・・・・・・・・・・ 119, 120

HPSCレストラン ・・・・・・・・・・・・・・・・・・・・・・・・・・・ 55

IT ・・・・・・・・・・・・・・・・・・・・・・・・・・・・・・・・・・・・・・ VI, 89

JISS ・・・・・・・・・・・・・・・・・⇒　国立スポーツ科学センター

JISSプラン2034 ・・・・・・・・・・・・・・・・・・・・・・・・・ 8, 9, 18

Journal of High Performance Sport ・・・・・・・・・ VI, 9, 63

JSPO ・・・・・・・・・・・・・・・・・⇒　日本スポーツ振興センター

Key Goal Indicator（KGI）・・・・・・・・・・・・・・・ 33, 34, 35

Key Performance Indicator（KPI）

・・・・・・・・・・・・・・・・・・・・・・・・・・・ 11, 25, 33, 34, 35, 42, 43

Lactate Threshold（LT）・・・・・・・・・・・・・・・・・・・・・・ 85

NF ・・・・・・・・・・・・・・・・・・・・・・・・・・・・・・⇒　中央競技団体

NIFS NEXT30 ・・・・・・・・・・・・・・・・・・・・・・・・・・・ 98, 102

Onset Blood Lactate Accumulation（OBLA）・・・・・・ 85

PDCA（サイクル）・・・・・・・・・・・・・・・・・・・・・・・・・・・ 42

TSAトレーナー ・・・・・・・・・・・・・・・・・・・・・・・・・ 111, 112

あ行

アスリートサポート ・・・・・・・ 91, 97, 98, 99, 100, 101, 102,
111, 123

アスリートメンタルサポートルーム ・・・・・・・・・・・・ 108

アスレティックトレーナー ・・・ 17, 56, 66, 103, 105, 106,
107, 108, 111, 113, 114, 126

アスレティックデパートメント（AD）・・・・・・ 90, 91, 93

アスレティックトレーナー ・・・・ 17, 56, 66, 103, 105, 106,
107, 108, 111, 113, 114, 126

アンチ・ドーピング ・・・・・・・・・・・・・・・・・・・・・・・・・・・ 10

医・科学支援 ・・・・ V, VI, 2, 3, 4, 5, 8, 9, 10, 18, 19, 20, 21, 24,
28, 29, 32, 39, 42, 44, 68, 69, 73, 110, 118, 120, 121, 122,
125, 126, 127, 130, 132, 133

インテリジェント・アスリート ・・・・・・・・・・・・・・・・・ 56

ウエイトコントロール ・・・・・・・・・・・・・・・・・・・ 105, 117

運動部活動 ・・・・・・・・・・・・・・・・・・・・・・・・・・・・・・・・ 123

映像サポート ・・・・・・・・・・・・・・・・・・・・・・・・・・・・ 89, 130

栄養サポート ・・・・・・・・・・ 68, 113, 117, 121, 122, 123, 128

栄養チェック ・・・・・・・・・・・・・・・・・・・・・・・・・・・・ 55, 130

栄養調理実習室 ・・・・・・・・・・・・・・・・・・・・・・・・・・・・ 113

栄養評価 ・・・・・・・・・・・・・・・・・・・・・・・・・・・・・・・・ VI, 55

エネルギー代謝評価 ・・・・・・・・・・・・・・・・・・・・・・・・・ 17

オブザーバー教育 ・・・・・・・・・・・・・・・・・・・・・・・・・・ 106

オブザーバー制度 ・・・・・・・・・・・・・・・・・・ 103, 104, 106

覚書 ・・・・・・・・・・・・・・・・・・・・・・・・・・・・ 24, 29, 30, 119

か行

学業ガイドライン ・・・・・・・・・・・・・・・・・・・・・・・・・・ 114

滑走効率 ・・・・・・・・・・・・・・・・・・・・・・・・・・ 85, 86, 87, 88

感染症対策 ・・・・・・・・・・・・・・・・・・・・・・・・・・ 7, 51, 92

機材 ・・・・・・・・・・・・・・・・・・・・・・・・・ 36, 37, 38, 39, 70

強化戦略プラン ・・・・・・・・・・・・・・・・・・・・・・・・・・・・・ 29

強化プラン ・・・・・・・・・・・・・・・・・・・・・・・・・・・ 29, 64, 69

競技スポーツセンター ・・・・・・・・・・・・・・・・ 103, 104, 106

業務基準書 ・・・・・・・・・・・・・・・・・・・・・・・・・・・・・・・・ 11

緊急時 ・・・・・・・・・・・・・・・・・・・・・・・・・・・・ 38, 48, 49

筋形態解析 ・・・・・・・・・・・・・・・・・・・・・・・・・・・・・・・・ 113

筋力・パワー評価 ………………………… 17

空気力（学的） …………………………… 82, 83

グローバル・アスレティックトレーニングプログラ
ム（GATプログラム） ……………… 113, 114

ゲームパフォーマンス分析 ……………… 92, 101

血中乳酸濃度 … 22, 47, 71, 76, 77, 78, 85, 86, 87, 92, 122

決定論的モデル（Deterministic model） ………… 26

高地順化 …………………………………… 22

高地馴化 …………………………………… 22

抗力 ……………………………… 28, 82, 83

国立スポーツ科学センター（JISS） … III, IV, V, VI, 2, 4, 5,
7, 8, 9, 10, 11, 13, 17, 18, 19, 20, 21, 24, 25, 29, 30, 32, 33,
34, 38, 44, 45, 49, 51, 55, 58, 61, 63, 64, 65, 66, 69, 72, 74,
75, 76, 78, 79, 81, 83, 84, 85, 86, 94, 98, 115, 117, 118, 119,
120, 129, 133

個別サポート …………… VI, 10, 17, 51, 66, 91, 117, 130

個別性 ………………………… 28, 35, 40, 65, 75, 78

コンディショニング … VI, 6, 7, 10, 11, 15, 28, 36, 39, 53,
55, 56, 71, 93, 94, 103, 104, 105, 106, 107, 108, 109, 110,
111, 114, 115, 117, 122, 130, 131, 133

コンディション … 7, 14, 21, 28, 40, 47, 55, 65, 66, 72, 76,
92, 93, 104, 105, 115, 119, 121, 122

さ行

サイクルタイム …………………………… 86

最大酸素摂取量 ……… 22, 27, 34, 65, 85, 92, 126, 128

サポートハウス …………………………… 6, 7

ジェネラリスト …………………………… 56

支援実施主担当 …………………………… 24

支援内容 …… 19, 29, 30, 32, 33, 36, 49, 69, 96, 97, 105, 106,
126, 128

支援内容の（を）決定 …………… 25, 29, 30, 31

支援のサイクル …………………………… 30

磁気共鳴画像法 ……………………… 46, 113

姿勢・動作評価 …………………………… 17

事前準備 ……………………………… 33, 35

重要業績評価指標 ………………………… 11

重要目標達成指標 ………………………… 33

種目担当者 ……………………… 11, 29, 32, 33

食事画像認証AI …………………………… 55

食事分析 …………………………………… 117

女性アスリート ………… 6, 21, 90, 91, 93, 115, 123

女性アスリート検定 ……………………… 115

女性アスリートサポート ………………… 123

女性アスリートの育成・支援プロジェクト … 114, 115

暑熱馴化 …………………………………… 107

事例研究 …………………………………… 43

心拍数 ………… 22, 68, 71, 76, 77, 85, 87, 88, 92, 122

心療内科 …………………………………… 117

スケジュール … 22, 36, 37, 48, 49, 69, 78, 89, 92, 105, 118

ステークホルダー ………………………… 5

ストライド ………………………………… 35, 86

ストレングス＆コンディショニングスペシャリスト
……………………………………… 103

スピードスケート …………………… 27, 132

スポーツ外傷・障害予防 …………… 17, 107, 120

スポーツ外来 ……………………………… 108

スポーツクリニック …………… 38, 107, 108, 109, 117

スポーツ健康科学部総合研究所 ………… 114

スポーツパフォーマンス研究 ……… 98, 99, 100, 102

スポーツパフォーマンス測定室 ………… 113

整形外科 ……… 103, 104, 106, 108, 109, 115, 127, 128

セルフコンディショニング …………… 56, 106, 107

先行研究 … 27, 31, 34, 40, 43, 63, 70, 71, 74, 75, 76, 99, 100

漸増負荷試験 ……………………… 85, 86, 87

先端的スポーツ医・科学研究推進事業 …… 114, 115

総合型サポート ……………… 24, 25, 31, 74, 79

た行

ターゲット（となる）競技·····················24, 25

ターゲット競技の選定····························24

ターゲット（の）選定·························24, 25

体育総合実験棟·································108

体力測定···· 24, 25, 32, 33, 36, 68, 69, 75, 76, 78, 118, 119, 120, 121, 122, 124, 127, 128, 130, 131

地域·····IV, VI, 4, 9, 18, 19, 20, 109, 111, 112, 118, 119, 120, 122, 123, 125, 126, 129, 130, 131

中央競技団体（NF）···VI, 5, 10, 24, 25, 28, 29, 30, 32, 33, 35, 36, 37, 38, 40, 42, 43, 48, 49, 76, 78, 89, 118, 119, 124

筑波大学スポーツアソシエーション（TSA）····· 110, 111, 112

低酸素トレーニング···········17, 22, 65, 66, 112, 113

テーピング······························93, 106, 107

同意書································VI, 38, 49, 119

動作分析······· 6, 11, 19, 33, 86, 89, 91, 92, 122, 128, 129

トータルコンディショニング ·····················VI, 56

トレーナークリニック··············108, 109, 110, 111

トレーナー派遣·····················110, 111, 112

トレーニング ····· 3, 6, 7, 10, 11, 13, 14, 15, 16, 17, 18, 19, 21, 22, 26, 29, 32, 33, 34, 36, 39, 40, 41, 42, 44, 45, 46, 48, 49, 52, 53, 54, 55, 56, 65, 66, 68, 69, 70, 71, 72, 73, 74, 75, 76, 78, 79, 80, 83, 84, 85, 90, 91, 92, 93, 94, 99, 104, 105, 106, 107, 108, 109, 111, 112, 113, 114, 115, 117, 118, 119, 120, 121, 122, 123, 124, 127, 128, 129, 130, 131, 132, 133

な行

内科··················46, 103, 104, 105, 108, 127, 128

日体大アスリートサポートシステム（NASS）·····90, 91, 92, 93, 94

日本スポーツ振興センター（JSPO）······5, 6, 8, 19, 39, 40, 108, 111

ニュートリション ·····················103, 105, 106

ネットワーク事業 ·····················4, 10, 118, 119

は行

バイオメカニクス解析·························113

ハイパフォーマンス・ジム（HPG）··········10, 17, 32

ハイパフォーマンススポーツセンター（HPSC）···VI, 2, 8, 9, 10, 18, 19, 21, 24, 25, 29, 44, 51, 55, 56, 68, 69, 89, 115, 117, 118, 119, 120, 124, 125, 129

パフォーマンス····· 6, 13, 14, 15, 16, 17, 19, 21, 22, 26, 27, 28, 29, 30, 31, 33, 34, 35, 36, 38, 40, 41, 42, 43, 45, 46, 51, 52, 53, 56, 58, 59, 61, 63, 64, 75, 85, 86, 88, 92, 94, 99, 100, 101, 104, 105, 107, 109, 112, 113, 114, 115, 116, 117, 121, 122, 132, 133

パフォーマンス構造モデル···· 10, 11, 25, 26, 29, 30, 31, 33, 34, 35, 39, 40, 41, 42, 43, 74

パフォーマンス指標·····························60

パフォーマンステスト··············99, 100, 101, 102

パフォーマンス評価·······················39, 61, 79

パフォーマンス分析サポート ·····················122

秘密保持··································50

貧血·····························105, 126, 128

フィードバック···· 6, 10, 13, 39, 40, 41, 42, 52, 53, 54, 60, 69, 71, 72, 74, 78, 83, 84, 85, 89, 98, 113, 115, 120, 121, 122, 124, 132

フィジカルリテラシー···························107

風洞·································82, 83, 84

プラクティショナー·························6, 9, 19

プログラミング································89

分析結果の評価（結果の評価）·················15, 39

ま行

マルチサポート（事業）‥‥‥‥‥‥‥‥‥‥ 4, 5, 6, 124

マルチサポートハウス‥‥‥‥‥‥‥‥‥‥‥‥‥ 5

メンタルサポート ‥‥‥‥‥‥‥‥‥‥ VI, 51, 108, 128

モーションキャプチャ（システム）‥‥‥‥ 113, 128

や行

床反力 ‥‥‥‥‥‥‥‥‥‥‥‥‥‥‥‥‥‥ 83, 84

床反力計 ‥‥‥‥‥‥‥‥‥‥‥‥‥‥‥‥‥‥ 83

揚力 ‥‥‥‥‥‥‥‥‥‥‥‥‥‥‥‥‥‥‥ 82, 83

ら行

ラーニングアシスタント ‥‥‥‥‥‥‥‥‥‥ 106

リコンディショニング‥‥‥ 103, 104, 106, 108, 109, 110

立命館スポーツ宣言 ‥‥‥‥‥‥‥‥‥‥‥‥ 112

倫理規定 ‥‥‥‥‥‥‥‥‥‥‥‥‥‥‥‥‥ 50

倫理的配慮 ‥‥‥‥‥‥‥‥‥‥‥‥‥‥‥‥ 48

連携機関 ‥‥‥‥‥‥‥‥‥ 119, 120, 124, 126, 129

わ行

早稲田大学スポーツ科学部医科学クリニック‥‥ 103

◆ 編著者一覧

〈編集〉

石 毛 勇 介	国立スポーツ科学センター 副所長/スポーツ科学研究部門 主任研究員
窪 　 康 之	国立スポーツ科学センター スポーツ科学研究部門 副部門長/副主任研究員
横 澤 俊 治	国立スポーツ科学センター スポーツ科学研究部門 副部門長/副主任研究員
尾 崎 宏 樹	国立スポーツ科学センター スポーツ科学研究部門 副主任研究員
山 下 大 地	国立スポーツ科学センター スポーツ科学研究部門 副主任研究員
大河内亜希子	国立スポーツ科学センター 事務部 事業推進課長

〈本文執筆〉

石 毛 勇 介	前掲
窪 　 康 之	前掲
横 澤 俊 治	前掲
山 下 大 地	前掲
尾 崎 宏 樹	前掲
中 村 真理子	国立スポーツ科学センター　スポーツ科学研究部門　副主任研究員
安 藤 良 介	国立スポーツ科学センター　スポーツ科学研究部門　研究員
稲 葉 優 希	国立スポーツ科学センター　スポーツ科学研究部門　研究員
松 林 武 生	国立スポーツ科学センター　スポーツ科学研究部門　副主任研究員
袴 田 智 子	国立スポーツ科学センター　スポーツ科学研究部門　研究員
山 辺 　 芳	国立スポーツ科学センター　スポーツ科学研究部門　副主任研究員
谷 中 拓 哉	横浜商科大学　准教授
杉 田 正 明	日本体育大学体育学部教授
菅 生 貴 之	大阪体育大学スポーツ科学部教授
髙 橋 仁 大	鹿屋体育大学スポーツ・武道実践科学系教授
広 瀬 統 一	早稲田大学スポーツ科学学術院教授
髙 橋 英 幸	筑波大学体育系教授
福 田 　 崇	筑波大学体育系准教授
伊 坂 忠 夫	立命館大学スポーツ健康科学部教授
池 田 達 昭	とちぎスポーツ医科学センター
河 田 絹一郎	千葉県総合スポーツセンター
吉 久 武 志	横浜市スポーツ医科学センター
三 浦 　 哲	新潟県健康づくり・スポーツ医科学センター
馬 渕 博 行	京都トレーニングセンター
熊 川 大 介	日本スケート連盟スピードスケート強化スタッフ/国士舘大学体育学部教授
上島しのぶ	全日本スキー連盟 競技本部副本部長

〈コラム執筆〉※五十音順

相 原 伸 平	国立スポーツ科学センター スポーツ科学研究部門 研究員
大 岩 奈 青	国立スポーツ科学センター スポーツ科学研究部門 研究員
亀 井 明 子	国立スポーツ科学センター スポーツ医学研究部門 副部門長/副主任研究員
清 水 和 弘	国立スポーツ科学センター スポーツ科学研究部門 副主任研究員
白 井 克 佳	日本スポーツ振興センター 連携・協働推進部長／国立スポーツ科学センター　スポーツ科学研究部門　副主任研究員
立 谷 泰 久	国立スポーツ科学センター スポーツ医学研究部門 副主任研究員
谷 中 拓 哉	前掲
永 尾 雄 一	日本スポーツ振興センター デジタル推進室 係長／国立スポーツ科学センタースポーツ科学研究部門 研究員
星 川 雅 子	国立スポーツ科学センター 副所長／スポーツ科学研究部門長／主任研究員
三 浦 智 和	日本スポーツ振興センター デジタル推進室 主幹

アスリート支援ハンドブック
―ハイパフォーマンススポーツにおける科学的サポート

©Japan Sport Council, 2025　　　　　　　　　　　　　　　NDC780/xii, 138p/26cm

初版第1刷発行―――――2025年4月20日

編集―――――――独立行政法人日本スポーツ振興センター

　　　　　　　　ハイパフォーマンススポーツセンター

　　　　　　　　国立スポーツ科学センター

発行者―――――鈴木一行

発行所―――――株式会社 大修館書店
　　　　　　　　〒113-8541　東京都文京区湯島2-1-1
　　　　　　　　電話03-3868-2651（販売部）　03-3868-2299（編集部）
　　　　　　　　振替 00190-7-40504
　　　　　　　　［出版情報］https://www.taishukan.co.jp

装幀―――――――明昌堂
組版・本文イラスト――明昌堂
印刷―――――――八光印刷
製本所―――――難波製本

ISBN978-4-469-26996-3　Printed in Japan
Ⓡ本書のコピー、スキャン、デジタル化等の無断複製は著作権法上での例外を除き禁じられています。本書を代行業者等の第三者に依頼してスキャンやデジタル化することは、たとえ個人や家庭内での利用であっても著作権法上認められておりません。

独立行政法人日本スポーツ振興センター
ハイパフォーマンススポーツセンター 国立スポーツ科学センター［監修］
松林武生［編集］

フィットネスチェック ハンドブック

体力測定に基づいたアスリートへの科学的支援

JISSが蓄積してきた測定データや科学的エビデンスに基づいた測定方法、活用法を公開！

本書は、国立スポーツ科学センター（JISS）が開所以来蓄積してきた日本のトップアスリートの形態・体力測定データを公開するとともに、その測定方法やスポーツ現場での活用方法を普及することを目的にまとめたものである。測定評価領域の定本であり、各自治体や大学等で選手の測定に関わる人必携の書。
●B5判・400頁

大修館書店　　お求めは書店または小社HPへ。詳しい情報はこちら▶

ルイーズ・バーク／ヴィッキー・ディーキン［編著］
独立行政法人日本スポーツ振興センター
ハイパフォーマンススポーツセンター 国立スポーツ科学センター［監修］
亀井明子／髙橋英幸［監訳］

スポーツ栄養学

スポーツ現場を支える科学的データ・理論

世界的なスポーツ栄養学研究と支援の権威であるルイーズ・バーク博士が監修された「Clinical Sports Nutrition 5th Edition」を日本語訳したバイブル的書籍。エビデンスに裏付けられた本書は、スポーツ栄養学研究と実践の背景を知る機会となり、研究と支援に大いに役立つ。●B5判・546頁

【主要目次】
第Ⅰ部　基礎編……スポーツの生理学／スポーツ選手の食事評価──支援と研究の視点／スポーツ選手の体格評価
第Ⅱ部　応用編……たんぱく質／スポーツ選手のエネルギー必要量──エネルギー効率の評価とエビデンス／減量とスポーツ選手／体重調整／スポーツ選手の摂食障害と食行動異常／骨、カルシウム、ビタミンDと運動／スポーツ選手における鉄枯渇・欠乏の予防、発見および治療／微量栄養素──ビタミン、ミネラル、抗酸化成分／競技のための準備／競技をおこなう上での水分、エネルギー補給／練習および試合後の回復（リカバリー）における栄養／有酸素運動中の脂質酸化を促進する栄養戦略
第Ⅲ部　現代的なトピック編……ジュニアスポーツ選手にとっての栄養学上の課題──小児期と青年期／特別な対応──パラリンピックスポーツ選手／免疫、感染症および怪我／高所、寒冷ならびに暑熱

スポーツ栄養学のバイブル!!

大修館書店　　お求めは書店または小社HPへ。詳しい情報はこちら▶